文明与战乱
两宋风云300年

文聘元 著

浙江工商大学出版社
·杭州·

图书在版编目（CIP）数据

文明与战乱：两宋风云 300 年 / 文聘元著. -- 杭州：浙江工商大学出版社, 2025.7. -- ISBN 978-7-5178-6349-6

Ⅰ．K244.09

中国国家版本馆 CIP 数据核字第 2025PJ4367 号

文明与战乱：两宋风云 300 年
WENMING YU ZHANLUAN: LIANGSONG FENGYUN 300 NIAN

文聘元 著

策　　划	陈丽霞　唐　红
责任编辑	沈明珠
责任校对	沈黎鹏
封面设计	尚书堂
责任印制	屈　皓
出版发行	浙江工商大学出版社
	（杭州市教工路 198 号　邮政编码 310012）
	（E-mail: zjgsupress@163.com）
	（网址：http://www.zjgsupress.com）
	电话：0571-88904980，88831806（传真）
排　　版	大千时代（杭州）文化传媒有限公司
印　　刷	杭州钱江彩色印务有限公司
开　　本	710 mm×1000 mm　1/16
印　　张	20
字　　数	248 千
版 印 次	2025 年 7 月第 1 版　2025 年 7 月第 1 次印刷
书　　号	ISBN 978-7-5178-6349-6
定　　价	78.00 元

版权所有　侵权必究

如发现印装质量问题，影响阅读，请和营销发行中心联系调换
联系电话　0571-88904970

目 录
Contents

第一章　意外而生⋯⋯⋯⋯⋯⋯⋯⋯⋯⋯⋯⋯⋯⋯⋯　001

第二章　半个中国⋯⋯⋯⋯⋯⋯⋯⋯⋯⋯⋯⋯⋯⋯⋯　008

第三章　二帝之死⋯⋯⋯⋯⋯⋯⋯⋯⋯⋯⋯⋯⋯⋯⋯　019

第四章　半代明君⋯⋯⋯⋯⋯⋯⋯⋯⋯⋯⋯⋯⋯⋯⋯　025

第五章　宋辽初战⋯⋯⋯⋯⋯⋯⋯⋯⋯⋯⋯⋯⋯⋯⋯　033

第六章　杨业之死⋯⋯⋯⋯⋯⋯⋯⋯⋯⋯⋯⋯⋯⋯⋯　040

第七章　得不偿失⋯⋯⋯⋯⋯⋯⋯⋯⋯⋯⋯⋯⋯⋯⋯　048

第八章　又一盛世⋯⋯⋯⋯⋯⋯⋯⋯⋯⋯⋯⋯⋯⋯⋯　054

第九章　澶渊之盟⋯⋯⋯⋯⋯⋯⋯⋯⋯⋯⋯⋯⋯⋯⋯　063

第十章　元昊仁宗⋯⋯⋯⋯⋯⋯⋯⋯⋯⋯⋯⋯⋯⋯⋯　069

第十一章　宋夏初战⋯⋯⋯⋯⋯⋯⋯⋯⋯⋯⋯⋯⋯⋯　075

第十二章　仁宗君臣⋯⋯⋯⋯⋯⋯⋯⋯⋯⋯⋯⋯⋯⋯　081

第十三章　匆匆英宗⋯⋯⋯⋯⋯⋯⋯⋯⋯⋯⋯⋯⋯⋯　089

第十四章　"小人恶法？"⋯⋯⋯⋯⋯⋯⋯⋯⋯⋯⋯⋯　094

第十五章　三战西北⋯⋯⋯⋯⋯⋯⋯⋯⋯⋯⋯⋯⋯⋯　109

第十六章　英年早逝⋯⋯⋯⋯⋯⋯⋯⋯⋯⋯⋯⋯⋯⋯　117

第十七章　官逼民反⋯⋯⋯⋯⋯⋯⋯⋯⋯⋯⋯⋯⋯⋯　122

第十八章　奸臣误国⋯⋯⋯⋯⋯⋯⋯⋯⋯⋯⋯⋯⋯⋯　129

第十九章　靖康之难	137
第二十章　两大奸臣	150
第二十一章　苗刘兵变	156
第二十二章　英雄夫妇	162
第二十三章　兄弟豪杰	173
第二十四章　无敌帅哥	185
第二十五章　第一冤案	192
第二十六章　宋金再战	209
第二十七章　乾淳之治	221
第二十八章　不孝光宗	228
第二十九章　自不量力	233
第三十章　一雪前耻	244
第三十一章　惹祸上身	251
第三十二章　血战西东	257
第三十三章　蒙哥之死	265
第三十四章　咎由自取	272
第三十五章　日薄西山	278
第三十六章　恭帝归降	288
第三十七章　取义成仁	299
第三十八章　南宋之亡	312

第一章

意外而生

> 时间：太祖时代　954年　960年
> 地点：洛阳　高平　陈桥驿
> 人物：赵匡胤　赵弘殷　后周世宗　刘崇　柴宗训　石守信
> 事件：高平之战　陈桥驿兵变　杯酒释兵权

宋朝是一个因意外而生的王朝。

为什么这样说呢？看后面就知道了。

宋朝是赵匡胤建立的。

生而非凡

赵匡胤建立的宋朝持续300余年，是中国史上最"长寿"的王朝之一。

赵匡胤自己也称得上是一代明君，这在历史上也是有定论的。稍晚于他的辽圣宗耶律隆绪就曾经说过："五百年来中国之英主，远则唐太宗，次则后唐明宗,近则今宋太祖、太宗也。"①

赵匡胤于 927 年生于洛阳。父亲是当时的名将赵弘殷,他是后周世宗的亲兵统帅之一。赵匡胤可谓是将门虎子。

据史书载,赵匡胤出生的时候,家中充满了赤红的光,而且赵匡胤还带着一股异香,身体金光闪闪。② 长大后,赵匡胤身材高大,相貌非凡,为人豁达大度,一看就不是一般人。

他不但相貌非常,还天赋非凡,很早就精于骑射,文武双全。

他学骑马时曾发生过一件相当神奇的事。有一次来了一匹烈马,马鞍都没有装。赵匡胤想试试自己的骑术,一下跳了上去,马驮着他在城中乱跑乱跳起来,突然他的头猛地撞到了门框,发出一声巨响。旁边人一听,觉得这下完了,头肯定要给撞得粉碎了!结果掉下了马的赵匡胤竟然慢慢地站了起来,人还是好好的。他看见那马就在前头,还追了上去,一跃而上,重新控制住了烈马。

在那样的重击之下竟然毫发无伤!看得旁边人啧啧称奇,觉得不可思议,认为一定有神灵帮他。

长大后,赵匡胤受一位老僧指点,去往北方,投入了当时还是后汉枢密使的郭威帐下,因为武艺高强又勇敢非凡,很快就崭露头角,当上了将军。

郭威去世后,其养子柴荣继位,就是后周世宗。柴荣十分欣赏赵匡胤,任命他为禁军的统领之一。

但这时候的赵匡胤还称不上是当朝大将,真正使他威名大振的是高平之战。

---

① 叶隆礼. 契丹国志 [M]. 北京:中华书局,2014 年,卷七.
② 原文参见脱脱,等. 宋史 [M]. 北京:中华书局,1985 年,本纪第一.

国家安危，在此一举！

高平之战发生于 954 年，北汉刘崇联合辽军大举南下，攻打后周，后周世宗御驾亲征，统领禁军迎战。两军在泽州（今山西晋城）的高平展开大战。

刘崇主动发起进攻，攻向统领世宗亲兵的樊爱能一翼。樊爱能竟然不战而逃，后周军顿时大乱，整个战线动摇。世宗见状，决定亲率少数随身亲兵直冲刘崇大帐。

这时候的刘崇以为自己已经稳操胜券，正在准备喝酒庆祝呢！突然见到世宗率军冲来，刘崇措手不及，起身就逃，后周军乘势掩杀，北汉与辽联军大败。

在战斗中，赵匡胤也起到了重大作用。当他看到世宗亲自冲锋而去，情况危急，于是大喝一声："国家安危，在此一举！"[1] 他身先士卒，冲向敌军右翼。手下战士们看到主将如此英勇，也跟着冲了上去，拼命死战。

正是在赵匡胤率军猛击之下，北汉军溃不成军，才使得柴荣顺利地直扑刘崇大帐，从而使后周军反败为胜。

959 年，世宗北伐契丹，准备一举收复燕云十六州，开始时一路大捷，但到了瓦桥关时突然生病，很快去世，壮志未酬身先死。

黄袍加身

柴荣去世后，他年仅 7 岁的儿子柴宗训当了皇帝。不久就传来北方契丹人入侵的消息，当时担任检校太尉的赵匡胤率军北上迎战。

出城不久，到了距京城仅 20 来公里的陈桥驿（今河南封丘县陈桥镇），

---

[1] 司马光. 资治通鉴 [M]. 北京：中华书局，2011 年，卷二百九十一.

就发生了兵变。

关于兵变的情形，史书记载是这样的：

当天深夜，五鼓时分，军士齐集在赵匡胤所住的驿馆门口，高喊着要立他为天子。虽然有人出来阻止，但大家根本不听，一直往内闯。到了第二天黎明时分，大家已经拥到赵匡胤卧室的门外了。这时候他的弟弟跑进了卧室，告诉他这事。赵匡胤起了床，到了外面的大厅。只见一群将领手执刀枪，说："现在诸军群龙无首，大家愿意奉太尉您为天子！"赵匡胤还没有来得及回答，已经有人把一件黄袍披在了他的身上。接着大家纷纷对着他下拜，高呼万岁。喊过之后大家就把赵匡胤扶上马。赵匡胤上了马后，勒住马缰对众将说："如果我发出号令，你们能听从吗？"大家一听，都答应说："我们一定唯您之命是从！"赵匡胤又说："太后和皇上都是我的主子，你们不准惊动他们。朝中诸位大臣都是我的平辈，你们不能欺侮他们。你们也不能抢掠朝廷的府库和士人百姓的财产。如果你们服从指挥，我就重重有赏，如果敢抗命，就格杀勿论！"诸将都拜倒在地，保证服从赵匡胤。赵匡胤此后才率领部队，军容严整地进入了京城。①

这里比较详细地记载了陈桥兵变的经过，说明是士兵主动发起兵变的，赵匡胤事前并不知情，他也是被迫答应士兵们的要求黄袍加身、当上皇帝的。

这是 960 年的事。从这个角度说，宋朝的诞生应该是意外。具体来说有两个意外：

一是后周世宗的意外病逝。二是陈桥的意外兵变。即使第二个意外有争议，第一个意外也肯定是成立的，这就决定了宋朝是一个意外而生的王朝。

---

① 原文参见脱脱，等. 宋史 [M]. 北京：中华书局，1985 年，本纪第一．

当上皇帝后，赵匡胤改国号为宋，建立了宋朝。

赵匡胤就是宋太祖，时年33岁。

杯酒释兵权

宋太祖登基不久，960年5月，昭义节度使李筠就在潞州（今山西长治）公开反叛，与北汉联合起来攻打宋。赵匡胤立即派出了两位他最信任的大将石守信和高怀德前往征讨。两军在长平展开大战，结果李筠大败，但仍继续抵抗。于是赵匡胤率军御驾亲征，很快又大败叛军，消灭了李筠。

不久，另一员大将又叛变了，就是当时统领富饶又重要的淮南一带的淮南节度使李重进，但很快也被镇压了。

接连两次叛乱深深地刺激了赵匡胤，倘若将来某天另一位大将也被部下披上了黄袍，即使他们不想反叛，恐怕也身不由己。于是他想出了一个好办法，就是史上著名的"杯酒释兵权"。

关于此事，史书有这样的描述：

建隆二年（961），有一天下了晚朝后，太祖和石守信等大将饮酒欢宴。正喝得尽兴时，太祖说："没有你们我当不了皇帝，不过我现在虽然当上了皇帝，但还远没有当初做节度使时快乐，我简直一年到头都没有睡过一次安稳觉。"石守信等赶忙下拜，问："现在天下已经大定，哪里还会有人敢起异心谋反！陛下您为什么要说这样的话呢？"太祖说："天下人哪个不想富贵！一旦将来某天也有人把黄袍加在你们身上，即使你们不想造反，恐怕也身不由己了！"石守信等赶忙谢罪说："我们这些小臣真是太愚蠢了，想不到这一点。请您想办法救救我们吧！"太祖说："人生苦短，犹如白驹过隙，你们不如多弄些金银财宝和房屋田地留给子孙，自己也在美女的唱歌跳舞中安享余生。这样一来君臣之间也不会相互猜忌了，不是很好吗？"石守信等一听，都谢恩道："陛下您帮我们想到了这一点，真是再生父母啊！"第二天上朝时，他们都声称自己有病，请求解除兵权，皇帝当然同意。于是都封了他们没有实权的闲职，让他们回家养老，还重重地赏赐了他们。①

这是《宋史·石守信传》中的记录。石守信是赵匡胤最重要的大将之一，换言之也是赵匡胤眼中最大的威胁之一，以他为主的大将们就这样被巧妙地解除了兵权，回家享清福去了，可谓一举两得，皆大欢喜。

杯酒释兵权之后，赵匡胤就直接掌握了军队，再也不怕大将们起兵造反了。

但这还不够。又过了几年，969 年，他又找了一个借口，让当时还在镇守各地的节度使们回到京城，说他们长年在外辛苦，不如回京城享福。这些节度使如何不清楚皇上的本意，于是纷纷请求去职。赵匡胤当然答应，又和以前对待石守信等人一样，封了他们体面的闲官。此后就由朝廷直接派出文官治理原来由节度使管辖的地方，而且是军政、民政分开。

用这些不会带兵、更不会打仗的文官来管理地方，他们自然不可能起兵造反了，于是宋朝的中央集权得到了进一步强化。

大改革

实际上，太祖可不只派出文官全盘治理地方，还对地方的各种权力，主要是财政权与司法权，进行了大改革。

首先是财政权。964 年时赵匡胤就下令各州郡的所有税赋，除去必需的日常行政经费外，其余全部上缴中央，不得私留地方。还专门在各地设置了"转运使"，由他们来管理地方财政。

不仅如此，太祖还下令将酒、盐、茶这样的生活必需品进行全国统

---

① 原文参见脱脱，等. 宋史 [M]. 北京：中华书局，1985 年，列传第九.

一的官方专卖，倘若有人敢私下贩卖就要严惩，例如只要私卖的东西价值在百钱以上，就要打七十大板，价值八贯就要被流放。如果地方官员私贩官茶，只要价值五百钱就要流放二千里，如果谁敢持兵器贩私茶就格杀勿论。

这样的惩罚非常严厉，当然少有人敢违反。通过这种方式，中央政府积聚了巨量钱财，也大大加强了中央集权。

其次是司法权。此前藩镇割据时，地方可以自己对百姓处以死刑，但太祖把这个权力也收归中央，规定全国各地所有死刑案件都要上报中央，由刑部复审，通过后才可以行刑。这就大大减少了地方枉法杀人的可能性。

到了973年，宋太祖又在各州建立"司寇院"，设司寇参军，中央直接派人担任司寇，由他们来负责审理案件，几乎完全剥夺了地方的案件审判权。

此前地方豪强犯了罪由地方审理，当然便于他们徇私枉法，现在则由中央派的人直接审理，极大地降低了走司法后门的概率，从而大大增强了司法的公正性。

这些司法改革使宋朝涌现了许多以公正且能干而闻名后世的官员，如包拯和宋慈等，民间故事中包拯甚至还将犯了罪的状元、驸马陈世美铡了，这些事迹一直流传到今天，都鲜明地体现了北宋司法制度的优越性。

如此等等，通过上述措施，赵匡胤完全掌握了国家，建立了一个自从大唐灭亡之后再也没有过的强有力的中央集权政府。

太祖统治期间，宋朝各地都得到了相当好的治理，国泰民安。

第二章

半个中国

时间：太祖时代　963年　965年　971年　976年
地点：荆南　湖南　后蜀　北汉　南汉　南唐　江陵　潭州　建康
人物：赵匡胤　赵普　慕容延钊　周保权　高继冲　孟昶　花蕊夫人
　　　刘铱　李煜
事件：吃人事件　剑门关之战　采石之战

宋太祖登基称帝时，宋朝的领土主要是中原一带，其他广大地区还在各割据政权的统治之下，主要是北汉、荆南、后蜀、南唐等。它们是五代十国中较为强大的政权。

太祖的第一要务就是要统一天下，换言之就是要灭掉这几个割据政权了。

从这些国家中的哪个开始下手呢？史书关于这个有一段相当精彩的记叙：

太祖继位之后，多次微服出行，有时候还会不事先通知就去功臣家里，去的时机也难以预测。因此大臣赵普每天退朝后都不敢脱下衣冠。有一天傍晚，大雪纷飞，赵普以为皇上不会出宫了。过了许久，突然听到有人敲门，他赶忙出去开门，看见皇上竟然站在大雪之中。赵普不由大感惶恐，拜倒在地，皇上说："已经约好我弟弟一起来了。"不久皇弟赵光义就来了。大家就在赵普家中铺上厚厚的毯子，席地而坐，并把炭火烧得旺旺的来烤肉。赵普的妻子亲自倒酒，皇上以嫂嫂称呼她。赵普这时候已经镇定下来，问皇上："天这么晚了，又冷得很，陛下怎么还出来呢？"皇上说："我睡不着，现在我的床榻之外就是别人的地盘，因此要来找你聊聊。"赵普说："陛下您觉得自己的国土还小吗？现在南征北伐都是好时机，我希望能听听您的打算。"皇上道："我想要先收复太原。"赵普一听，沉默良久，才说："这个我就不明白了。"皇上问原因，赵普说："太原挡住了我们西部和北部的胡人，即使我们能一举拿下，之后就相当于由我们一家来对付胡人了，为什么不暂时留着他们呢？我们削平其他诸国之后，这样的弹丸之地还不手到擒来？他们就是逃也没地方逃吧。"皇上笑着回答道："我其实就是这么想的呢！刚才的话只是试探一下你罢了。"于是当即决定先攻打荆、湖之地，然后攻取西川蜀地。①

这一段颇有《三国演义》的风采，使人想起了刘备雪中光顾诸葛亮茅庐的故事。

宋太祖君臣就此定下了统一天下的顺序，从先至后就是荆南、后蜀、南汉、南唐、北汉。之所以把北汉放到最后，当然是因为北汉背靠辽国，要把硬骨头放在最后来啃。

---

① 原文参见李焘. 续资治通鉴长编[M]. 北京：中华书局，1975年，卷九.

吃人事件

这时候统治湖南的是原来后周的武平军节度使周行逢。

周行逢是朗州（今湖南常德）人，出身微贱，早年曾经因犯罪被在脸上刺字。后来投入马楚军中，当上了副指挥使。南唐征服马楚之后，他们并未屈服，而是不久后就大败南唐军，收复了湖南，周行逢也被后周任命为武平军节度使，控制了整个湖南。

周行逢从来没有称帝，一直服从后周。

赵匡胤建立宋朝后，周行逢也没有称帝自立，而是在名义上归属大宋。由于周行逢爱护百姓，为政清廉，因此深得部下与百姓的拥戴。

962年，周行逢病重，儿子周保权只有11岁，周行逢仍把节度使之位传给了儿子，并且说追随他征战的张文表一定不会信服，要起来造反。

果然，听说周行逢死后把节度使之位传给了年少的儿子，张文表大怒，说："我与周行逢都出身低微，一起建功扬名，怎么能当这个小孩子的手下！"[①]立即起兵反叛。周保权派兵迎击，太祖得到消息后，下令位于湖南之北、名义上同样臣服于大宋的荆南出兵帮助周保权。

荆南也是十国之一，占有荆州南部地区，相当于今天湖北的江陵、公安一带，故称荆南，统治者是高继冲。不过高氏的统治不同于周行逢，他横征暴敛，百姓苦不堪言，随时准备造反。正因为如此，太祖便决定把荆南作为突破点，先消灭掉。

963年，太祖下令慕容延钊等率军讨伐张文表。此行当然要借道荆南，但不久之后就传来消息，张文表已经被周行逢的大将杨师璠讨平处死。但宋军并没有停止南下，仍直指荆南。

不久宋军到了荆门。荆南的实际执政者梁延嗣前往宋营，慕容延钊

---

① 原文参见毕沅. 续资治通鉴[M]. 北京：中华书局，1999年，卷二.

待他十分友好，于是梁延嗣认为宋军真的只是借道而已，便派使者先去江陵向高继冲报告"好消息"，因此高继冲不再防备。

表面上慕容延钊设宴盛情款待梁延嗣，暗地里却偷偷派李处耘统领一支精锐骑兵直扑江陵。骑兵很快到了江陵城外，由于事先得到了宋军友善的"好消息"，高继冲不但没有关上城门，还亲自出城迎接。李处耘与高继冲打了声招呼，说梁延嗣和慕容延钊随后就到，让高继冲在这里等着，自己率军冲进了江陵城。不久慕容延钊真的来了。

当高继冲他们回到江陵，发现城池已被宋军占了，宋军就这样不费一枪一箭灭掉了荆南。

灭荆南后，宋军继续南下。

周保权想要投降，但手下大将张崇富等不听，周保权只得率军抵抗。不久两军大战于岳阳附近的三江口，宋军大胜。接着张崇富率军在澧州（今湖南澧县）与宋军遭遇，结果张崇富不战而逃。李处耘又率军攻破了敌军的几处山寨，抓到了不少俘虏。

这时候李处耘想到了一个恶招，在这些俘虏中挑选了几十个比较肥胖的，叫宋军士兵把他们杀了吃掉，然后在余下的俘虏脸上刺字后再放回朗州。[①]

之所以要这样残暴，可能是想震慑敌军。结果真的把他们吓得魂飞魄散，放弃了朗州城，作鸟兽散了。

宋军占领朗州后，周保权余部纷纷逃散，很快整个湖南就被平定了。这是 963 年的事。

平定湖南后的后一年，赵匡胤派出大军兵分两路，攻向后蜀。

---

① 原文参见李焘. 续资治通鉴长编[M]. 北京：中华书局，1975 年，卷四.

孟昶与花蕊夫人

后蜀是五代十国中比较有名的一个,它是由孟知祥在934年建立的。但孟知祥称帝几个月之后就去世了,儿子孟昶继位。

孟昶是五代十国的名人之一。他年幼继位,亲政后一开始励精图治,使后蜀经济得到了极大发展,但到了后期日益沉迷酒色,经常抱着美女饮酒赋诗。

他的皇宫中佳丽成群,其中一位更是史上留名,她就是花蕊夫人。

花蕊夫人可不一般,不但国色天香,而且颇有才情,琴棋书画样样精通,尤其擅长作诗,是五代十国最有名的女诗人,她也因此深得孟昶宠爱。由于她特别喜欢牡丹,孟昶便在成都到处种植,使成都成为牡丹之都,有如第二个洛阳。

为了灭后蜀,太祖派出两路宋军:一路从凤州出发,翻越秦岭;另一路沿长江西进。

得到宋军大举攻来的消息后,孟昶匆匆派出王昭远率军坚守广元、剑门关等要道。不久北路蜀军到达兴州(今陕西略阳),在宋军的猛攻之下,兴州很快失守。

接下去宋军更是所向披靡,一路上几乎没有遇到激烈抵抗,他们沿着嘉陵江前进,大败王昭远统领的蜀军主力。

到了965年初,王昭远率残部退到号称"一夫当关,万夫莫开"的剑门关。但宋军统帅王全斌抄小路绕到了剑门关后面,轻松占领了剑门关。

孟昶得知剑门关已破,再也不敢抵抗了,主动投降。后蜀至此灭亡。

孟昶投降后,花蕊夫人悲愤异常,写下了一首至今有名的诗:

君王城上竖降旗，妾在深宫那得知。

十四万人齐解甲，更无一个是男儿。

灭了后蜀后，赵匡胤下一个要灭的是南汉。

变态的刘铱

这时南汉的皇帝是刘铱。

关于这个刘铱，古书有这样的记载：

刘铱把政事委托给宦官，还让后宫嫔妃穿上官服、戴上官帽，也来参政。只要臣下有小过或者准备重用，就会先阉割了他们。他还设置了把人活活烧死、煮死、剥皮剔骨这类酷刑。他还让罪人和老虎、大象搏斗。对百姓更是横征暴敛，致使民不聊生。[1]

总之，这个刘铱残暴荒淫到了变态的程度。

971年，太祖派出大将潘美攻南汉。这时候南汉的旧将宗室几乎都被残暴的刘铱杀得干干净净，掌握兵权的只是一些宦官。而且此时南汉的军队与政事都腐败至极，楼船战舰、武器盔甲也都年久失修，腐朽不能用，自然被宋军一鼓而下，很快刘铱就乖乖投降了。

灭亡南汉之后，赵匡胤的下一个目标就是灭南唐了。

"千古一帝"

这时南唐的皇帝是李煜。

《新五代史》有记载："煜为人仁孝，善属文，工书画。"[2]《马氏

---

[1] 原文参见王称. 东都事略 [M]. 江苏：扬州广陵古籍刻印社，1990年，卷二十三.
[2] 欧阳修. 新五代史 [M]. 北京：中华书局，1974年，卷六十二.

南唐书》则称"(李煜)少而聪慧，善属文，工书画"①。

他登基之时，南唐已经臣服于后周，后来又向宋称臣，而且一向对太祖赵匡胤十分恭敬，当太祖有命令时也能遵从。李煜深知即便如此，仍难免会有亡国之祸，他是怎样应对的呢？史书这样说：李煜感到国家有危难了，很是担心焦虑，于是天天和臣下大摆宴席，饮酒到醉，不停地发愁，唱着悲伤的歌。②

这就是说，面对国家的危机，李煜虽然心中十分焦虑，但却毫无办法，只能天天借酒浇愁。也许正是这样的痛苦激发了李煜的诗歌天赋，他最出色的词也大都是与内心痛苦相关的。

如《破阵子·四十年来家国》：

四十年来家国，三千里地山河。凤阁龙楼连霄汉，玉树琼枝作烟萝，几曾识干戈？

一旦归为臣虏，沈腰潘鬓消磨。最是仓皇辞庙日，教坊犹奏别离歌，垂泪对宫娥。

还有《浪淘沙令·帘外雨潺潺》：

帘外雨潺潺，春意阑珊。罗衾不耐五更寒。梦里不知身是客，一晌贪欢。

独自莫凭栏。无限江山，别时容易见时难。流水落花春去也，天上人间。

---

① 马令. 马氏南唐书 [M]. 上海：商务印书馆，1936年，卷五.
② 原文参见欧阳修. 新五代史 [M]. 北京：中华书局，1974年，卷六十二.

又有《相见欢·无言独上西楼》：

无言独上西楼，月如钩。寂寞梧桐深院锁清秋。
剪不断，理还乱，是离愁，别是一般滋味在心头。

如此等等，无一不是词中之精品、千古之佳作，也无不带着深深的寂寞与忧伤。

这些词都是他的亡国之音，且来看他亡国的过程吧！

面对宋军即将到来的进攻，怎么办呢？也许是病急乱投医，李煜不敢先发制人，却想到了求菩萨保佑，这样的结果就是他成了一个虔诚的佛教徒，在南唐境内特别是京城广修寺院，自己和皇后还经常虔诚地听高僧讲经，甚至以皇帝之尊虔诚跪拜。

然而并没有什么用，974年9月，宋太祖派曹翰、曹彬、潘美等率军伐南唐，同时命早已经真心归顺大宋的十国之一吴越国主钱俶出兵助战。

一触即溃

宋军南征准备充分，相较之下南唐则几乎毫无防备，甚至不敢防备。李煜本来还心存侥幸，当看到宋军已经攻来时，他又不肯直接投降，于是采用了以下做法：

在全国大量招兵，除了老人、孩子外，男性都要加入军队，这些军队被称为排门军。民间还有人自发组织起来抗敌，他们用纸制作盔甲、把农具当成武器，号称白甲军，还分成十三个等级，南唐把他们通通送上了战场。但实际上全都不中用，一触即溃。[1]

---

[1] 原文参见陆游. 陆氏南唐书[M]. 上海：商务印书馆，1934年，卷二.

由于南唐军不堪一击，宋军很快渡过长江，曹彬率军顺江而下，直扑重镇池州（今安徽池州），池州守将一看宋军到了，马上弃城而逃，其他地方的南唐守军大多也是如此。

两军一直到采石矶才有了第一次规模比较大的战斗，就是采石矶之战。

采石矶位于安徽省东部马鞍山市的长江北岸，是一大块向长江江心凸出的岩石，因此该处江面十分狭窄，成为渡过长江天险的天然近道，自古就是长江的江防重地。

这场战斗如此前、以后的战斗一样，仍只能用那个成语来形容，就是"一触即溃"。

这是 974 年的事。在获得采石矶之战的胜利后，宋军顺利渡过长江，直扑南唐都城金陵（今江苏南京）。

这时候已经是 975 年初，潘美率宋军到了秦淮河右岸，他按照渡长江的模式，用战船在河上搭建了一座浮桥，强行渡河，很快打败了在对岸防卫的南唐十多万大军。

这时候南唐还有一支兵马，就是洪州节度使朱令赟统领的十五万大军。他率军沿长江攻向采石矶，想要把那里的浮桥毁掉，在皖口遭遇了宋军。

皖口位于今天的安徽安庆，是皖水入江口。本来朱令赟拥有一支强大的水军，足以与宋军一战，正常情况下完全可以烧毁军船，但天意要亡南唐，当他正要点火时，风向突变，火竟然烧向了他自己，他也因此大败被俘，南唐全军覆没。

宋灭南唐

经过此战，金陵城再也没有外援兵力了，成了孤城。

到了这个时候，南唐军民才开始同仇敌忾，坚决抵抗，多次挡住了宋军的猛攻。

由于成了孤城，城中粮食很快吃尽，大批人饿死。《陆氏南唐书》记下了当时的惨状：外援已经断绝了，金陵城越来越危险，宋军想尽办法攻城，昼夜不停，城中一斗米要卖一万钱，大批人病死饿死，大街上尸体成堆。①

《马氏南唐书》则记载了更加悲惨的一幕。城中有座昇元寺，寺中有座建在山上的高楼。由于地势高，看上去更安全，金陵城中那些富贵人家便把自己的妻子女儿送进这座高楼里躲藏。和宋军一起攻入金陵的吴越国士兵竟然放火烧楼，结果所有人都被活活烧死，化为灰烬！"士大夫暨豪民富商之家美女少妇避难于其上，迨数百人，越兵举火焚之，哭声动天，一旦而烬。"②

不久金陵外城被攻克，曹彬率领大批军士列成战阵，抵达李煜所居的内城宫墙之外。

在这样的情形之下，李煜终于投降。这是 975 年 12 月的事。

到 976 年，南唐全境被攻克，南唐正式灭亡。

这时候宋太祖已经灭掉了荆南、后蜀、南唐等势力，但他还没有统一全中国，原因很简单：一是还没有灭掉北汉，二是燕云十六州仍在辽国的统治之下。这些地方都是中原王朝传统意义上的核心地带，没有它们就不能说统一了全中国，只能说统一了半个中国。

---

① 原文参见陆游. 陆氏南唐书 [M]. 上海：商务印书馆，1934 年，卷三.
② 马令. 马氏南唐书 [M]. 上海：商务印书馆，1936 年，卷五.

统一全中国也成为此后北宋几任皇帝的心病与心愿，也是此后北宋历史的主轴之一。

第三章

二帝之死

时间：太祖时代　976年　978年
地点：汴京
人物：李煜　小周后　宋太祖　宋太宗　王继隆　贾德玄
事件：惨死牵机药　巨大谜团

这一章比较特别，它描述的是两个人的死亡。他们的死亡都很奇特，这两个人就是李煜和赵匡胤。

"千古一帝"死得很惨

灭国之后，李煜这个"千古一帝"被押往汴京，史书记下了李煜渡江北上时的凄凉景象。

煜渡中江，望石城泣下，自赋诗云："江南江北旧家乡，三十年来梦一场。"①

李煜到汴京之后，宋太祖没有杀他，而是封他为违命侯。不久太祖去世，太宗继位。

李煜的皇后小周后是当时名动天下的绝世美女，宋太宗很是喜欢，于是竟然公开侵犯了她，对此古籍中有记载：

李国主小周后随后主到了宋朝，被封为郑国夫人，依照惯例随其他贵夫人入宫。她每次进宫之后要几天才出来，回来后必定会边哭边大骂后主，声音很响，外面都听得见。②

这就是说，小周后是不肯陪太宗的，但又不得不从，之所以要受这样的屈辱，都是李煜无能亡国的结果，因此将愤怒转移到了李煜身上，李煜心中有愧，只好默默承受。

但不用说，他的心中是有恨的，也怀念过去的美好日子，于是写下了许多诗篇，其中最有名的就是《虞美人》了：

春花秋月何时了？往事知多少。小楼昨夜又东风，故国不堪回首月明中。

雕栏玉砌应犹在，只是朱颜改。问君能有几多愁？恰似一江春水向东流。

宋太宗当然在李煜身边安插了亲信，李煜这样明显心怀故国，换言之就是对现状不满的话语很快就传到了太宗耳中，太宗不由大怒，于是这就决定了李煜的命运，对此古籍中也有这样的记载：

李后主住在宋帝赐给他的府第里，到了七夕这一天，李煜命令一直

---

① 马令. 马氏南唐书 [M]. 上海：商务印书馆，1936 年，卷五.
② 原文参见王铚. 默记 [M]. 北京：中华书局，1981 年，卷下.

跟着他的歌舞伎奏乐,声音很大,外面都听得见,太宗得知此事后大怒。又听闻他写下了"小楼昨夜又东风"及"一江春水向东流"这样的句子,于是一起算账,后主就此惹祸被杀。①

李煜不但死了,而且还死得很惨,是被牵机药毒死的。

牵机药的主要成分是马钱子,所含的马钱子碱是一种致命的中枢神经毒素。人一旦吃下就会肠胃剧痛,全身不停抽搐,手足蜷缩如弯弓,牵机就是弯弓的意思,因而这种药被称为"牵机药"。由于死时不但痛苦而且死相极难看,帝王一般只有在赐死罪大恶极或者他十分痛恨的臣下时才用,由此可见太宗对李煜之恨了。

这是978年的事。关于李煜之死,史书发出了这样的感叹:

早在周世宗时代,李煜就自己削国降号,不再称帝,而是臣服称藩,说明南唐的实力已经不行了。到了大宋王朝,这时候普天之下都莫不盼望太平,但他仍然窃据国土16年之久,表面上归顺实际上顽抗,真是有违天命!后来到了实在没办法才投降,当了俘虏之后却又思念什么故国,结果招致大祸,实在是愚不可及!②

说完李煜之死,再来说宋太祖赵匡胤之死。

赵匡胤之死是千古之谜

赵匡胤之死也是中国历史上最神秘的死亡之一。

976年11月,赵匡胤突然去世,时年仅49岁。

这实在是突然,因为此前并无任何迹象表明赵匡胤生病或者有什么意外发生,而且这时他正当盛年,不应该就这么突然死亡,所以他的死

---

① 原文参见王铚. 默记[M]. 北京:中华书局,1981年,卷上.
② 原文参见马令. 马氏南唐书[M]. 上海:商务印书馆,1936年,卷五.

是不正常的。

另外赵匡胤死后发生的事情就更加显得不正常。他死后并不是按中国历代以来的惯例由儿子继位，即父死子继。此时赵匡胤已经有了成年儿子，如时年已经25岁的赵德昭，完全够资格继承帝位。另外一个儿子赵德芳也已经17岁，同样可以继承帝位了。两位皇子都有资格继承皇位，而且他们也没有任何理由不继承皇位，但他们就是没有继承，而是由叔叔继承了皇位，这是完全违背中国古代继承制度的。

以上两个因素加起来，几乎可以断定赵匡胤的死是不正常的，而且极有可能是被继位的弟弟赵光义害死的。

这些当然不可能在正史中显示出来，不过一直有其他记载，例如宋神宗时僧人文莹所写的《续湘山野录》中记录的"烛影斧声"。

文莹是湘（湖南）人，虽然只是一个僧人，但在当时很有名气，和许多重臣文人都有交往，其中包括欧阳修。而且这时候距太祖之死只有五六十年，因此所记载的内容还是具有一定可信度的。正是他在书中记载了太祖临死前与太宗两人共处一室的情形：

不久大风阴云四起，天气骤变，大雪和着冰雹突然而降。太祖从房间里出来，急急地要宫人用钥匙打开端门，把开封王（太宗）招来。两人一起进入了太祖的寝宫内室，相对而坐，喝起酒来。宦官、宫女、妃嫔全都被支开了。隔着窗户纸，只能远远地看见烛光形成的人影在窗前晃动。太宗有时候还会离开座位，好像喝醉了的样子。两人喝完酒时已经半夜三更了，大殿前的积雪厚达数寸。只见太祖和太宗出得门来，太祖手持斧头，戳了几下雪，对太宗说："好做，好做！"不久就解衣就寝了，很快鼾声大作。这天晚上太宗也在皇宫中留宿。到了凌晨三点左右，宫中已经一片寂静，万籁无声。寝宫四周的人也没有听到任何异样的动静，但天亮时突然就有消息传来，说太祖已经去世了。①

另外，司马光后来在《涑水纪闻》中也写了太祖去世后的情形：

继隆催促太宗说："耽搁久了就会被别人占据了。"于是太宗就与继隆在大雪中步行到了太祖所居的宫门口，太宗在门外喊了一声便要进去。继隆要太宗先不要进内里，他指着外面太祖侍臣所住的房间说："您先待在这里。"继隆自己先进去了，遇到了太医官德玄。德玄说："应该直接进去，等什么呢？"于是三人一起直入太祖卧室。太祖皇后在里面看到继隆进来了，问："德芳来了吗？"继隆说："是晋王来了。"皇后见到了后面的太宗，大惊之下，便称他为"官家"，说："我们母子的性命就全靠官家了。"太宗哭着说："我一定保你们富贵，别担心。"②

这里的继隆就是内侍都知即大太监王继隆（实为王继恩），德玄则是太宗的医官贾德玄。看得出来这两人在太宗继位之事上都是出了大力的。大太监的权力之大是不难想象的，当太祖突然去世时，宫中自然是惊慌一片，这时候总管宫内事务的大太监当然就是权力最大的了。特别是如果没有预先立太子，那么对哪位皇子继承皇位是很有影响力甚至支配力的。只要他配合，赵光义继位就很容易了。

更奇怪的是贾德玄。他对宫中发生的事显然也是很了解的，所以他很可能知道太祖真正的死因。而他作为医官的身份，擅长的是什么呢？当然既可以医人，也可以害人。最方便的害人办法就是下毒了。

所以从这里可以看出来，太祖如果死于非命，最大的可能是被这位贾德玄毒死的。

这里还要提醒大家一下，宋太宗是很喜欢毒死人的。前面提到过的几个先后投降宋朝的国主，如后蜀的孟昶、南唐的李煜，甚至吴越的钱俶，

---

① 原文参见文莹. 续湘山野录 [M]. 北京：中华书局，1984 年.
② 原文参见司马光. 涑水纪闻 [M]. 北京：中华书局，1989 年，卷一.

最后都是被太宗毒死的,他再毒死哥哥有何不可呢?何况他可以因此当上皇帝。

上面的引文中还可以看到,太祖的皇后对太宗的突然前来是很意外的,一开始还以为是太祖的儿子赵德芳。但她看到来的是太宗,并且跟着进来的是大太监王继隆,立即明白了,倘若不听话,估计他们母子也会是同样的下场,保命要紧,于是就承认了由太宗来继承帝位,因此用"官家"来称呼他——这是宫妃对皇帝专用的称呼。她只是祈求太宗不要害她们母子之命。

倘若太宗名正言顺地继承帝位,皇后为什么要害怕太宗会害死他们母子呢?当然不用害怕。正因为太宗不那么名正言顺,所以她才担心。而且这样的担心是有道理的。

仅5年之后,赵德昭就被迫自杀,赵德芳更是死得不明不白,和父亲赵匡胤一样。关于赵德芳的死,《宋史》中只有这样简单的记载:"魏王德昭。五年,寝疾薨,年三十。"[1]

赵德芳还只有30岁时就在睡梦中莫名其妙地死了,和父亲赵匡胤死时的情形几乎一模一样——大概率又是被毒死的。

这说明太宗不但自己想要当皇帝,还要由他的子孙来继承帝位,帝位再也不能属于大宋开国者赵匡胤的子孙了。

如此等等,都说明太宗的继位是极不寻常的,太祖赵匡胤之死也极有可能是太宗与大太监王继隆、医官贾德玄等合谋策划的,目的就是想要让太宗当上皇帝。

当然,这只是一种合理的推测罢了,不能算是定论。

关于此事,在后面的"金匮之盟"中还会说到。

---

[1] 脱脱,等. 宋史[M]. 北京:中华书局,1985年,列传第一.

第四章

半代明君

时间：太宗时代　939年　979年
地点：汴京　北汉　太原
人物：皇太后杜氏　赵匡胤　太宗　赵普　刘继元　范超
事件：金匮之盟　太原之战

赵匡胤死后，赵光义继位，就是宋太宗。

太宗赵光义生于939年，是赵匡胤的胞弟。据史书载，他从小就卓尔不群，和别的孩子一起游戏时，他们都既怕他又服他。长大后，他鼻梁高挺，有帝王之相，一看就是了不起的人，举止也极为庄重。[①]

不过关于他早年的其他事迹不详，他也并没有做出什么大事来。直到兄长赵匡胤称帝的960年他才正式走上仕途，自然一当就是大官，很快成了开封府尹，治理大宋都城。他一直在这个位子上干了15年，直到

---

① 原文参见脱脱，等. 宋史[M]. 北京：中华书局，1985年，本纪第四.

当上皇帝。而且同时他还加"同中书门下平章事"之衔,有宰相之权。由于治理有方,深得民心,这成为他此后成功当上皇帝的重要基础。

下面的事就是他的继位了,这前面说过了。宋太祖于976年11月的一天突然去世后,虽然已有两个成年儿子,但还是由赵光义继位。这种继位方式大大违背了中国历代皇帝继承的法统,也遭到了后人的质疑,从而有了"烛影斧声"的传闻。

金匮之盟

当然这些只是猜测,史书上还有另一种说法,就是"金匮之盟"。

金匮之盟与皇太后杜氏有关。

杜氏是太祖的亲生母亲,也是他父亲赵弘殷的正室。她生有四子二女,其中太祖和太宗分别是二子和三子。她持家有方,深得丈夫的信任与儿女的敬重。而且她还颇有政才,对于治国大计也有自己的主张。据史书记载,正是她定下了由太祖弟弟而不是太祖的儿子继位的规矩,这就是金匮之盟。关于这件事史书中有这样的记载:

六月的一天,皇太后杜氏去世。太后不但聪慧而且颇有治国之才,经常和太祖一起决定国家大政,还称赵普为书记,经常拍着他的背说:"赵书记要为我多操心啊,我的儿子还不太懂事呢。"她病重后,太祖天天在一旁服侍,亲自为她煎药,不离左右。她病得快要死了时,就将赵普招来接受她的遗命。她问太祖说:"你自己知道为什么能够得到天下吗?"太祖哭着不能回答。太后说:"我正在问你国家大事呢,你怎么只是哭呢?"于是再次问了同样的问题。太祖说:"这些都是祖宗和父亲母后的余荫。"太后说:"不是这样的,国家本来是柴家的,他们却让一个小孩子来当皇帝,百姓群臣心中不服,我们因此才得到天下。你和光义都是我亲生的孩子,你以后要把帝位传给自己的弟弟。要知道天下那么大,能立一个年长的君主，那是国家和社稷的福分啊。"太祖叩头哭着说："我哪敢不听从太后的指教！"太后又对赵普说："你也要一起记下我的遗言，不可违背。"赵普随即就在床榻前写下了一道誓书，并且在后面署名："臣普记。"太祖把这道誓书藏在一个黄金制作的柜子中，并命令一个办事可靠、嘴巴也牢靠的宫人保管金柜。①

依据这样的说法，太宗继位当然是合理的。此外《宋史全文》中还有这样的记载：

晋王光义生性既仁慈又有孝心，太祖因此既器重又爱护他，曾对近臣说："晋王龙行虎步，而且出生时天有异象，将来必成太平天子，他的福分和德行不是我所能及的啊！"②

这就是说，太祖早就认为太宗有当皇帝的福分和天命，而且会比他当得好，因此早就打定主意要将帝位传给太宗。

但即使金匮之盟真的存在，与太祖被毒死也是不矛盾的。因为金匮之盟只说明太宗有继位的权利，而正常的继位是要等到太祖去世的，太祖去世时只有49岁，当时身体还健康得很，完全有可能再活二三十年，太宗哪有这样的耐心呢！所以有传言太宗才要毒死太祖，自己好马上继位。

甚至可以说正是因为有了这个金匮之盟才导致了太祖之死。倘若没有这个金匮之盟，那么太祖即使突然死亡，正常的继位顺序也只会是他的儿子而不是弟弟。这样一来，太宗毒死哥哥对他一点好处也没有。但有了金匮之盟就不一样，如果太祖突然死了，继位的就是太宗了。所以他才要早早弄死太祖，好自己早日当皇帝。

总而言之，正因为有了金匮之盟，所以更增添了太祖之死是死于非

---

① 原文参见汪圣铎点校. 宋史全文 [M]. 北京：中华书局，2016年，卷一.
② 原文参见汪圣铎点校. 宋史全文 [M]. 北京：中华书局，2016年，卷二.

命的可能性。

有点毛病的一代明君

无论宋太祖是怎么死的,有一点是可以肯定的,就是赵光义继位后,总的来说称得上是明君,他的生活方式也是比较典型的贤明君主生活方式,对此史书有如下记载:

太宗十分看重仁慈与节俭,穿洗过的旧衣服,毁掉那些奇珍好玩的器物,禁止献纳歌女,也深深地明白游戏打猎是一种错误。更拒绝了一切来自远方的贡献之物,不主张庆贺那些所谓的吉兆,同情农民耕作的艰难,仔细考察官吏理政的功过。他刻苦学习以获得更多的知识,劝谏的人即使态度狂傲也不怪罪,以使更多的人敢于进谏。他为天下之忧而忧,为他人之苦而苦。严格要求自己勤于理政,以至废寝忘食。[①]

原文中还有一句"讲学以求多闻",说明太宗喜爱读书,勤学好问。关于这个,太宗在史上也是比较有名的,他也堪称古往今来好学的帝王之一。

例如太宗很喜欢写诗,古籍中有这样的记载:"太宗先是辅佐太祖创立基业、掌握天下文统,登上帝位后尤其爱好诗文。每当有新的进士及第,或者大宴群臣,必定特地写诗赐给大家,这也成为此后历代宋帝都遵循的传统惯例。"[②]

不用说太宗因此写了不少诗,但他对学术最大的贡献可不是这个,而是下令编纂了三部大型类书,分别是《太平御览》《太平广记》《文苑英华》。

---

① 原文参见脱脱,等.宋史[M].北京:中华书局,1985年,本纪第四.
② 原文参见陈岩肖.庚溪诗话[M].台北:艺文印书馆,1960年.

这三部类书都是中国历史上鼎鼎大名的巨作，是著名的"宋四大书"中的三部，另外一部就是《册府元龟》。可以说太宗的这一行为为中国的千年文统立下了不世之功。

太宗不但下令编纂了这些大书，而且自己也经常读。据说他每天都要读《太平御览》三卷，如果发现书中有所缺漏就会补上，他还曾经说："开卷有益，所以我从来不认为读书有什么辛苦的。"[1]

终于灭了北汉

太宗之时，天下尚未统一，因此他登基后最先想到的就是要统一天下。

前面已经说到宋太祖赵匡胤灭了后蜀、南汉、南唐，当时的五代十国中还剩下三国没有统一，分别是陈洪进割据的泉漳二州、钱俶控制的吴越国以及北汉。前两国实际上已经归附了宋朝，只是还没有完全并入，属半割据状态，特别是陈洪进属于传统的藩镇割据模式。但陈、钱两人都清楚天下大势，因此陈洪进在978年时入汴京觐见太宗，并正式上表献出泉漳二州，他也成为遥远的、自唐朝安史之乱之后就开始的藩镇割据的最后残余。至于吴越国，在陈洪进纳土不久，钱俶就将全土献给了太宗。

至此，五代十国中的割据政权就剩下最后的北汉了，因此太宗在979年就发动了灭北汉之战。

其实，早在968年、969年太祖曾两次攻打北汉，但都失败了，只好将目标先转向了南汉和南唐。现在又过去了10年，灭亡北汉可以说势在必行了。

太宗是从977年冬天开始准备讨伐北汉的，他在宋与北汉相邻的各州准备了大量兵器以及攻城器具，北汉王刘继元十分恐惧，赶紧派人向

---

[1] 原文参见王辟之. 渑水燕谈录[M]. 上海：商务印书馆，1935年，第六卷.

辽国求救。辽主派遣南府宰相耶律沙、冀王塔尔（耶律敌烈）、南院大王耶律斜轸等率军南下，支援北汉。

不久宋辽两军就发生了大战，这就是白马岭之战。

白马岭位于今天山西阳曲东北的关城之南。宋辽两军遭遇时中间隔着一条河，辽军在这里犯下大错，在没有做好充分准备的情形下就仓促渡河，结果被宋军半渡而击，导致大败。大批辽军包括大将塔尔等人都被打死，统帅耶律沙几乎是只身逃走。

这是979年3月的事。白马岭大败后，辽帝深知北汉灭亡不可避免，为免自家军队再受损失，决定不再派军支援北汉。

史上最悲惨的降将

得不到辽军支援的北汉只得独立抗宋了。

太宗下定决心，此战必须灭亡北汉。不久他亲自统军到了北汉都城太原城下，一路积极慰劳将士，并再次劝刘继元投降，但没有成功。

为了鼓舞士气，太宗从军中选择了几百名勇士，找来舞剑高手，叫他们舞剑，勇士们将利剑抛向空中，又以赤裸的上身迎接利剑，在不断坠下的利剑之间前后左右跳跃舞蹈，令观众惊呼不已甚至胆战心惊。太宗还让刚好这时候前来的辽国使者以及太原城上的敌人观看，吓得辽国使者不敢正视，城上的北汉士兵也都腿软了。

不久攻城战正式开始，只见大批宋军如蚁群般冲向太原城下。太宗亲自到前线督战，如史书所载：

太宗经常身穿盔甲，冒着被敌人利箭和巨石伤害的危险，亲自指挥大军作战。周围大臣将领们劝他不必如此，太宗答道："将士们都在利箭巨石之下为我效命，我身为皇帝，岂能只坐在一边观看！"[1]

---

[1] 原文参见毕沅. 续资治通鉴[M]. 北京：中华书局，1999年，卷十.

皇帝的亲临使宋军士气更旺，将士们不顾性命地往城墙上扑去，"人百其勇，皆冒死先登"。这时候出现了壮观的一幕：只见数十万名弓箭手在太宗御驾前列成阵势，有的蹲着，有的站着，不停地射箭，无数支箭附在城墙上，使整座太原城几乎变成了一只巨大的刺猬。[①]我们可以想象一下这样的情形，这应该是古代攻城战中最壮观的场景之一了。

宋军就这样没日没夜地猛攻太原，城中渐渐支持不住，于是有北汉将领开始出城投降。

但其中一名将领很是不幸，他就是范超。他出城投降，可能没有说明白动机，被宋军当成出城作战的敌将捉住，并在军旗下当众斩首。更不幸的是，他想要出城投降的事被北汉朝廷知道了，于是他在城内的家属全部被杀，他们的头颅也被从城墙上丢了下来。因此范超堪称史上最悲惨的降将之一了！

不久更多北汉将领出城投降，太宗也高调宣示要在第二天就打下城池，将士们要在城中开饭！

此时刘继元也知道城破不可避免，于是在众臣劝说下终于投降。

这是979年6月的事，北汉就此灭亡。

如果从907年唐朝灭亡算起，到此时是979年，中国已经分裂了70余年，不可谓短暂。

当然对于历史的长河来说，这段时间也不能算长。尤其是较之汉亡后历经魏晋南北朝300余年的大分裂，天下才终于由隋重归一统，70余年要短得多了。

攻灭北汉之后，大宋统一了原来属于汉人的广大地区，也成为了传统中原王朝的合法继承者。

---

① 原文参见毕沅. 续资治通鉴[M]. 北京：中华书局，1999年，卷第十.

根据惯例，下一步就是要走向汉唐似的一统天下了。

太宗的确也有这样的志向，如《宋史》所云，太宗"慨然有削平天下之志"①。

这里的天下指的就是太宗想要恢复汉唐时期的中华之天下，不但一统传统上属于汉人的疆域，而且要使中华的领土恢复到汉唐时代，使得周围这些少数民族政权，如辽国、西夏、越南、大理、吐蕃等，统统归于大宋统治之下。

因此，灭掉北汉之后不久，太宗几乎马不停蹄地发起了对辽国的战争，这场战争从979年一直打到1004年。

后面就会发现，宋太宗这样做是有问题的，最终给国家造成了巨大损失却一无所获，这也是他平生最大的败笔。加上他的帝位也来得有点问题，因此我们不称他为"一代明君"，只是"半代明君"。

---

① 脱脱，等. 宋史[M]. 北京：中华书局，1985年，本纪第四.

第五章

宋辽初战

> 时间：太宗时代　979年　980年
> 地点：幽州　满城　雁门　瓦桥关
> 人物：赵延进　耶律休哥　耶律沙　李继隆　崔翰　杨业
> 事件：高梁河之战　满城之战　雁门之战　瓦桥关之战

前面说了，为了统一天下，灭亡北汉之后，宋太宗马上出兵攻打辽国，从而发动了宋辽战争。

太宗的第一个进攻目标就是燕云十六州。

宋军的第一次大败

战争在979年爆发，由于这时候是宋太宗太平兴国四年，因此又被称为太平兴国北伐。

一开始，宋军几乎势如破竹。大军六月中旬出发，几天后便攻抵辽国境内。辽国的东易州刺史投降，宋军继续前进，不久就到达了涿州，辽军也弃城投降。

再往前就是幽州了。这时候距向辽国开战不过十余天，由此可知宋军进攻之迅速与顺利。

一开始，宋军在幽州的进攻也很顺利，在太宗的亲自督战之下，宋军人人奋勇、个个争先，在阵前斩杀了辽军千人以上，并且迅速包围了幽州，向城池发起了猛攻。

至此，在与辽军的作战中，宋军可以说是无往不利。也许正因为如此，太宗产生了对辽军的蔑视心理，以为幽州守军不堪一击，宋军很快就会破城。

但实际情况却大大出乎他的意料，幽州守军十分顽强，坚决抵抗，宋军一时间难以攻破。

面对宋军的进攻，这时候的辽帝耶律贤相当恐惧，甚至准备放弃幽州和蓟州，但大将耶律休哥（耶律逊宁）坚决不同意，自告奋勇率军十万去救幽州。他没有直接攻向幽州，而是先往南行军，绕到了宋军后面，再往北疾驰；并且特别挑选了三万名精锐战士，以最快速度扑向幽州。

这时候另外一支辽军在耶律沙的统领下在幽州附近的高梁河畔与宋军对峙。一开始宋军打败了辽军，但当天夜里，宋军突然见到一眼望不到边的火炬从南边冲来。不仅如此，在火光的掩映之下还有大批的辽军旗帜，显然是一支数量庞大的辽军攻来。而此时耶律沙乘势发起进攻，幽州城内的辽军也冲了出来，三路同时猛攻，宋军顿时大败，全线溃退。但辽军并没有乘势猛追，打退宋军后就结束了战斗。这是979年8月的事。

这就是宋辽战争中的第一场大战——高梁河之战，也是宋军的第一次大败。

甚至可以说，正是这次高梁河大战为宋辽之间的战争奠定了基调。这个基调就是宋弱而辽强。

难得的大胜

高梁河大败宋军之后，辽景宗十分高兴，认为宋军不堪一击，于是不久之后就派韩匡嗣率大军南下攻宋，宋辽之间便展开了第二场大战——满城之战。

满城位于今天河北省中部偏西的太行山东麓一带，这里地势比较平坦，适合辽军骑兵的行动，因此当辽军南下之时，自然会首选这条路。

此前宋太宗也早就料到了辽军会这样做，因此在满城以及附近的定州、镇州等地布置了重兵，随时可以互相呼应防卫，并且告诉镇守这里的诸将找地方伏击，定然会取得胜利："契丹必来侵边，当会兵设伏夹击之，可大捷也。"[1]

太宗的布防不错，辽军果真不久就来了。宋军在刘廷翰、崔彦进、李汉琼、崔翰等人统领下也北上迎击，两军在满城遭遇。

太宗不但预见了辽军的到来，甚至还准备了御敌之策。他准备了八个阵势，画成八幅阵图，交给了众将，要他们就根据这些阵图来对敌。众将一开始还是按照太宗的阵图排兵布阵，但不久就发现不对劲，因为根据这个阵法，宋军要星罗棋布地在平地列阵，而且各军之间相距有百步之远，没法集中兵力。辽军却是声势浩大，从东到西排列，一眼望不到头。倘若辽军乘宋军布阵之时集中兵力猛冲过来，兵力分散的宋军肯定无法抵挡。所以许多将士对太宗的阵法都产生了怀疑，甚至丧失了斗志。

这时右龙武将军赵延进对崔翰等统帅说："皇上给我们布置的任务实际上就是要打败敌人，至于具体的克敌之法得根据具体形势来定，现在这样的形势，倘若我们根据这样的阵图布阵，分散兵力，肯定会败！那时候怎么办？因此我们必须集中兵力发起攻击，这样才可能取胜。虽然

---

[1] 毕沅. 续资治通鉴[M]. 北京：中华书局，1999年，卷十.

违背了皇命，但赢得了胜利，不是比打了败仗丧师辱国要好吗？"

一开始崔翰等人还担心，这时候赵延进和另一位将领镇州监军李继隆说："有了罪我们来担当！"崔翰才同意了。于是宋军集中所有兵力，列为可以互相支援的前后两军，并且先派人去辽军那里诈降。韩匡嗣果然中计，虽然耶律休哥提醒他这应该是宋军的诡计，但韩匡嗣不听，高高兴兴地准备迎接宋军的投降，没有要求部下做好战斗的准备。这时候突然听到战鼓喧天，满天尘土飞扬，只见飞尘之下大批宋军猛冲过来，韩匡嗣大惊失色、仓皇失措，其他辽军将士也是这样，在宋军的猛攻之下很快崩溃，许多士兵在高山坑谷中摔死，宋军一路追到遂城，"斩首万余级，获马千余匹，生擒其将三人，俘老幼三万户及兵器军帐甚众"[1]。

这就是满城之战，以宋军的大胜告终。

这是 979 年 10 月的事，后面将会看到，对于宋军来说这样的大胜是相当难得的。

杨业的崛起

这次失败令辽帝觉得颜面无光，很快又派兵南下，再攻大宋，于是就发生了宋辽之间的下一场大战——雁门之战。

雁门这个名字听上去耳熟，不错，就是著名的雁门关。它位于过去的代州即今天山西省中北部的忻州市代县一带的雁门山上。之所以叫雁门关，是因为关口两边有山东西对峙，形状如门，经常有飞雁出入其间，因而得名。也就是说飞雁也不能飞过它的上面，只能从中间穿过，足见其高耸无比，是古代的"天下九塞"之首。这里东西两面都是险峻的高山，

---

[1] 原文参见毕沅．续资治通鉴 [M]．北京：中华书局，1999 年，卷十．

只有中间一条通道，而且道路十分崎岖，易守难攻。

这次辽军南下攻宋，就攻向代州，而雁门关正位于代州，于是宋军在潘美的统领之下，在这里与辽军展开大战。

关于此战究竟哪个人功劳最大是有疑问的。一种说法是潘美，因为这时候的潘美是宋军统帅。

这个潘美就是古代著名小说《杨家将》中潘仁美的原型，不过在小说里潘仁美是反派，史书中的潘美并非如此，他作战相当勇敢，也立了不少功劳，例如这次的雁门之战。对此《宋史》有记载：

当辽军到来时，正好潘美在这一带巡行、安抚军民。他见辽军万余骑兵将至，已经靠近了营寨，便当众宣誓，要大家奋勇作战。正是在他的激励之下，宋军突袭成功，大败辽军。[1]

但《宋史》还有另一种说法，说这次雁门之战的胜利主要归功于著名大将杨业。

杨业不但是宋朝，也是整个中国历史上有名的战将之一，特别是以他为代表的杨家将故事在中国民间影响极大，是大众熟悉和敬仰的古代将军之一，能与之相比的只有卫青、霍去病、岳飞等少数几人。

杨业是太原人，父亲叫杨信，是北汉的麟州刺史。据说杨业从小不凡，武艺高强又胸怀大志，而且是打猎的高手，每次打猎的收获都比其他人多得多。他曾经对同伴们很豪气地说："将来我领兵打仗的时候，要追击敌人就像追击这些猎物一样！"[2] 将自己视为猎人而将对手视为猎物，这是何等的自信！

因为武艺高强，杨业刚成年就从军，和父亲一样追随建立北汉的刘崇，很快就以英勇善战、所向披靡而闻名遐迩，被北汉人称为"杨无敌"。

---

[1] 原文参见脱脱，等．宋史 [M]．北京：中华书局，1985年，列传第十七．
[2] 原文参见脱脱，等．宋史 [M]．北京：中华书局，1985年，列传第三十一．

后来宋太宗征伐太原，杨业率军迎敌，但所谓大厦将倾，独木难支，杨业再勇敢也不可能凭一己之力拯救北汉，何况这时候的北汉阻碍中华一统，这也是杨业所不乐见的，因此当看到太原已经不可能守住时，他就劝刘继元投降，以保全百姓。

刘继元最后听从杨业的建议投降了。太宗早就听闻杨业大名，特意召见了他。两人交谈后，太宗非常高兴，封他为右领军卫大将军，还有其他重赏，总之对待杨业十分亲厚。所谓士为知己者死，这也使得杨业愿意为太宗与大宋江山肝脑涂地。

此后之事就与雁门关战事有关了，对此史书有这样的记载：

因为杨业熟悉边防事务，太宗便让他负责代州一带的防务。正好辽军向雁门攻来，杨业率领手下数千骑兵抄小路到了雁门关的北口，绕到了南下的辽军背后，发起攻击，大败辽军。[1]

这就是雁门关之战。

当然，更大的可能是潘美和杨业都有功，他们是分进合击，潘美从正面阻击，杨业从背后夹攻，才使得辽军大败。

这是 980 年的事，经过雁门关之战，辽军对杨业是又敬又怕，太宗也更器重、信任杨业了。

辽军打通了南下攻宋的门户

辽宋之间的下一场大战是瓦桥关之战。

瓦桥关之战同样发生在 980 年。

这年底，由于在满城与雁门关接连失败，辽景宗很是不服，于是亲率大军二十万人，再次南侵。

---

[1] 原文参见脱脱，等. 宋史 [M]. 北京：中华书局，1985 年，列传第三十一.

不久大军抵达瓦桥关。

瓦桥关位于河北中部的雄县（今河北雄安新区），从这里西出可至保定，北出就是幽州，东可从大清河（即过去的易水）入海，南部就是宋朝领土了。只要占领了这里就可以直逼宋朝内地。

由于瓦桥关地理位置重要，太宗在这里布置了重兵防卫，统帅是张师。

不久，辽国的北院大王耶律休哥在瓦桥关之东与宋军大战，张师率军向辽军猛冲，两军激战。辽景宗亲自上马，在前线督战，这使得辽军士气大涨。耶律休哥更是几乎单枪匹马地冲入敌阵，犹如当初关羽面对颜良统领的河北兵马，阵斩颜良一样，竟然在阵中斩杀了张师。

主帅一死，宋军群龙无首，很快大败而逃。

辽军继续进军，第二天，宋军在易水之南再次列阵，与辽军大战，但此战又是宋军大败，主要又是败在耶律休哥手上，"休格（哥）遂率精骑渡水奋击，南师大败，追至莫州，横尸遍野，生擒数将以归"[①]。

这就是瓦桥关之战，以宋军大败而结束。此后辽军占领了瓦桥关，打通了南下攻宋的门户，对宋军以后的战局十分不利。

太宗不久亲自率军北上，到达瓦桥关以南。

他派出杨业镇守这一带。由于辽军已经被杨业打怕了，一时不敢再度南下，宋辽之间的战事暂时告一段落。

[①] 毕沅. 续资治通鉴[M]. 北京：中华书局，1999年，卷十.

第六章

杨业之死

时间：太宗时代　986年

地点：飞狐城　岐沟关　陈家谷

人物：萧太后　韩德让　宋太宗　田重进　潘美　耶律休哥　曹彬　杨业　杨延昭　杨文广

事件：萧太后的故事　雍熙北伐　岐沟关之战　陈家谷之战

虽然多次失败，但并没有使宋太宗打消收复燕云十六州的计划。

982年，辽景宗耶律贤去世，耶律隆绪继位，就是辽圣宗。

萧太后传奇

辽圣宗在位49年（982—1031），是辽国在位时间最长的皇帝。据《辽史》记载，"（圣宗）精射法，晓音律，好绘画"[1]。《契丹国志》更说

---

[1] 脱脱，等. 辽史[M]. 北京：中华书局，2003年，卷十一.

他"英辨多谋，神武冠绝"①。传说他曾经一箭贯穿三头鹿，总之是一位文武双全的英明之主。

他继位时还只有 10 岁，由母亲摄政。他的母亲叫萧绰，小字燕燕，又称萧燕燕，是史上有名的萧太后。

萧绰出身高贵，父亲是辽国的北府宰相，母亲是公主，为穆宗之姐。据说她从小不但秀外慧中，而且勤劳能干。后来嫁给耶律贤，就是后来的辽景宗。景宗继位后她就成了皇后，时年 16 岁。

景宗很喜欢这位皇后，虽然景宗身体不好，但还是和皇后生下子女，其中长子就是后来的辽圣宗。

萧绰颇有治国之才。由于景宗一向体弱多病，经常不上朝，就将朝中大事委托皇后处理。所以年轻的萧绰已经是辽国实际上的统治者了，如史书所载：无论司法行政还是战争军事，所有大事都由皇后决定，皇帝经常卧病在床，凡事就只是拱拱手而已。②

到了 982 年，久病的景宗去世，耶律隆绪即位，萧绰被尊为皇太后，时年 29 岁，从这时候起就要称她为萧太后了。

萧太后没有兄弟，只有两个姐姐，一个被废，一个被杀，这时候父亲也已死去，没有娘家人可以依靠，而当时的辽国并不稳定，许多王室成员权力很大，拥兵自重，想要把持朝政。因此她哭着对重臣耶律斜轸和韩德让说："我这当母亲的只是个寡妇，儿子还这么弱小，部下和亲族们却这么豪强，边疆也不安宁，我怎么办啊？"③耶律斜轸、韩德让却一点也不怕，他俩拍着胸脯保证说："你只管相信我们就够了，其他的不要多想！"

---

① 叶隆礼. 契丹国志 [M]. 北京：中华书局，2014 年，卷七.
② 原文参见叶隆礼. 契丹国志 [M]. 北京：中华书局，2014 年，卷六.
③ 原文参见脱脱，等. 辽史 [M]. 北京：中华书局，2003 年，卷六三.

在这里要特别提几句韩德让。

韩德让本来是汉人，史书说他"忠愿谨悫，智略过人"[1]。还有传言说萧太后一开始是和他定了亲的，后来才转嫁给景宗。景宗去世后，他们很快就重修旧好了。关于这个史书中有这样的记载：

萧后年少就成了寡妇，由于韩家世代掌握辽国军政，大权在握，萧后怕这样对她的孩子不利，就私下对韩德让说："我曾经和你定亲，现在也愿意和你重修旧好，这样一来我年幼的儿子既是皇帝，同样也是你的儿子了。"从此韩德让出入宫中，两人更加亲密无间。不久萧后又毒死了韩德让的妻子李氏。每次出去打猎，她一定会和韩德让睡在同一间屋子里，不久萧后就生了楚王，就是韩德让的儿子。[2]

契丹人的风俗与汉人不一样，他们对这样的事本来就容忍度高，加上辽景宗已经去世，他们这种关系在辽国人看来并没有什么不妥。《契丹国志》中也有类似的记载：

丞相耶律隆运本来是汉人，姓韩，名德让，太后有辟阳侯之幸，亲近韩德让，还赐他姓耶律，又改名叫隆运。不久拜他为大丞相，封为晋王。后来景宗死去，太后掌握朝政，就和耶律隆运私通了。[3]

这里提到的辟阳侯之幸源于西汉吕后，就是说太后宠幸大臣到了私通的程度。

正是在韩德让、耶律斜轸等的大力扶持下，小皇帝辽圣宗和萧太后不但稳固了统治，还使得辽国更加强盛。

这些宋太宗当然不清楚，他听说景宗去世，由一个10岁小孩当皇帝后，认为辽国一定会乱，是趁火打劫的好时机，于是在986年初下令北伐，

---

[1] 叶隆礼．契丹国志 [M]．北京：中华书局，2014年，卷十八．
[2] 原文参见江少虞．宋朝事实类苑 [M]．上海：上海古籍出版社，1981年，卷七七．
[3] 原文参见叶隆礼．契丹国志 [M]．北京：中华书局，2014年，卷七．

开始了又一次宋辽战争。

因为这时候是大宋雍熙三年,所以被称为雍熙北伐。

这次宋军兵分三路:东路军由米信、杜彦圭统领,从雄州出发;中路军由田重进统领,从定州出发,攻飞狐城;潘美、杨业则率领西路军从雁门关出发,攻打云州。

在此之前,太宗还派出了一支先锋部队,由曹彬、崔彦进统领,攻打幽州。所以实际上宋军分成了四路。

听说宋军兵分四路攻来了,掌政的萧太后并不惊慌,她命令大将耶律休哥镇守幽州,耶律斜轸率军抵挡宋军的中路及西路,她自己则带着辽圣宗御驾亲征,居中策应。

岐沟关的致命失败

一开始,宋军进展顺利,出兵不过一个来月,西路军已经攻克了应州、云州等四州之地。

此后,曹彬率军到达了涿州。镇守在这里的辽国南京留守耶律休哥见宋军势大,没有硬拼,而是白天坚守不出,晚上才派出行动迅速的轻骑兵偷袭,把落单的士兵杀掉,使得宋军人人自危。后来耶律休哥还派出精兵在宋军后方打埋伏,击溃了宋军的运粮车队,断了宋军粮道。

这样一来,十几天之后,曹彬军就没有粮食了,只得离开涿州,退到了雄州去支援自己的运输部队,然后就地驻扎。

但其他各路兵马取胜的消息不断传来,曹彬于是又带了一些口粮去打涿州。

这时候萧太后统领的大军已经到了涿州附近。她命令耶律休哥一路骚扰,使宋军进军缓慢又损兵折将。宋军好不容易到了涿州后,已经疲惫不堪。

这时候是农历五月，公历 6 月，已是夏天，军士们身着厚重的盔甲，燥热不堪。过了一段时间后粮食又吃完了，但其他各路大军还没有到来。曹彬只得再次离开涿州，往南退却。

不止于此，曹彬还犯了另一个大错。他觉得自己可能不会回来了，而涿州的百姓已经归附大宋，是大宋子民了，于是就把他们全都带上，一起南行。大敌当前，兵贵神速，曹彬这样的做法当然是大错特错的。由于跟随的百姓大部分都是老弱，行动迟缓，而且由于百姓与军队混杂在一起，部队也乱了，整个队伍成了乱哄哄的一群，犹如乌合之众。不久耶律休哥就统领强悍的骑兵追了过来，在岐沟关追上了宋军。

双方展开大战。乱成一团又疲惫不堪的宋军哪打得过如猛虎一般扑过来的辽军？不久就全军崩溃，"互相践踏，死者无数"[1]。

这就是岐沟关之战。岐沟关位于今天河北省涿州市西南 20 公里处的松林店镇，现在还叫岐沟村。

岐沟关惨败后，好不容易活下来的宋军和百姓逃到了高阳，这里有一条河叫沙河，耶律休哥又追了上来，接着又是一场血腥的大杀戮：

残余的宋朝军民逃向高阳，一路被辽军冲杀，死了几万人，尸体把沙河都堵住了，河水为之不流，宋军丢弃的兵器盔甲一路堆得像小山一样。耶律休哥后来把大量宋军尸体收集起来，筑成了京观。[2]

这是 986 年 6 月的事。曹彬惨败的消息传到太宗那里后，他知道这次北伐已经不可能成功了，于是下令田重进率军退驻定州、潘美回到代州。已经获得的胜利果实全丢了，雍熙北伐也以失败告终。

---

[1] 毕沅. 续资治通鉴 [M]. 北京：中华书局，1999 年，卷十三.
[2] 原文参见毕沅. 续资治通鉴 [M]. 北京：中华书局，1999 年，卷十三.

杨业的不朽之死

岐沟关大败后，太宗下令诸路军马南撤。其中由潘美、杨业率领的西路军本来已经攻克了寰州、朔州、应州、云州等地，一路高歌猛进，但曹彬的致命失败导致整个战局发生变化，潘美和杨业只得南撤，回到代州。

杨业指出，现在辽军士气正盛，不可以和他们硬拼。但这番话触怒了早就因"杨无敌"称号而嫉妒他的诸将同僚，于是监军王侁说："我们有数万精兵，哪能这么胆小畏战呢？应该通过雁门关往北前进，而且要大张旗鼓地前往，和辽军决一死战！"杨业不同意，指出现在辽军势大，这样硬拼一定会失败的。王侁竟然说："你号称无敌，现在竟然如此胆小怕死，是不是想要投靠辽人了？"

杨业心知倘若按照他们的战法一定会失败，但他没有逃避，于是自愿赴死。这时候他们正位于朔州一个叫陈家谷的山谷，他指着谷口说，当他去与辽人决战的时候，王侁等人要在谷口布置重兵防守。到时候他若战败，就会退到这里。陈家谷易守难攻，只要在谷口两边布置重兵夹击，就可以打退辽军了。否则，只要辽军通过这里，后面大家就全完了！

后来的战况确实如杨业所料，在气势汹汹且人数占优势的辽军得胜之师面前，杨业的区区几千人马哪里打得过！只得退往陈家谷口。他本来以为这里会有自家伏兵，结果什么也没有！

原来，潘美和王侁的确派兵守住了谷口，但等了许久之后杨业还没有回来，他们以为杨业这个"杨无敌"一定得胜了，怕杨业一人得了功劳，于是匆匆离开陈家谷，要去打辽国的败军、抢功劳了！后来又听说杨业被打败了，他们没有去陈家谷救援，而是逃之夭夭、溜之大吉了！

杨业退到谷口时一看，连人影也没有，知道全完了！但他没有再退，而是回身率手下的残兵死战，他的儿子杨延玉也战死了，杨业最后身负重伤，被辽军抓住了，但他拒不投降，绝食三天而死。"乃不食，三日死。"①

关于杨业的特点以及他最后率部下苦战时的情形，史书有下面比较详细又动人的记载：

杨业不懂读书识字，但赤胆忠心又勇敢非凡，还很有智谋。他率军训练打仗时，总是与普通士卒同甘共苦。代州是北方苦寒之地，一般人都穿着皮衣、裹着毛毯，但杨业只穿着普通的棉衣，就坐在露天下处理军务，旁边也没有火烤，周围的人都冻僵了，快要倒下，只有杨业神情自若，一点也没有冷的样子。他处理政事尽量做到简单明白，对部下也非常好，因此士兵们都喜欢在他麾下效力。当在朔州陈家谷大败时，他麾下还有百余人活着。杨业对他们说："你们都有自己的父母妻子，和我一起死也只是白死，没什么意义，还是赶紧走吧，回去把这里发生的事报告天子。"大家都哭着不肯离开。淄州刺史王贵连杀数十人，直至箭都射完了才被杀死，其余的手下也全战死了，无一生还。后来大家听说了这样的事，个个都听哭了。②

悲壮吧！杨业也因为他如此悲壮的英雄事迹而得到了从宋朝直到今天国人的崇敬。

杨业在《宋史》上的地位是很高的，他和他的儿子杨延昭（杨六郎）及杨延昭之子杨文广在书中都有记传，而且祖孙三代是记录在一起的。其中关于杨延昭是这样说的：

杨延昭智勇双全，善于作战，如果得到了奖赏会全部用来犒劳广大军士，从来不顾自己的小家。他身为大将，但看上去像个小军官，他号令严明，与士卒同甘共苦，遇到敌人时必定身先士卒，在战斗中几乎无

---

① 脱脱，等. 宋史 [M]. 北京：中华书局，1985年，列传第三十一．
② 原文参见脱脱，等. 宋史 [M]. 北京：中华书局，1985年，列传第三十一．

往不胜。①

　　直到杨文广，还在想着要收复燕云十六州，他向皇帝献上了阵图以及攻取燕云十六州的策略，但没有获得批准就去世了。②

　　如此等等，杨家堪称世代英豪，值得永远铭记与颂扬！

---

① 原文参见脱脱，等．宋史[M]．北京：中华书局，1985年，列传第三十一．
② 原文参见脱脱，等．宋史[M]．北京：中华书局，1985年，列传第三十一．

第七章

得不偿失

> 时间：太宗时代　986年　989年
> 地点：瀛州　梓州　威虏军　成都
> 人物：刘廷让　尹继伦　王小波　李顺　张玘　王继恩
> 事件：君子馆之战　徐河之战　王小波、李顺起义

在陈家谷之战大败宋军后，辽军在萧太后与辽圣宗的统率下，以耶律休哥为主力，继续杀向南方，想要乘势大捞一把，不久抵达君子馆。

再败君子馆

君子馆在宋代隶属于瀛州，位于今天河北省中部河间市一带，因曾是汉代大儒毛苌讲学的地方，才有了这个名字。这里地处华北平原腹地，地理位置相当重要。

驻守瀛州的刘廷让统军迎击。这次双方的兵力差不多，但辽军是由著名勇将耶律休哥统帅的精锐骑兵，宋军主要是步兵，战力明显要弱一些。

不过宋军有了一种先进武器对付辽军骑兵，就是弩。

这时候弩已经大规模装备在宋军部队中，作为对付强大迅猛的辽军骑兵的利器。当敌军骑兵攻来时，刘廷让准备先用弩对付，同时还将相当一部分精兵交由部将李继隆统领，在后方准备随时投入作战。

战斗开始后，刘廷让很快就发现自己处于不利局面，不是将士不英勇战斗，而是他们最重要的武器——弩竟然用不上了。为什么呢？因为这时候已经是986年底了，大雪纷飞，天气严寒，辽军从北方而来，本来就不怕冷，但宋军可没有这样的本领。由于太冷，弓弩手的手脚已经冻得麻木了，弩与弓不一样，需要相当大的力气才能拉开，现在拉不开了。

这样一来宋军就失去了对付辽军骑兵最重要的武器，这就决定了战争的胜负。

宋军依然在刘廷让和勇将桑赞的统领下奋勇作战，从上午一直打到下午，但宋军的步兵终究打不过辽军的精锐铁骑，不久就大批被杀。辽军纷纷扑向刘廷让，将他团团围住。刘廷让虽然勇敢，但知道这样打下去会全军覆没，当他要求李继隆率后备军来援时，李继隆不但不来，还率军跑掉了。绝望之下，刘廷让只得孤身逃走，他所统领的宋军几乎全军覆没。君子馆之战也以宋军的惨败告终。

这样的一再失利相当沉重地打击了宋军。此后辽国继续进军，又多次打败宋军，还杀伤了大量宋军将士，辽军甚至又用宋军的尸体筑了一次京观："丁未，筑京观。"[①] 这是987年初的事。

此后辽军又攻克了深州、祁州、德州等，杀害俘虏了大批官吏、军士和百姓，还一路抢掠，给宋朝国家和人民造成了巨大损失，太宗为此特意下了一道"哀痛之诏"，以安慰天下人民、表达哀痛之意。

---

① 脱脱. 辽史[M]. 北京：中华书局，2003年，卷十一.

难得的胜利

但这也并不意味着宋军一直是失败的,他们也取得了一次重要的胜利,这就是徐河之战。

徐河之战发生于989年6月,这时候宋朝的威虏军缺粮了。这里的"军"不是指一支军队,而是一级政府,级别上相当于州,因为位于军事重地,因此不称州而称军,如淮南也有一个地方叫无为军。威虏军的治所位于河北遂城(今河北保定徐水区)。

宋太宗知道后,立即派前面说过的李继隆率军携带大批粮草前往威虏军支援。

辽军得到了这个消息,认为是偷袭的好时机,如果抢走这些粮草,不但可以轻松击败缺粮的威虏军守军,还顺便补充了自己粮仓。于是耶律休哥亲自统领数万精锐骑兵连夜出发,朝李继隆方向疾驰而去。

这时候宋朝的边都巡检尹继伦带着步骑军千余人正在路上行进,他们只是按惯例巡视边境。辽军可能正是了解这一点,因此两军相遇后,他们根本不理,而是继续朝李继隆方向扑去。这让尹继伦大怒,他对部下说:"这是把我们看成他们砧板上的肉啊!他们是想击败李继隆后回头来打我们,那样我们就完了。要活下去,就得乘他们轻视我们时拼命一搏,这样就是死了也是值得的!"部下纷纷响应。于是尹继伦就率领这千余人跟在了辽军的数万精锐骑兵后面。

一连跟了几十里,到了徐河一带。不久天亮了,尹继伦看到辽军正在吃早饭,没有提防他们,便率领大伙一拥而上,猛冲猛打。

辽军没想到这支小部队竟敢主动进攻,而且气势汹汹,不要命似的,不由得被吓着了,很快就有一员大将被杀,这下辽军越发乱成一团。而且他们都是骑兵,不擅长步战,现在被宋军步兵手持短兵器近身砍杀,哪是对手！很多人被砍死，连耶律休哥也被一个宋军士兵砍中胳膊，差点成为残疾，他只得抢下一匹战马先跑了。主帅一逃，其他人更不敢打了，纷纷跳上马就跑。这时李继隆也已经得知消息，率大军扑来，结果就是这样了：

契丹大军很快崩溃，自相践踏，死者无数。……契丹人从此不敢大规模侵入宋境了，由于尹继伦脸黑，他们相互警告说："要避开那位黑面大王。"①

由于宋军在这场大战中大胜，辽军暂时不敢大举入侵了，因此这场大胜也为辽军在雍熙北伐后从986年开始长达3年的大举入侵宋朝画上了句号。

我要为你们均贫富

虽然与辽国的战争暂时告一段落，但不久之后宋朝内部就发生了一场有名的战争——王小波、李顺起义。

王小波、李顺起义是993年在四川爆发的，爆发的原因很简单，就是官吏的贪婪导致民不聊生。对此史书上有这样的记载：

蜀地狭小而人口众多，百姓辛苦耕作也难以养活自己，因此普通百姓越来越贫困，土地被有钱人大量兼并，好些有钱人还对粮食贱买贵卖，使百姓种地更加无利可图。青城县的百姓王小波乘机聚集起一伙人，起来造反，他对大家说："我最恨贫富不均，现在我要为你们均贫富！"②

这种"均贫富"的口号对老百姓的诱惑力极大，大批百姓群起响应。

王小波率领大家攻城略地。特别是在彭山县，那里的县令齐元振既

---

① 原文参见徐乾学．资治通鉴后编（影印本）[M]．上海：上海古籍出版社，1987年，卷十四．
② 原文参见毕沅．续资治通鉴 [M]．北京：中华书局，1999年，卷十六．

贪婪又残暴，还十分善于伪装，在朝廷面前很会扮清官，甚至受到了表彰，实际上他将大批贪污所得的财富藏到了一些和他相关的人家中。王小波利用百姓们痛恨齐元振的心理，顺利攻克了彭山县，把齐元振贪污所得的大量钱财布匹散发给百姓。起义者甚至剖开齐元振的肚子，把钱币塞了进去，让他把钱"吃"得饱饱的，以惩罚他的贪得无厌。

这样做当然大快人心，于是追随王小波的人越来越多。

到了993年底，西川都巡检使张玘率军镇压王小波起义。在一场十分激烈的战斗中，张玘射中了王小波的前额，但张玘自己也被王小波杀了，不久王小波因箭伤而死，众人推举李顺为统帅，继续起义。

此后李顺开始进攻蜀地首府成都，还火烧了成都的西郭门，但没能攻下成都，只好转而去攻汉州、彭州，接连攻克。然后又以更加强大的兵力再攻成都，这次成功占领了成都，守卫成都的郭载与樊知古斩关而出，率领残余兵马出奔梓州。

李顺占领成都后就自称"大蜀王"，并且派出兵马，不是占领土地，而是"四出侵掠，北抵剑关，南距巫峡，郡邑皆被其害"①。

看到起义军声势越来越大，宋太宗派出了河州团练使王继恩为西川招安使，率兵征讨，并且特地告诉他可以便宜行事，包括给有功者任命一些官职，不必要再行请示中央。

这时候李顺派出的数千兵马已经攻到了蜀地北部的剑门。剑门仅有兵马数百，但他们在都监上官正、监军宿翰的领导下奋勇作战，大败义军。义军几乎全军覆没，活下来的三百多人逃回了成都，结果李顺把他们全杀了。这使得不少义军战士离心离德，他们知道一旦战败，只有死路一条，要想活命就只能是逃亡或者向官府投降了。

---

① 毕沅. 续资治通鉴[M]. 北京：中华书局，1999年，卷十七.

太宗这时候也下诏给王继恩："如果贼党敢对抗王师，就格杀勿论。但那些只是被迫造反并且能归顺朝廷的要全都释放，并且加以安抚。"①

这就是所谓的恩威并施，胡萝卜加大棒一起上了，果然奏效。

攻剑门失败后，李顺将梓州作为下一个目标，派相贵率二十万人马杀来。

不久相贵的大军到了，义军准备了许多攻城器械。首先是巨大的冲机，用来猛撞城门，但官军准备了发机石，射出大石头把冲机砸坏了。官军又射下许多火箭，特别是书记陈世卿是神箭手，他在城头独当一面，一人射杀了数百人。如此等等，终于守住了城池。这时已经是994年5月。

在另一座大城彭州，守将马知节只有老弱之兵三百人，义军十万人前来攻城。马知节率军英勇作战，后来眼看不可能守住了，才带领残兵逃到城外。第二天黎明时救兵到了，他又率军反攻，赶跑了攻城的义军。

由于屡次失利，义军兵力越来越少，相反镇压的官军却越来越多，不久王继恩统大军杀到了成都，并且很快攻克，"破贼十余万，斩首三万，擒贼帅李顺"②。

李顺的下场不用说，很惨，他和几位义军首领被带到了凤翔（今陕西宝鸡），在那里被残酷地活剐："丙子，磔李顺党八人于凤翔市。"③

到了995年底，各地义军基本上被肃清。

两年之后，即公元997年，宋太宗驾崩，时年58岁。

太宗死后，赵恒继位，就是宋真宗。

---

① 原文参见毕沅. 续资治通鉴 [M]. 北京：中华书局，1999年，卷十七.
② 毕沅. 续资治通鉴 [M]. 北京：中华书局，1999年，卷十七.
③ 毕沅. 续资治通鉴 [M]. 北京：中华书局，1999年，卷十七.

第八章

又一盛世

时间：真宗时代　999年　1000年　1001年
地点：瀛州　莫州　遂城　羊山
人物：宋真宗　范廷召　康保裔　铁林相公　魏能　李继宣　王继忠
事件：咸平之治　河北战争　御驾亲征　骑兵大会战　遂城羊山之战

真宗不但是宋朝，也是整个中国历史上最有名、最有成就的皇帝之一，无论在文治还是在武功方面都取得了堪称卓越的成就。

博学好读的天选之子

关于真宗，《宋史》中有这样的记述：

乾德五年（967），发生了五星聚奎。第二年正月，皇后梦见太阳朝自己落下来，她以裙摆来接太阳，不久就有了身孕，并于这年十二月二日在开封府生下了真宗。这时产房中满是红光，孩子的左边脚趾上有天生的纹理,像"天"字。真宗从小就聪明俊秀,外表与一般人大不相同,当和太祖其他孙子玩耍时,他特别喜欢玩打仗的游戏,还自称元帅。太祖因此特别喜爱他,把他养在宫中。有一次他到了万岁殿,真宗跑到龙椅上坐下来,太祖大感惊奇,摸着他的头问:"当天子好不好?"真宗答道:"这要看天命呢。"等他开始学习读经时,只要看一遍就能背下来。[①]

五星聚奎即五星连珠,就是从地球上看,水星、金星、火星、木星与土星排列为近乎直线的奇特天象,这在中国古人心中有着特殊的地位,标志着会有文曲星或者将星之类了不起的人物降生。从这些记载看,真宗不但天资非凡,记忆力超群,而且还从小喜欢带兵打仗,也算是天生的军队统帅,总之是位天选之子。

长大后的真宗不但善于治国,还颇有文学才能,特别喜欢读书,据宋代学者陈岩肖所著的《庚溪诗话》记载:

真宗皇帝在处理国事之余,唯一的爱好就是读书。他每读完一本书都会写诗作为读后感,还会命正在身边的臣子以诗唱和。后来就有了天子御制的观《尚书》《诗》《春秋》《周礼》《礼记》《孝经》诗,每种都有三章,还有御制的读《宋书》《陈书》各一章,读《后魏书》三章,读《北齐书》二章,读《后周书》《隋书》《唐书》各三章,读五代《梁史》《后唐史》《晋史》《汉史》《周史》各二章,如此等等,真是一位喜好读书的人主呢。[②]

从这里可以看出来真宗确实读了不少书,堪称博学之主。

他不但爱读书,还善于写作,写过不少诗与文章,其中有一首诗还相当有名,就是《劝学诗》:

[①] 原文参见脱脱,等. 宋史 [M]. 北京:中华书局,1985年,本纪第六.
[②] 原文参见陈岩肖. 庚溪诗话 [M]. 台北:艺文印书馆,1960年.

富家不用买良田，书中自有千钟粟。
安居不用架高堂，书中自有黄金屋。
娶妻莫恨无良媒，书中自有颜如玉。
出门莫恨无人随，书中车马多如簇。
男儿欲遂平生志，六经勤向窗前读。

这里有两句最有名了，就是"书中自有黄金屋""书中自有颜如玉"。

当然真宗最了不起的是在他的治理之下出现了"咸平之治"（998—1003）。

大中之治后的又一盛世

咸平是真宗的第一个年号，这是自从百余年之前的唐宣宗"大中之治"（846—859）后中国的第一个盛世局面。

之所以能够走向咸平之治，是因为真宗登基后，采取了一系列措施来发展经济、惠及民生，因而使大宋经济繁荣，百姓安康，呈现了一派盛世景象。

这些措施主要有三种：

首先就是知人善任。天下不是由天子亲自治理的，是由他任命的官员治理的。因此官员是否廉能直接决定了国家是否治理得当。真宗在这方面做得很好。特别是他的首辅宰相几乎个个都很出色，有的还成了历史名臣，如寇准、李沆、吕蒙正、杨砺、吕端等。

真宗并不是一味地苛求官吏清廉，而是先保证官员过上体面的生活，以消除贪污的重要基础。其中一个主要的方法就是给予在职地方官员以"职田"。所谓职田就是在职官员拥有的田地。这些职田的收入都归官员个人所有，从而大大增加了他们的收入，也减弱了他们贪污的一个主要动机，这就类似现在的"高薪养廉"了。

其次是大力发展经济，尤其重视民生之本农业。据说真宗从小就喜欢听乳母讲她从小生长的农村的故事。如史书所载："真宗乳母，封号为秦国太夫人的刘氏，本来是个农家女子，喜欢谈田野乡村的轶闻趣事。真宗从小就听惯了，因此对农村了解得相当详细，于是他登基后，就采取了种种措施来照顾农民利益。"[1]

在真宗之世，大宋的农业得到了极大发展，粮食增产很多。在有了这样的基础后，真宗就可以减免农民的负担了。他曾多次减免天下的徭役赋税，那些因欠税而坐牢的人也大都被释放并免税了。

再次是废除严刑峻法，谨慎用刑。其中最重要的是废除了那些残酷的肉刑，如砍断人的手脚之类，并且明文禁止严刑拷打。为此真宗曾专门下诏说："拷打之类的方法虽然在刑法上会有，但除非确有必要，否则不能随便施行，因为这毕竟太过残酷。各地官府如果有非法的刑讯器具，必须全部毁弃。"[2]

真宗还在京城设立了专门的"纠察刑狱司"、在地方设立了"提点刑狱司"，负责各种刑事案件的复查，只要是判处徒刑以上的罪都必须要向两司通报。两司一旦发现可能有误就会复审。如果发现审判不公，两司就会上奏天子，要求惩罚初审官员。这样的做法既彰显了皇帝的仁慈，也大大加强了司法公正性。

总之在真宗时代，大宋出现了一派国泰民安的繁荣景象，真宗也得到了广大民众的衷心拥护。史书上曾记载了这样一件事："有一次皇上去北郊考察农事，在含芳园举办宴席，玩射箭的游戏，当百姓远远看见天

---

[1] 原文参见汪圣铎点校. 宋史全文 [M]. 北京：中华书局，2016 年，卷二九上.
[2] 原文参见毕沅. 续资治通鉴 [M]. 北京：中华书局，1999 年，卷二七.

子的车驾时,都欢呼雀跃,高呼万岁。"① 足见百姓对当朝天子的爱戴拥护之情。

两帝大会战

相比此前的宋太祖和宋太宗,真宗时期的战争要少得多,主要只有两场,对手都是辽国,分别是河北战争与澶州之战。

这里只说河北战争。

河北战争的起因就是辽帝听说太宗去世,于是就想趁真宗刚继位,朝廷不稳,来个趁火打劫。

999年,辽军南下攻宋,统帅就是萧太后和韩德让。

看到辽军势大,真宗也决定御驾亲征,前往河北战场。

他于999年底出发,率大军往北方开去,声势十分浩大:"皇帝在中军作为全军统帅,枢密使王显和副使宋湜在后面压阵,大军绵延数十里。"②

那边辽军也在进军,两军在瀛州(今河北河间市)遭遇。

宋军的统军大将是傅潜。他并无军事才能,更缺乏胆略。当辽军攻来时,驻防定州的傅潜虽然多次收到瀛州传来的求救信,但他害怕兵被调走后辽军攻来时自己会有麻烦,因此拒绝了所有求援。他的做法激起了部下的强烈反对,特别是秦翰和范廷召,两人甚至对傅潜开骂了。傅潜无奈之下才被迫给了范廷召一万步骑兵,让他去对敌。

这时候已经到了1000年初,大批辽军攻到了瀛州。范廷召率部从定州出发迎击,但抵挡不住声势浩大的辽军,只得下令撤退。

---

① 原文参见李焘. 续资治通鉴长编[M]. 北京:中华书局,1975年,卷四九.
② 原文参见徐乾学. 资治通鉴后编(影印本)[M]. 上海:上海古籍出版社,1987年,卷二十.

勇将康保裔

正是由于这次撤退，宋军更加悲剧的一幕发生了。

原来，此前范廷召已经向镇守高阳关的康保裔求救，康保裔立即率军奔赴战场。当他到达战场时，宋军已经被击溃，范廷召也跑了，结果康保裔的部队被辽军包围了。但康保裔没有选择逃跑，而是率军与辽军展开了殊死血战，对此史书有这样的记载：

康保裔道："既然大难临头，我岂能苟且求活，今天就是我为国效死之日！"他大喊着与敌人展开了殊死决战。血战数十回合后，宋军战士的刀都砍坏了，箭也射完了，他们就用弓弩砸向敌人，又杀死杀伤了不少敌军。康保裔一直挺立在地，浴血奋战，他的脚深深地踩入地下两尺，但救兵一直没有来，最后英勇战死。[①]

这里用简明的文字记载了康保裔的英雄事迹，他最后战死沙场，瀛州之战也以宋军的失败而告终。

瀛州之战结束后，很快宋辽之间爆发了另一场大战，这也是河北战争的最后一战——莫州之战。

莫州之战的起因很简单，就是辽军获得瀛州之战的胜利后，宋军被打怕了，一时难以形成有效的防御，因此辽军乘机在黄河以东、以南的淄州和齐州等地进行了大规模劫掠，辽军收获满满，宋朝百姓遭殃惨惨。

此时还是 1000 年初，前面在瀛州之战中打了败仗的范廷召当初并不是害怕辽军，而是因为自知打下去就要没命，因此才不得已撤退，但他时刻在想着要报仇雪恨。他看到辽军要过黄河，于是悄悄跟在后面，当辽军正要渡河、准备把劫掠来的东西运回辽国时，范廷召率军发起突袭。辽军

---

① 原文参见徐乾学. 资治通鉴后编（影印本）[M]. 上海：上海古籍出版社，1987 年，卷二十.

想不到还有宋军敢主动进攻，被打了个措手不及。而且范廷召率领的将士们是满怀仇恨而来的，在他们愤怒的大砍大杀之下，辽军被阵斩万人以上，其他人则丢盔弃甲，逃回了辽境，他们劫掠得来的东西也全都抛下了。

由于这场战斗发生在莫州附近，因此被称为莫州之战。

骑兵大会战

辽军逃回辽国去了，这也意味着河北之战的结束。这是1000年的事，但此后辽宋之间的战事并未结束，第二年又发生了遂城羊山之战。

遂城羊山之战是宋辽之间一场非同凡响的战争，因为参战的几乎全是骑兵，是宋辽第一次骑兵大会战。

双方的第一战发生在河北遂城（今河北保定徐水区）。战斗开始后，辽军最精锐的骑兵之一铁林骑兵在铁林相公的率领下向宋军正面发起猛烈冲击。宋军看到辽军冲来，并没有被动防守，而是在魏能的率领下发起反冲锋。由于双方都是骑兵，不难想象当时的情形：数万匹战马在北方辽阔的原野上展开激烈厮杀，到处人喊马嘶，也到处是人仰马翻，当然也到处是人与马的血一起飞溅，染红了茫茫大地！

这时候在宋军侧翼掩护的骑兵发挥了重要作用，他们在田敏和秦翰的统领下猛攻辽军侧翼，虽然没有击溃辽军，但稳稳地守住了阵形，使魏能的中军能够猛烈进攻。魏能本人不但武艺高强，还是神箭手，魏能不停地一箭箭射去，几乎箭无虚发，一连射死了辽将十五名！

更关键的是，他看到辽军统帅铁林相公冲了过来，一箭射去，就将他射下马来，当场毙命。

看到魏能如此英勇，宋军士气高涨，辽军骑兵则个个胆寒，向后退却。宋军在后追杀，不但杀死了大批辽军士兵，仅阵前就斩首辽军达两万人之众，还夺取了大批军械战马，取得了相当辉煌的胜利。

在遂城被打败后，辽军往羊山退去。

这时候，一支宋军在杨延朗的率领下早就埋伏在羊山一带。他们看到辽军过来，立即冲了上去，挡住了辽军去路。他们虽然人数较少，但英勇作战，成功地延缓了辽军撤退的速度。

当他们眼看要被数量众多的辽军打败时，后面的秦翰和田敏率大队骑兵赶到了，立即向辽军发起猛攻。辽军很快陷入被动。接着李继宣部也赶到了，在三路宋军的夹击之下，辽军大败，仅被斩杀的骑兵就超过两万人，辽军的精锐骑兵铁林军至此几乎全军覆没。

在这场遂城羊山之战中立下最大功劳的当然是统帅魏能。他之所以能够成功和宋太宗有密切的关系，因为他是由太宗亲自担保的，要是没有太宗的担保，他恐怕难有出头之日。

为什么会如此呢？这是因为当时宋军的将领晋升有一个规矩，就是要有人推荐、担保。一般是朝廷中其他将领来担保，但当时竟然没有一个人推荐担保魏能。一般来说这样的人是不能晋升的，更不用说成为统军大将。但太宗在这个关键时刻站了出来，亲自为魏能担保，他直截了当地说："魏能是个人才，勇力过人，我可以亲自担保。"[1]

这样才使得魏能有了出头之日，由此也可知太宗确有知人之明。这是 1001 年 10 月左右的事。

虽然在遂城羊山之战中损失了数万精锐骑兵，但这对拥有三十万以上骑兵的辽国来说仍未伤筋动骨。

两年之后，1003 年，辽军又攻来了，两军在望都（今河北望都县）开战。宋将王继忠率军奋战，但由于兵少，战败被俘，后来投降。

---

[1] 原文参见脱脱，等. 宋史[M]. 北京：中华书局，1985 年，列传第三十八.

这个失败对后来的宋辽局势以及宋辽战争的最后结局——澶渊之盟——产生了极大影响,因为正是在望都之战中被俘虏的王继忠的大力推动之下,宋辽之间达成了最终的和平。

第九章

澶渊之盟

> 时间：真宗时代　1004年　1005年
> 地点：瀛州　遂城　草城川　寒光岭　天雄军　澶州
> 人物：萧太后　宋真宗　寇准　魏能　萧挞凛　高继勋　孙全照　李继隆　王继忠
> 事件：倾巢大战　澶州之战　澶渊之盟

澶渊之盟是中国历史上著名的事件之一，达成了辽宋之间的百年和平，它是怎样达成的呢？

澶渊之盟的发生仍是以辽宋之间从定州到瀛州的多场战事为基础的。

辽宋倾巢大战

1004年，辽军几乎是倾巢而动，要与宋朝大战一场。萧太后和辽圣宗亲自出马，出动的兵力多达二十余万人。

面对如此强敌，真宗也决定率大军御驾亲征。

双方的第一场大战发生在草城川。

面对辽军大举来攻,率军前来支援的高继勋和镇守草城川的贾宗想出了一个简单的计策,由贾宗在敌人的必经之路寒光岭先设埋伏,高继勋则率军与敌人正面作战,然后佯败,把他们引到寒光岭,那时候贾宗再用伏兵发起进攻,来个瓮中捉鳖。

不久辽军果然到了寒光岭,宋军伏兵齐出,辽军大败,四散而逃,大批被杀,仅因自相践踏而死的人数就超过一万。

不久后宋军在朔州又击败了辽军。但这些并没有能够阻止辽国大军的继续进攻,他们又攻到了瀛州城下。辽军摆出一副要在这里与宋军决一死战的架势,并发动了猛烈的进攻,对此史书有一段比较生动的记载:

辽军抵达瀛州城下后,昼夜不停地攻城,辽军的战鼓之声惊天动地,声闻四方。辽军还准备了大批攻城器具,派了善于造车攻城的奚人冲到了城下。他们身上背着保护罩,顺城墙往上爬去。知州李延渥率领州兵和从民间征来的壮丁,以及其他地方来的几支援兵坚守城池。宋军将士从城墙上抛出巨石大木砸向敌人,爬到城墙上的辽军士兵一个接一个掉了下去。双方就这样苦战了十多天,死伤惨重。后来萧太后亲自擂响战鼓,辽军战士更加奋勇出击,无数利箭射向城墙,使整座城池变成了一个巨大的刺猬。结果辽军死了三万多人,伤者超过死者人数的两倍,但仍不能攻克瀛州,无奈退兵。①

此战中辽军仅战死者就达三万多人,受伤的有六万多人,也就是加起来伤亡约十万人,损失不可谓不惨重。但即便这样,辽军依然没有能攻克瀛州,最后萧太后只能下令停止进攻。

不久战场转到了天雄军,两军在这里打了个平手,此后辽军仗着兵

---

① 原文参见毕沅. 续资治通鉴[M]. 北京:中华书局,1999年,卷二十四.

多将广继续前进，又攻向了澶州（今河南濮阳）。

缔造和平的一箭

这次攻城的辽军统帅是萧挞凛，他统率重兵，气势汹汹，想要一鼓作气拿下澶州。

澶州的守将是名将李继隆，他此前在满城、唐河、徐河等的战事中都打败过辽军，这次当然毫不畏惧，率军在城上严阵以待。

不久之后，宋军就由一个小军官取得了一个巨大的甚至是决定性的胜利，对此史籍是这样描述的：

契丹军的统帅顺国王达兰有勇有谋，部下都是精锐强兵。他作为先锋，军旗和其他诸军不一样。他亲自上阵督战。这时候威虏军的一个小头目张瓌正看守床子弩，他远远地看见了达兰，于是偷偷准备好床子弩，突然一箭射去，结果正中达兰额头，他当场掉下马来。几百名手下拼命把他抬回了营寨，当天晚上达兰就死了，敌人士气因此大挫。[1]

上面提到的床子弩是一种十分厉害的强弓，最远的射程估计能达到1.5公里，甚至超过了绝大部分枪械。

这里的"顺国王达兰"就是萧挞凛了，他是当时辽军最著名的大将与勇将，统率着辽军最精锐的部队。

听到萧挞凛阵亡的消息，萧太后大惊加大悲，不由得哭出声来，整整五天没有上朝，此事对她的打击之重可想而知。这时候已经是1004年底了，因为萧挞凛的死，辽军无心继续进攻，澶州之战也告一段落。

---

[1] 原文参见徐乾学．资治通鉴后编（影印本）[M]．上海：上海古籍出版社，1987年，卷二十四．

宋辽约为兄弟

战争停止后,和平就开始了。

实际上,和平进程早已开始。这一进程是由王继忠推动的。

王继忠前面说过,他在望都之战中被俘,萧太后知道他很有才干,于是给他封了一个大官。王继忠看到辽军不但不虐待他这个俘虏,还厚待他,于是也就心甘情愿地投降了。不过这并不意味着他忘记了自己是宋人。当上契丹人的官后,他很快在心中形成了一个想法,就是要促成宋辽之间的和平。

他极力向萧太后游说宋辽之间和平的好处。这时候萧太后已经年过半百,不再那么意气风发,不想要踏平大宋了。因此她在王继忠的劝说之下答应了。

王继忠一听太后答应了,大喜,立即写了一封信给当时镇守莫州的他的老搭档石普,言辞很诚恳,陈述了宋辽应该和平的理由。为了增加信的分量,带信来的小校李兴还说信是萧太后和辽圣宗亲自交给他的。另外还有一封给宋真宗的密信。

石普也认为宋辽之间是时候和平了,于是当天就让李兴带着密信去见真宗了。对此史书有这样的记载:

这一天,石普派了使者拿着信去呈给真宗,真宗打开一看,就是王继忠写的那封信。信中王继忠说:辽国因为我早前曾在宫中服务,也曾经率军镇守边疆,因此对我特别照顾,让我位列辽朝重臣。我经常念着去年曾经当面和您告别,亲耳聆听了您的教诲,您只是想为百姓停止战争。现在辽朝皇帝也听闻了您的圣德,愿意和大宋重修旧好,因此我恳望您以睿智与仁慈之心听听愚见,看能否按愚见去做。[①]

---

① 原文参见徐乾学.资治通鉴后编(影印本)[M].上海:上海古籍出版社,1987年,卷二十三.

读完信后，本就不想打仗的真宗欣然同意，于是和平的曙光出现了。

不久，宋辽之间的和平条款就谈好了，其中的主要内容是三点：

一是以后宋辽是兄弟之国，契丹国皇帝是弟弟而大宋皇帝是哥哥，这算是宋朝占了便宜。

二是辽国这亏不能白吃，以后大宋每年要给辽国绢二十万匹、银十万两，这就是所谓的"岁币"。

三是以后两国要停止互相攻伐，使边境恢复和平，从此和平共处，使两国百姓共享和平。

这就是史上著名的"澶渊之盟"。澶渊是澶州的古称，可能觉得澶渊比澶州好听吧，所以就叫澶渊之盟而非澶州之盟了。

为了保证盟约得到切实执行，盟约中两个皇帝还发下了庄严无比或者说厉害无比的毒誓："谁违背了誓言就当不成皇帝、天打五雷轰！"[1]

至于为什么会有澶渊之盟，《辽史》上有一个简明的分析：

以萧挞凛为统帅，我军直抵澶渊。准备与宋军大战，但（萧）挞凛被弩射死，我军失去统帅，也失去了胜利的依仗，这样才和宋人达成了和议。当然也可能是上天已经对这个乱世感到了厌烦，想要停止战争，使辽宋百姓享受和平的生活。[2]

这里提出澶渊之盟达成的原因有两个：直接的原因是萧挞凛被杀，他是辽军的"依仗"，辽军现在失去了这个依仗，未来战局势必不利，当然就想要和平了。但这实际上只是一个和平的契机或者说表面上的原因罢了，真正的原因则是上天已经不想看到宋辽这样无休止地打下去了，因此才让萧挞凛死了，从而以一个人的死使北方辽国与南方宋朝的黎民

---

[1] 原文参见徐乾学. 资治通鉴后编（影印本）[M]. 上海：上海古籍出版社，1987年，卷五十一.

[2] 原文参见脱脱，等. 辽史 [M]. 北京：中华书局，2003年，卷七十七.

百姓不再打仗，得以休养生息。

这是 1005 年初的事。此后双方都遵守了盟约，宋辽之间也从此享受了百年和平。

关于澶渊之盟的意义，《宋史纪事本末》中有这样简短而有力的评价：

澶渊之战中大宋打败敌人后，就与契丹人达成了盟约，使得直到今天国人都没有见过战争，这才是真正的品德高尚、大业有成啊！[1]

宋辽之间就这样确立了和平，最大的推动者之一就是萧太后，因为她当时是辽国实际上的主政者，只有她首肯了和平才会到来。

澶渊之盟后仅仅四年，1009 年，萧太后就去世了，她可以说是中国古代历史上杰出的女政治家之一，堪与武则天相比。对于她，《辽史》也是赞誉有加：

太后明于治国，只要听到好的意见一定会接纳。因此群臣个个都忠诚于她，并且为国尽心竭力。她既熟悉政事又懂得军事，澶渊之战中亲自坐着戎车上阵，在阵前指挥三军作战。由于赏罚分明，三军将士都乐于为她拼命。圣宗能被称为辽国的圣主，也多亏了太后的教导有方。[2]

这些话诚然是有道理的。

---

[1] 原文参见陈邦瞻. 宋史纪事本末 [M]. 北京：中华书局，2015 年，卷二十一.
[2] 原文参见脱脱，等. 辽史 [M]. 北京：中华书局，2003 年，卷六十三.

第十章

元昊仁宗

> 时间：仁宗时代　1022年　1032年　1038年　1057年
> 地点：兴庆府　汴京
> 人物：仁宗　李继迁　李德明　李元昊
> 事件：继迁反宋　元昊称帝　仁宗生平

澶渊之盟后，宋辽之间虽然和平了，但战争并没有消失，因为除了辽国外，此时的宋朝还有另一个大敌，就是西夏。

大天才李元昊

党项族是一个现在已经消失的中国少数民族，据说是古代中国三苗人的后裔，"党项羌者，三苗之后也"[①]。

一开始，党项人生活在今天四川的西部，和吐蕃人是近邻，由于受

[①] 魏征，等．隋书[M]．北京：中华书局，1973年，卷八十三．

到吐蕃人的压迫，经唐朝政府同意，举族内迁到了庆州，就是今天甘肃东北部的庆阳一带，后来成了夏州。再后来这里就成了党项人的基地，后来的西夏国主要就建立在这一带。

历史上党项人与中原汉人王朝一直相处得不错，一向也臣服于中原王朝。982年，宋太宗想直接吞并夏州，要当时控制夏州的李继捧迁居宋都开封，李继捧答应了。但李继捧的族弟李继迁拒绝，他向辽国称臣，得到了辽国的支持，虽然赢得了独立，但表面上仍臣服于宋朝，他的儿子李德明也是如此。

但到了1032年李德明病逝，他的儿子李元昊继位后就不一样了。

关于这个李元昊，《宋史》是这样记载的：

元昊这个人秉性果敢刚毅，且有深谋远略，还善于绘画，又极富创新精神。他脸蛋圆圆的，鼻子高挺，身高五尺多（一米六左右）。年轻时喜欢穿长袖子的红衣服，戴黑色的帽子，佩着弓箭，带着一群步兵当卫队，他们都举着黑色大伞。他自己则骑马，前面还有两面大旗为引导，后面跟着百余骑兵。他不但通晓佛学，而且精通吐蕃文和汉文，他的书案上总放着法律典籍，经常随身携带《野战歌》《太乙金鉴诀》等书。弱冠之时就独自率军打败回鹘的夜洛隔可汗，夺取了甘州，因此被立为皇太子。[1]

从这里可以看出这位李元昊的确是一个了不起的人物，不但有雄才大略，而且还多才多艺，甚至富于创造精神，这里引用的原文是"能创制物始"，也就是可以从零开始创造新的东西，他创造的代表作就是西夏文字了。

这样有才能的人古今罕有，再加上他能征惯战，可以说是古今中外罕见的文武全才，甚至天才了！

---

[1] 原文参见脱脱，等. 宋史 [M]. 北京：中华书局，1985年，列传第二百四十四.

也许正因为有如此超凡出众的才能，所以李元昊不愿意久居人下，当父亲去世，元昊自己当上党项族首领后，就遵循了自己的内心，想要建国称帝。

1038年，李元昊正式称帝，国号大夏，由于处于西部，因此又称为西夏，都城是兴庆府（今宁夏银川）。

元昊称帝的事传到了大宋朝廷，这对宋朝是公然反叛，这时候主导宋辽战争以及与辽国订立澶渊之盟的宋真宗已于1022年去世，继位的是仁宗。

仁宗与"狸猫换太子"

宋仁宗是北宋的第四个皇帝，生于1010年。他是真宗的第六子，也是唯一活到了成年的儿子。

据说他在出生时就发生了极大的变故，这就是民间有名的传说"狸猫换太子"，其中的太子就是仁宗。据传当年真宗后宫争宠，李宸妃生下了儿子，被皇帝宠爱的刘德妃合谋内侍总管郭槐以剥了皮的狸猫调包，使真宗以为李宸妃产下的是怪胎，将她打入冷宫。李宸妃生下的孩子原来是要被丢入御河淹死的，但被宫女寇珠和皇帝内侍总管陈琳悄悄救下并交给八贤王赵德芳抚养。二十年后，在开封府尹包拯的明察秋毫之下，整个事件得以水落石出。后来这事就成了中国古代著名的戏剧，名为《狸猫换太子》，也叫《打黄袍》。

历史上当然没有这样的事，仁宗的身世在《宋史》上写得很明白：仁宗是真宗第六子，母亲是李宸妃。大中祥符三年四月十四日（1010年5月30日）生。由于章献皇后无子，就将他接过去作为自己的孩子来抚养。[①]

---

① 原文参见脱脱，等. 宋史[M]. 北京：中华书局，1985年，本纪第九.

章献皇后是史上著名的皇后之一，曾经执掌大宋国政十一年之久，她的身世堪称传奇，后面再说。

实际上，抚养仁宗的除了章献皇后，还有另一位，就是皇后的好朋友、未来也被尊为皇后的章惠，而且她对待仁宗更好，对此史书有记载：

仁宗年幼继位，章献性子严厉，动不动就以礼法来禁锢约束仁宗，很少对他和颜悦色。章惠则对待孩子极为慈爱。仁宗经常受风痰折磨，因此章献不让他吃容易过敏的虾蟹等海鲜，还下令不准给他呈上这类食物。章惠有时候会把这些东西藏起来悄悄给仁宗吃。还说："章献太后怎么让我的孩子受这样的苦啊！"仁宗因此有些怨恨章献而亲近章惠。他称章献太后为大娘，称章惠为小娘。后来章惠去世，他也尊章惠为太后，而且服侍她非常周到，可以说是尽心竭力。[1]

仁宗即位时年12岁。章献太后对仁宗要求很严格，经常训诫他要尊重中国的传统礼法，不用说这些礼法是很严苛的，规矩非常多。章献太后还非常注意仁宗的健康，只要有害于他健康的东西都不能吃。但章惠就不那样了，她比较娇惯孩子，把孩子爱吃但对健康有些不利的东西偷偷地藏起来给他吃。这有点像现在宠爱孩子的慈母悄悄给孩子吃辣条一样。两相比较，仁宗当然更喜欢章惠一些了。

多才多艺的明君

两个母亲对孩子的培养是相当成功的，无论在品德还是才能上都是如此。

就品德上而言，她们所培养出来的仁宗主要就是一个字——仁，如《宋史》所言："仁宗天性仁慈孝顺，胸怀宽大。"[2] 这里说仁宗天性仁慈，

---

[1] 原文参见司马光. 涑水纪闻 [M]. 北京：中华书局，1989年，卷八.
[2] 脱脱，等. 宋史 [M]. 北京：中华书局，1985年，本纪第九.

其中或许真有天生的成分，但后天的培养肯定也是很重要的。

仁宗继位之时，宋辽之间已经通过澶渊之盟达成和平，仁宗对这种来之不易的和平是非常珍视的，总是尽力维系。其表现之一是得到什么珍奇的东西后总是不独享，而要和辽帝分享。南宋杨万里在其著作中曾记述过一件事：

有一次仁宗系上了一条极精美的腰带，大臣们看得目不转睛。仁宗回宫后问内侍道："大臣们都不停地看着我的腰带，这是怎么回事呢？"内侍答道："那是因为他们从来没有见过这么漂亮又奇特的东西。"仁宗说："那我把它送给辽主。"内侍们都说："这可是天下至宝啊，送给外面的胡人太可惜了。"仁宗说："我们大宋以百姓的安居乐业为宝，送掉这样的宝有什么可惜呢！"侍臣们一听，都感动不已，高呼万岁。①

从这里也可以看出来仁宗对和平以及人民的热爱，希望天下太平，人民过上安宁的生活，真可称明君。

仁宗不但是一位明君，还多才多艺，擅长书法与写诗。现在还有书法作品存世，最著名的就是他临摹的《兰亭集序》，相当有水准。欧阳修曾评述说："仁宗日理万机，在少有的闲暇时间也没有什么特别的爱好，就是喜欢文章与书法，尤其擅长飞白，堪称神妙。"②

宋代著名学者陈岩肖曾说："仁宗皇帝在位时正当北宋国势强盛，他要做的主要就是守成，于是重要的事情就不是武而是文了。因此每当有新的进士产生，仁宗办宴席招待他们时，必定会写诗赐给他们。"③看得出来，仁宗喜欢写诗并且把它们送人，而且是亲手书写的诗。皇帝创作的亲笔诗，想必得到这种赏赐的臣下一定会如获至宝吧！

---

① 原文参见杨万里. 诚斋挥麈录 [M]. 扬州：广陵书社，1994 年，卷上.
② 原文参见欧阳修. 归田录 [M]. 上海：上海古籍出版社，2012 年，卷一.
③ 原文参见陈岩肖. 庚溪诗话 [M]. 台北：艺文印书馆，1960 年.

上面说了仁宗的身世、性格与爱好，现在说说他的形象。他是有画像传世的，但那画像并不传神，历史上一定有过更传神的画像，尽显了仁宗的帝皇之姿、天日之表。据说当时的辽道宗很想看看仁宗的样貌，于是仁宗派人送了自己的画像过去，道宗很隆重地接待了送画像的使者。

胡宿就带着仁宗的画像到了辽国。辽主准备了仪仗队前来迎接，当他看到仁宗画像中的仪容时，大惊之下，神情严肃地对着画像拜了两次，还对左右的大臣说："我如果生活在大宋，顶多只能当一个为他执着马鞭、持着伞盖的都虞候罢了！"[①]

这是 1057 年的事，这时候仁宗 47 岁，正当盛年，而宋朝与西夏之间的战争 7 年之前就已经开始了。

---

① 原文参见陈邦瞻. 宋史纪事本末[M]. 北京：中华书局，2015 年，卷二十一.

第十一章

宋夏初战

时间：仁宗时代　1040年　1041年　1044年
地点：金明寨　延州　鄜延路
人物：元昊　李士彬　范雍　刘平　郭遵　范仲淹　任福　桑怿
事件：三川口之战　好水川之战　庆历和议

上面介绍了宋朝与西夏的皇帝，接下来就要讲他们之间的关系了。

这关系主要就是战争，即宋夏战争。

宋夏战争共有三次，仁宗之世是第一次。

元昊两用骄兵计

前面说到元昊决定称帝，既然如此，他当然料到宋军会来攻，但他没有被动地等待宋军到来，而是主动发起攻击。

1040年，元昊亲自统领大军，先攻向金明寨（今陕西延安）。这里有三十六个城寨，相当于大小三十六处要塞，其间驻有守军十万，是与西夏接壤的要地延州的屏障，驻守在这里的是李士彬。

应该说这里是相当难打的，但元昊却相当轻松地打下来了。办法很简单，就是兵法中的骄兵之计。

元昊先是派一些兵将故意去和李士彬相遇，但一遇到就不战而退，退时还喊道："我们早就听说过您'铁壁相公'的大名了，胆都吓破了，不敢和您打！"李士彬听了，不由得得意扬扬，骄傲得不得了。一段时间后，元昊又派了一队兵马去攻打李士彬所在的城寨。李士彬一开始还小心翼翼，严阵以待，结果一整天都不见西夏军攻来，以为又是被自己的大名吓跑了，于是安心地睡觉去了。结果第二天一早，李士彬还在睡大觉时，西夏军突然发起猛攻，一下子就攻破了城寨，还抓住了李士彬献给元昊。

占领了金明寨之后，元昊统兵攻向延州。

早在进攻金明寨之前，元昊对延州也使出了骄兵之计。他派人去见镇守延州的范雍，说他要悔过自新，重新归顺大宋。范雍很高兴，厚待来使，并且派人向朝廷禀报这个"好消息"。由于他天真地相信了元昊的话，就和李士彬一样不再提防。等到金明寨被攻破才大惊失色，赶紧向在庆州的延州副总管刘平、鄜州观察使石元孙求援。他们立即出动。刘平先行，火速赶往延州，不久抵达了一个叫三川口的地方。

由于西夏军不但有数量优势，而且早有准备，因此刘平军不敢贸然进攻。这时候李元昊下令步兵列成一线主动发起攻击。一开始没有成功，两军陷入苦战。宋军中有一个叫郭遵的勇将，当一个西夏将军向他单挑时，他挥动一把铁杵，一下砸碎了敌将脑袋。刘平虽身中两箭依然奋勇冲杀。

元昊得知刘平受伤，下令发起了更加猛烈的进攻，宋军终于抵挡不住，崩溃了，勇将郭遵也被杀。史书是这样描述的：

郭遵手持大槊在敌军阵中横冲直撞，元昊见无人可以抵挡，便派人拿着绊马索到了高处张开，等着郭遵的马来想要绊倒它，结果被郭遵砍断了。郭遵趁机纵马深入敌阵，后来西夏军集中力量对付他，箭如雨下，他的马被射中，他倒了下来，西夏人趁机杀了他。①

后来刘平率残兵退到附近山上，立寨自保，坚守不出。李元昊一再想要他投降，但刘平断然拒绝。但毕竟双方兵力悬殊，而且元昊更是智谋过人，最后大败宋军，还俘虏了刘平和石元孙。

这就是宋夏战争中的第一场大战——三川口之战，爆发于1040年3月。

但三川口之战只是宋夏战争中宋军失败的开始，下一年宋军又将在一场大战中被击败，这就是好水川之战。

范仲淹与好水川

三川口之战失利后，仁宗派出了三个重臣负责对付西夏，以夏竦为主，以韩琦、范仲淹为副。其中韩琦镇守泾原路，范仲淹镇守鄜延路。这三个人中最有名的就是范仲淹了。

范仲淹不但是北宋名臣，也是名将，还是文学史上有名的人物。

他是吴县（今江苏苏州）人，生于989年。父亲早逝，母亲因为贫困被迫改嫁，这时候范仲淹只有2岁。他长大后就离开母亲，到了睢阳的应天府书院读书。他很贫穷，也很勤奋，史书对这时候的范仲淹有这样的描述："范仲淹读起书来日夜不息，冬天读累了就把冷水浇到脸上，没有饭吃了就喝点粥。这样的苦一般人根本吃不消，但范仲淹却不以为苦。"② 正就是在如此艰苦的环境下坚持寒窗苦读，终于功夫不负有心人，范仲淹考中了进士，这时候年仅26岁。

---

① 原文参见吴广成. 西夏书事校注 [M]. 上海：上海古籍出版社，2021年，卷十三.
② 原文参见脱脱，等. 宋史 [M]. 北京：中华书局，1985年，列传第七十三.

此后他当了官，娶了一位高官的侄女，有了三个儿子，个个都有出息。自己后来还贵为参知政事，又是文学名家，写出了《岳阳楼记》这样的千古佳作，也因此而千古流芳，堪称人生赢家，也是典型的励志人物。

这些且不多说，只说他率军抵御西夏的事。

到了自己具体负责的鄜延路后，范仲淹将手下的兵马一万八千人分为六部，每部由一将统领，并且大力强化军事训练。但范仲淹并不主张立即向西夏发起进攻，认为西夏兵强马壮，且从宋到西夏一路荒漠，不利于进攻，只要加强防卫，以逸待劳就可以了。然而韩琦的主张则相反，他认为要集中兵力大举进攻西夏。结果夏竦同意了韩琦的主张。正是这个主张导致了后来的好水川之败。

1041年，元昊再率十万大军南下攻宋，他设了一计，把主力埋伏在六盘山下的好水川口（位于今宁夏南部隆德县），然后派出少量兵力进攻宋境。

对于这次西夏的进攻，范仲淹认为只要坚守就可以了，但韩琦不听，派出任福、桑怿、朱观、武英等率军万余人出战。不久遇到了西夏军，任福率军出击，击杀了数千西夏兵马。西夏人纷纷逃跑。任福不知是计，紧紧追去，而且一追就是几天，随身携带的粮草很快吃完了，人困马乏。追到好水川时已经是黄昏了，西夏军的主力已经埋伏在周围。结果可想而知，宋军被包围歼灭了，战况相当惨烈：

大量敌军伏兵从山上直冲下来，宋军大乱，许多士卒掉下附近的悬崖绝壁，尸体一个压着一个。不久桑怿就战死了，敌军还分兵数千断了宋军退路，任福拼命力战，身中十多箭。一个小校刘进劝任福自己先跑，任福说："我身为大将军，战败就应当以死报国！"说罢挥舞着铁枪与敌军展开决战，结果被敌军一枪刺中了面颊,枪尖穿喉而死。[1]

这一仗宋军几乎全军覆没。这是 1041 年 3 月的事。因为此战的惨败,大将战死,范仲淹和韩琦作为统帅都被仁宗贬谪。

庆历和议

接连取胜也更加增强了元昊的信心。这时候有人向他献计,说宋朝的精兵良将都部署在宋夏边境,更重要的关中地区却兵力薄弱,因此可以兵分两路:一路继续在边境地区牵制宋军主力,然后悄悄派出另一路直捣关中,指向长安。一旦占领长安这个中原王朝的千年古都,宋朝就会元气大伤。

元昊觉得大有道理,于是派出 10 万大军兵分两路,一路攻击刘璠堡(今宁夏固原隆德县),一路攻击彭阳城(今宁夏固原)。宋军也分两路迎击,其中一路宋军由葛怀敏率领增援刘璠堡,结果在定川寨陷入西夏军重围,宋军大败,被歼近万人,葛怀敏战死。但另一路西夏军在原州却遭遇惨败,几乎全军覆灭。

这时候元昊也已经感到宋朝并不是那么好对付的,即使他接连取胜也不可能得到太多好处,还不如和辽国一样与宋朝达成和平协议,每年得些好处。

于是他向仁宗递出了国书,建议双方和平。仁宗本来就不想打,有了议和的机会当然不会错过,于是立即回书说没问题。双方就这样一拍即合,很快达成了和平协议。

根据协议,西夏向宋称臣,元昊奉宋朝为正朔,从此互不侵犯。宋

---

[1] 原文参见徐乾学. 资治通鉴后编(影印本)[M]. 上海:上海古籍出版社,1987 年,卷四十八.

朝每年"赐给"西夏银五万两，绢十三万匹，茶两万斤。另外每年还要在各种节日共计"赐给"西夏银二万二千两，绢二万三千匹，茶一万斤。

这种"赐给"与前面给予辽国的"岁币"含义是不一样的。前者是不平等的给予，是上级给下级，后者基本上是平等的给予。打个比方说就是：宋辽之间是兄弟关系，宋夏之间则是父子关系。

通过这样的和议，元昊获得了更多的实际好处，仁宗也得到了他想要的和平。

当然，元昊这种称臣是表面上的，他在自己的国家中还是自称皇帝的。

这就是1044年的"庆历和议"，宋夏之间的大规模战争暂时告一段落。

第十二章

仁宗君臣

时间：仁宗时代　1033年　1063年

地点：汴京

人物：仁宗　包拯　章献皇太后

事件：仁宗之死　包公断狱　杂耍女的逆袭

宋夏之间的第二次战争是在仁宗去世的第二年即1064年开始的，所以我们先来讲完仁宗的事迹。

仁宗和他的时代

宋仁宗死于1063年，终年54岁。他当了42年皇帝，在位时间是相当长的。

去世前他留下了这样的遗诏："我遗命太子即皇帝位，皇后为皇太后，服丧不要一个月，只要一天就可以了。我的葬礼和陵墓修建都一定要简单，以节约为原则。"①

宋仁宗是中国历史上第一位以"仁"为号的皇帝。我们知道,"仁"是孔夫子或者说儒家思想中最核心的内容,也是为人之根本。什么是仁呢?这在《论语》里就说得很清楚:

樊迟问仁。子曰:"爱人。"②

中国历史上以"仁"为号的皇帝是很少的,第一个就是宋仁宗。

仁宗之为仁宗,一定是非常"爱人"的,这里的"人"就是指百姓了。"爱人"的确是仁宗的主要特点,这从《宋史》中就可以看得很清楚。从仁宗即位之初开始,记载内容最多的就是赈民,如:"戊子年,因为京东、淮南有水灾,皇上遣使安抚。"③"景祐元年春正月甲子,朝廷下发江、淮的漕米赈济京东饥民。丙寅,下诏开封府内各县制作小米粥以赈济饥民,诸州各军只要哪里百姓受灾也要照此办理。"④这样的事在《宋史》中的《仁宗本纪》中还有很多。

正因为如此,仁宗才是中国史上第一位"仁"宗。

从这个角度来说,仁宗称得上是中国史上值得敬仰的帝王之一,他当皇帝的时代也是中国历史上一个相当美好的时代。《宋史》对仁宗时代也有这样的整体描述:

仁宗时代国家虽然不是全无弊端,但不足以动摇整个国家的安定繁荣;朝廷中虽然不是没有小人,但他们却没能压制正人君子的气势。朝廷中君臣上下总的来说都有恻隐同情之心,为政总的来说是很忠厚为民

---

① 原文参见脱脱,等.宋史[M].北京:中华书局,1985年,本纪第十二.
② 孔子.论语[M].北京:中华书局,2016年.
③ 原文参见脱脱,等.宋史[M].北京:中华书局,1985年,本纪第九.
④ 原文参见脱脱,等.宋史[M].北京:中华书局,1985年,本纪第十.

的。正因为如此，仁宗才培育了此后大宋 300 多年的厚重基业。……《左传》说："为人君，止于仁。"仁宗的确可以毫无羞愧地面对这个"仁"字啊。①

后来王夫之在他的著作《宋论》中也高度赞扬了仁宗时代：

仁宗时代完全可以称为盛世，到了今天人们都还在羡慕那个美好时代。仁宗品德高尚，既仁慈又俭朴，而且从宰相到大夫到宫中侍从等朝臣几乎都是正人君子，正因为有了他们，才达到了仁宗时代的盛世。②

正因为仁宗创造了一个美好的时代，他又如此之"仁"，因此在《宋史》中对他有这样的总评：

仁宗为人恭俭仁恕，之所以如此，是因为他的天性就是这样。一旦各地遭遇水旱之灾，他就会悄悄地在宫内，或者赤着脚站立在殿外，祷告祈求老天消灾去难。某次有司请求他以玉清旧地修建新的御花园，他回答道："我现在已经有了先帝的御花园，还觉得它太大了，怎么还要建新的呢？"他日常的衣服脏了会洗，洗完再穿。床上的帐子、被子也都是用普通丝线织成的。有一次皇后晚上饿了，想吃红烧羊肉，他劝她不要这样做，因为如果这样做了，厨房就会从此每天晚上准备烧羊肉，伤害许多生命，只是为了她偶尔可能的需要。如果有犯死罪的，只要稍微有点儿可疑，他都会下令要由自己亲自复核才能定罪，这样的结果就是经常每年有千人以上被免除死罪。……他还经常对臣子们说："我骂人都从来没有骂要别人去死的，哪里敢轻易判人死罪呢？"……他在位的四十二年间，好像不怎么管吏治，但实际上任用的官员几乎没有残酷刻薄之人；刑法好似松弛，但仍很公正，因为管理司法的官吏大都很公平正直。③

---

① 原文参见脱脱，等. 宋史 [M]. 北京：中华书局，1985 年，本纪第十二.
② 原文参见王夫之. 宋论 [M]. 北京：中华书局，1964 年，卷四.
③ 原文参见脱脱，等. 宋史 [M]. 北京：中华书局，1985 年，本纪第十二.

这里的内容比较丰富，核心只有一个，简而言之就是一个字——"仁"。具有这种仁义精神的人在中国古代皇帝中虽然不是绝无仅有，但做到仁宗这个层次的却是少之又少。

包公断狱

上面对于仁宗的评价中最后一句是关于仁宗时期司法的情形的，这里可以举一个典型的例子来说明，也顺便介绍仁宗时期一位著名的人物，就是包拯。

包拯就是我们熟悉的包公，他是中国史上清廉正直官员的典范，以清廉公正而闻名于世、流芳百世，被尊为"包青天"。

包拯生于999年，是今天的安徽合肥人。他从小就是出了名的孝子。1027年中进士后，被任为知县，但他因为父母年迈，就辞官回家。后来朝廷又委任了他另一个职位，他前去赴任，想过段时间再接父母过去，结果父母不愿意去，他马上就又辞掉了官职，回家奉养双亲。

又过了几年，父母双双亡故后，他在墓前结了一间草屋守墓，一直不忍离开。后来经乡邻父老多次苦苦相劝，又过了许久，他才终于离开家乡，去天长县当知县。

在天长他很快就显示了极高的断案智慧。例如有次有一个人来报案，说他的牛给人割掉了舌头。包公说：没什么，你回去杀掉吃肉就可以了。不久就有人来告发了，说某某人擅杀耕牛。包公一听，就对他说：你怎么割了别人的牛舌又来告发人家呢？那人一听，知道露馅了，陷入了包公设下的陷阱，当即跪下叩头，承认了罪行。

由于在断案上表现杰出，加上在仁宗治下吏治清明，官员大抵可以唯才是用，因此包公不断得到升迁，开始了他光辉灿烂的司法人生。实际上，包公逝世于 1062 年，而仁宗逝世于 1063 年，也就是说，包公的整个司法人生全都属于仁宗时代。

《宋史》有包拯的传记，相当详细地记录了他的生平以及办案的一些细节，记录了许多他不畏权势、为百姓伸张正义的事迹。简而言之，在他那里，任何人只要敢作奸犯科，他都敢办，而且宋仁宗也往往都支持他，如史书所言：

在朝臣中包拯以刚毅严厉著称，因为有他，皇亲国戚和官员都不敢乱来，甚至只要听到他的名字就害怕。由于包拯几乎不笑，人们就说包拯的笑比黄河水清还要稀罕，男女老幼都知晓他的大名，称他为"包待制"。京师中流传着关于他的说法："官员们不敢贪污受贿，都是因为有了阎罗王一般的包老。"①

包拯之所以能够如此大展其才，与仁宗对他的充分支持与肯定是分不开的。

有这样一个例子。当时张方平是三司使，他因为强行以低价购买民间富户的资产，被包拯上疏弹劾，结果被罢免。仁宗又以宋祁接替了张方平的位子，很快宋祁又因犯事被包拯弹劾，也遭到了罢免。接下来一时找不到合适的人选，于是仁宗干脆让包拯兼任了三司使。

三司使可是当时朝廷重要的职位之一，掌握国家财政大权，仁宗要包拯暂代，足以显示他对包公非比寻常的信任与器重。

包公曾多次上书指责仁宗宠幸有问题的大臣权贵，要求仁宗罢免他们，又要求仁宗不能因为自己的喜好而给什么人好处。他甚至把魏征给唐太宗的三道著名的奏章辑录下来呈给仁宗，希望仁宗能放在身边随时提醒自己要以唐太宗为榜样，当唐太宗一样的明君。

---

① 原文参见脱脱，等. 宋史 [M]. 北京：中华书局，1985 年，列传第七十五。

包公还提出了很多具体的措施，涉及国政的方方面面，仁宗大都接受并且下令实施了。

《宋史》中对包公最后的评价也相当高：

包拯性格严厉耿直，对付贪官污吏残酷无情，但为人却很敦厚朴实，虽然平常疾恶如仇，但也推崇忠恕之道。他从来不勉强自己与没有共同语言的人交际来往，不会假装和颜悦色，生活中也没有私人的书信往还，旧友、亲戚、同僚一概断绝来往。虽然他地位尊贵，但衣服、所用的器物以及饮食都和普通百姓一样。[1]

如此等等，这就是史书上的包公，一个十分光辉的形象。

仁宗时代有包公这样的人物也足以说明其吏治与法治都是非常清明公正的，只有如此才使包公这样的人才得以尽展其才，青史留名。

杂耍女的逆袭

说完了仁宗与包公，这里还要说一个人，她可以说是中国历史上权力最大、最值得后人敬仰的女性之一，曾经执掌天下超过十年。

这个人就是仁宗时期的皇太后刘氏，著名的章献皇太后。

前面说过，宋仁宗登基时只有13岁，还是一个小孩子，当然不能亲自掌握大权。这时候执政的就是前面已经提到过的章献皇太后了。她直到1033年仁宗24岁时才还政于他。也就是说，章献皇太后掌握国家大权达11年之久，是这段时间大宋实际上的掌权者。而且在她的治理之下大宋国泰民安，为此后仁宗的亲政打下了很好的基础，而仁宗之所以成为"仁"宗，也与她对仁宗的亲自抚养与倾力教育密不可分。

章献皇太后原姓刘，是益州（今四川）人，据说生来就不平凡：她

---

[1] 原文参见脱脱，等．宋史[M]．北京：中华书局，1985年，列传第七十五．

的母亲梦见一个月亮坠入怀中，不久怀孕，后来就有了这位太后。①

但她的人生并不幸福，因为父亲很早就在作战中阵亡了，她由外公外婆养大。后来可能还当过杂耍艺人，很会摇拨浪鼓。长大后嫁给了一个叫龚美的银匠，并被丈夫带到了都城开封。因为太穷养不起老婆，丈夫准备把她卖了。就在这时候，好运从天而降。有一天，那时候还是韩王的宋真宗对手下说，我听说蜀地的女人多才多艺，我想找一个。那些手下当然卖力地去找了。正巧龚美想卖老婆，韩王的一个手下发现她正是多才多艺的蜀女，于是马上将她弄进了王府，想不到未来的真宗对她一见钟情，非常喜爱。

为什么她会这么得宠呢？这从史书对她的介绍就可以知道了：太后秉性聪明又机敏，还通晓史籍典故，只要听到了朝廷中的某事，马上就能了解并且记住它的来龙去脉。②

这样的结果就是，真宗经常阅读奏章到深夜，这时候章献皇后会陪在一旁，真宗有时候会将一些奏章的内容讲给她听，要是觉得某事她可能会有好建议，就会问她，她也会据实回答。真宗对其回答很是满意，所以后来问她的次数越来越多了，她的回答也越来越好了。

从 1020 年开始，真宗干脆将许多政事委托给章献皇后处理。两年后真宗去世，临死时下遗诏尊皇后为皇太后，并且规定国家军政大事都要由她定夺。

从仁宗当皇帝的第一天起，章献皇太后就开始垂帘听政了。

章献皇太后没有和其他许多皇太后一样当政之后就大谋私利，任人唯亲，而是号令严明，对百姓群臣该给好处的就给好处，该惩罚的就惩罚，赏罚俱有且分明。而且她对左右之人要求特别严格，禁止他们假借她的

---

① 原文参见脱脱，等. 宋史 [M]. 北京：中华书局，1985 年，列传第一.
② 原文参见脱脱，等. 宋史 [M]. 北京：中华书局，1985 年，列传第一.

名号去谋私利，要求他们还和过去一样，并不因为她已经执掌天下而有所变化。

正因为太后执政严明，恩威并施，赢得了民众与臣下之心，于是有许多人就上书，要她学武则天当女皇帝，她总是把这样的上书往地上一扔，说："我决不干这种背叛祖宗的事。"

她执政的效果也是很好的，可以说是国泰民安。正因为如此，章献皇太后才深得民心，也为后世所景仰。

不但臣民如此，就是皇帝仁宗对她也极为恭敬，甚至在她寿辰的时候行跪拜之礼："天圣五年正旦，太后御会庆殿。群臣及契丹使者班廷中，帝再拜跪上寿。"[①] 即使贵为太后，要皇帝跪拜也是少有的事，仁宗却跪拜了，还不止一次。

上面说过，章献皇太后拒绝学武则天当皇帝，但其实她心中也一直想领略一下当皇帝的滋味，特别是快到了生命的终点时，她这种愿望更强烈了。虽然这时候她已经还政于仁宗，但还是表达了这种愿望，孝顺的仁宗也答应了她的要求。

于是，1033年，她用祭祀的方式稍稍体验了一下当皇帝的感觉。

她坐着天子的车子，还穿了天子的衣服，祭拜于太庙，这已经是传统意义上皇帝才能做的事了。

此后不久，1033年5月，章献皇太后就去世了。

去世前她做的最后一件事是将自己一些日常所用的东西赐给了几个身边近臣，并且追尊仁宗的生母为皇太后，直到这时候仁宗才知道自己的亲生母亲是谁。

---

① 脱脱，等.宋史[M].北京：中华书局，1985年，列传第一.

第十三章

匆匆英宗

> 时间：英宗时代　1044年　1064年　1066年　1067年
> 地点：巴陵　汴京　大顺城
> 人物：曹太后　滕子京　范仲淹　夏毅宗　蔡挺
> 事件：《岳阳楼记》是怎么来的　《资治通鉴》是怎么来的　第二次宋夏战争

仁宗去世后，继位的是宋英宗。

与当政逾40年的仁宗相比，英宗的当政时间很短，只有4年，从1063年到1067年。

令人感叹的短命皇帝

英宗生于1032年，名曙。他本来是没有资格当皇帝的，因为他既非仁宗儿子，亦非仁宗兄弟，甚至不是堂兄弟，而是仁宗堂兄的儿子、太宗的曾孙，父亲是濮王。

据说英宗出生时就有异象，英宗出生前，濮王梦见两条龙和太阳一起落下来，他用衣摆接住了。等到英宗出生时，红光满室，有人说看见一条黄龙在光中游走。①可能因为有这样的异象吧，加上仁宗的三个儿子都早亡，仁宗也没有兄弟，因此当英宗还只4岁时就被抱入宫中，当成未来的太子抚养。宋仁宗去世前一年，英宗被正式立为太子，第二年仁宗去世，英宗登基为帝。

这时候英宗就显示他有成为明君的潜质了，例如他问政时特别仔细，做出决断前总要向臣下详细问清楚状况以及事情的来龙去脉，等等，而且做出的判断往往既出人意表又很高明，也显示出了他为政的聪慧。

然而，英宗却有一个致命的毛病，就是身体不好，只当了4年皇帝就去世了，这是1067年的事，时年英宗只有35岁，可谓命短。对此《宋史》也发出了这样的感慨：

过去人们说，如果是上天的意旨，人是不能违背的。的确是这样的啊！英宗天资极其聪颖，虽然有了要继承皇帝大统的诏令，但仍一心谦让，好像要一辈子这么谦让下去，但他最后还是继承了帝位，这岂不是上天的意旨吗？……虽然最后他因为生病没有能够大有作为，但即便百年千年之后，人们仍然会对他高山仰止，钦佩不已，歌颂他种种高尚的品德，那的确是相当了不起啊！②

一部正史对帝皇有如此之褒扬也是相当罕见的，甚至含有一定的感情色彩，足见编者当时也是颇有感触的，不能不有感而发。

《岳阳楼记》和《资治通鉴》的由来

英宗颇会用人，重用的臣子都是有能力且清正之人，最主要的有三

---

① 原文参见脱脱，等.宋史[M].北京：中华书局，1985年，本纪第十三.
② 原文参见脱脱，等.宋史[M].北京：中华书局，1985年，本纪第十三.

个：韩琦、欧阳修、富弼。

第一个韩琦前面提到过，当初他与范仲淹一起对抗西夏，但他不听范仲淹的正确建议，盲目出击，贸然深入，结果在好水川被打得大败，几乎全军覆没。但他此后接受了范仲淹的建议，两人一起合作，练兵屯田，镇守西部，使西夏人不敢再贸然来犯。

他们还想收复横山之地，这里是宋朝和西夏的边界，战略地位十分重要，只要收复了这里，西夏就不能轻易来犯了。后来朱熹有这样的记载：

范仲淹与韩琦合谋，认为必须收复西夏的横山之地。当时边地还流传着这样的歌谣："军中有一韩，西贼闻之心胆寒；军中有一范，西贼闻之惊破胆。"[①]

这里还有一事可以记述一下。当初好水川之战大败后，范仲淹的好友滕子京此时正在治理泾州（今甘肃泾川县）。因好水川之败，他在当地一间佛寺祭祀阵亡将士，还拿出许多银子抚恤将士遗族。由于花费比较大，结果被朝廷责备，说他滥用公帑，后来被贬去守巴陵郡（今湖南岳阳），这就是《岳阳楼记》前面几句的来由了："庆历四年春，滕子京谪守巴陵郡。"庆历四年也就是1044年。

韩琦之后，欧阳修、富弼也都是有名的能干且清正的人物，特别是欧阳修，还是中国历史上有名的文学大家。

众所周知，中国历史上能与《史记》齐名的最有名的史书是《资治通鉴》，它就是由司马光主编的。司马光同样是英宗时代的重臣。《资治通鉴》的编撰正是由英宗做出的决定。宋英宗在1066年时委任司马光负责编撰《资治通鉴》，并规定所有经费由政府负担，准许编写人员借阅宫廷藏书，司马光还可以自己挑选助手，而他选中的助手如刘恕、范

[①] 原文参见朱熹. 五朝名臣言行录[M]. 上海：商务印书馆，1919年，卷七.

祖禹、刘攽等都十分能干，是当时著名的史学家。

为了编写《资治通鉴》，朝廷不但提供笔砚、文具，甚至连水果和糕点都有，使得司马光和他的编辑班子可以全心全意地从事编撰工作，可以说这是《资治通鉴》得以成为史学巨著的主要原因之一，其中英宗居功非小！

强弩立新功

英宗时代只有短短 4 年，正是在此期间发生了第二次宋夏战争。

第二次宋夏战争爆发于 1064 年，距庆历和议已经过去 20 年了，仁宗也已去世，英宗继位。就在这时候，西夏人又开始大规模攻宋了。

这时候西夏的皇帝是夏毅宗。毅宗名叫谅祚，他在西夏诸帝中是比较慕宋的，甚至把自己的姓从元昊规定的"嵬名"重新恢复为李姓，同时废除了胡礼而改用汉礼，自己也穿上了汉服。他还向宋朝索求太宗的御制诗石本，以及《唐史》《册府元龟》等书，又想要学习宋朝的宫廷贺仪，总之想要全盘汉化的样子。

不过这并不意味着李谅祚是个明君。实际上，他品行是相当恶劣的。关于他，史书中有这样的记载：

李谅祚为人凶残又淫乱，经常跑进那些豪门大富之家奸淫妇女，因此他的臣子们私下都很恨他，他后来也因为太过纵欲，导致身体虚弱而死。[①]

李谅祚一方面确实羡慕汉文化，但另一方面却背叛盟约。他乘仁宗去世，英宗刚继位且身体也不好，开始不停地侵扰宋境，从而挑起了第二次宋夏战争。

不过这第二次宋夏战争规模不大，也没有太有名的战役，主要就是

---

① 原文参见吴广成. 西夏书事校注 [M]. 上海：上海古籍出版社，2021 年，卷二十一.

李谅祚经常率领军队搞突然袭击，而且有时候故意放出风声要来但又不来，有时候突然不宣而战地来了，颇有点儿神出鬼没的样子。

面对这样的侵扰，宋朝守边将领自然颇为伤神，最后还是范仲淹想到了对付的办法，就是组织军民在边境屯田，同时建立许多堡垒或者城寨，一旦西夏人攻来，百姓军队就躲进堡垒中，堡垒外面有深深的壕沟，还布满了铁蒺藜，使西夏军马一时难以攻入，因此他们即使掳掠，收获也不会太大。

其中较有名的大顺城之战就是这样的。李谅祚亲自统领步骑军数万人攻入庆州，进攻大顺城，宋朝的环庆经略使蔡挺立即让军士百姓躲入了堡垒中，然后坚守不出。西夏军攻不进去，死伤不少，连李谅祚都被打伤了。史书上是这样记载的：

西夏军围攻大顺城三日不克，李谅祚穿着银甲，戴着毡帽，乘着一辆由有黑鬃的白马牵引的战车，张着黄盖，亲自上阵督战。蔡挺派蕃将赵明拿着强弩埋伏在八百步之外。突然一箭破空而来，朝李谅祚飞去，射穿了他的铠甲，李谅祚大惊而逃。[1]

李谅祚在这里的遭遇和当初辽军大将萧挞凛在澶州的遭遇相似，都是被宋军用强弩在远处射中，不过李谅祚的运气比被一箭射死的萧挞凛要好，虽然身上被射中，但由于披着厚甲，没有受重伤，吓得他赶紧逃走了。这次庆州之战也以西夏人的失败结束。

这是1064年的事，两年多后李谅祚就死了，宋夏之间又短暂地恢复了平静。

但到1071年战争又开始了，这就是第三次宋夏战争，这次战争的规模比之前要大得多。

这时候大宋和西夏的皇帝都换了人。

---

[1] 原文参见吴广成. 西夏书事校注 [M]. 上海：上海古籍出版社，2021年，卷二十一.

第十四章

"小人恶法？"

时间：仁宗时代　神宗时代　1067年　1074年　1085年　1086年
地点：汴京　临川　鄞县
人物：王安石　宋仁宗　宋神宗　欧阳修　司马光
事件：王安石的崛起　变法及其失败　为什么说王安石是坏人

英宗英年早逝之后，1067年，太子赵顼继位，即宋神宗。

一个小人害了神宗吗？

神宗生于1048年，是英宗长子。据说他出生时"祥光照室，群鼠吐五色气成云"[1]。当然这些应该都是编出来的，不过是为了佐证他天生了不起罢了。

神宗的确有他的优点，主要是两个：

---

[1] 脱脱，等. 宋史[M]. 北京：中华书局，1985年，本纪第十四.

一是特别守规矩、懂礼貌。他从小一举一动都非常小心,很诚实稳重的样子。如史书所说:"神宗穿戴得整整齐齐,见人就拱手行礼,即便天气炎热,他也从来不用扇子。"① 为什么不用扇子呢?王子当然不会自己打扇,这里的意思指他也不会叫别人为他打扇,因为这样会看起来不那么严肃正经。

二是特别好学,还因此而特别尊敬老师。史书说:神宗天性好学,经常向老师请教,直至天晚了都不停下,甚至忘了吃饭。因此英宗只好经常派内侍去阻止他,不让他再学下去。……当他的老师王陶来讲课时,他都会带着弟弟赵颢向老师下拜行礼。②

正因为如此,神宗从小就得到了天下百姓的赞美。

这样的人当上皇帝后必然是明君吧!这从《宋史》对他的一段总评就可以看出来:

神宗天性既孝顺又友爱,当他去见两位太后时,一定会整天站着侍候她们,无论天气寒冷炎热都是一样。……即位之后,他为人十分谦虚谨慎,对宰相重臣都既敬且畏,经常要求大家对他有话直说,还仔细体察百姓那些不太明显的疾苦,抚恤孤儿寡妇,赡养老人,周济穷人。他生活节俭,不好打猎游玩,一心一意要励精图治,准备大干一番事业。③

这些都是赞美之词,使神宗看上去是一位德行高尚,想要励精图治、大有作为的明君。

但后面话锋一转,就是这样的评价了:

不久,王安石当了宰相。王安石为人刚愎自用,他了解大宋的历代先帝志在收复被辽国占领的幽州、蓟州与被西夏占领的灵州、武州这些

---

① 原文参见脱脱,等. 宋史 [M]. 北京:中华书局,1985 年,本纪第十四.
② 原文参见脱脱,等. 宋史 [M]. 北京:中华书局,1985 年,本纪第十四.
③ 原文参见脱脱,等. 宋史 [M]. 北京:中华书局,1985 年,本纪第十六.

地方，却多次兵败，未能成功。神宗想要愤然而起，一雪前耻，但没有找到恰当的办法。因此王安石乘机利用一些旁门左道的偏激之说迷惑神宗，提出了青苗、保甲、均输、市易、农田水利等方法，使天下大乱，群情骚动，无数人为之痛哭流涕。但神宗却始终没有醒悟，为此甚至罢免元老重臣，赶走直谏之士，执意施行那些恶法，执迷不悟。终于导致大宋历代以来一直行之有效的治国的种种良法与善政败坏殆尽。从此朝中奸臣佞臣一个接着一个出现了，人心离散，祸乱频繁。真是太可惜了啊！[①]

这样的评价很两极，前面说了神宗一大堆好话，后面则狠狠地批评了他一顿。并且直指正是从他开始朝廷中奸臣当道，民心背离，而且国家大乱。最后简直是痛心疾首地叹惜！

为何如此呢？上面直指一个人，是他迷惑了神宗，祸乱了天下。

不过，这个人在历史上至少在一般人心目中似乎并不坏，而且还很有名，他就是王安石。

由此可见，在当时史家和现在一般人心目中王安石的地位是大不一样的。

真的是王安石害了神宗吗？王安石究竟是什么人呢？他又在神宗时代掀起了什么样的风浪呢？

从小是天才

王安石可以说是整个宋朝甚至整个中国历史中最有名的人物之一，他不但在政治上产生了巨大影响，兴起了史上有名的"王安石变法"，文学上也卓有成就，为"唐宋八大家"之一，以散文名世，诗歌上也颇有成就，给我们留下了"京口瓜洲一水间，钟山只隔数重山。春风又绿

---

① 原文参见脱脱，等．宋史[M]．北京：中华书局，1985年，本纪第十六．

江南岸，明月何时照我还？"这样脍炙人口的千古名句。

可以说，纵观古今，有如此政治成就的文学家，或者说有如此文学成就的政治家，王安石几乎都是唯一之选。

王安石在中国历史上如此有名而独特，在宋朝历史上当然也是如此，所以《宋史》中介绍他的篇幅很大，要远超作为皇帝的英宗，甚至超过了神宗。《宋史》对神宗的介绍不过是一些流水账，具体事迹很少，但对王安石就不一样了，《宋史》记载了他的许多事迹与言行，不少还进行了有理有据的评论，这在一部官修史书中是相当少见的。这体现了王安石在史家心目中特殊的分量。

下面主要根据《宋史》的介绍来看一下王安石。

王安石是临川（今江西抚州临川区）人，生于1021年，父亲是刑部一个中层官员，他是在家乡一带出生并长大的，并且对那里有美好的回忆。后来他在一篇文章中记录了童年回忆：

在临川城的东边有一座比较高的小山。山的左边有一条小溪。小溪之水从南往北流，最后汇入江中。我家的房子就在城东的小溪边，溪水就像它的护城河一样。从这里折而向东，只有百步左右，有一座祥符观，它也在小溪旁边。从这里往东南望去，在树林的掩映之下可以隐隐约约地看见一些人家。我小时候经常和长辈在祥符观玩，很喜欢这个地方。①

小时候在祥符观玩过的王安石是什么样子呢？简言之是一个神童甚至天才：

王安石从小爱读书，只要看过一遍的书他都记得牢牢的。他写起文章来运笔如飞，一挥而就，看上去就像是在随便乱写的样子，但文章写

---

① 原文参见《大中祥符观新修九曜阁记》，见于王安石. 临川先生文集[M]. 香港：中华书局香港分局，1971年，卷八十三.

成之后，人们一读之下就会叹服是难得的好文章。①

正因为是这样的天才，所以王安石从小就有了名声，后来一个佩服他的朋友还把他的文章送给当时已很有名气的文学大家欧阳修看，欧阳修一看也大为赞赏。

后来王安石顺利中了进士，踏入仕途，先在淮南地方当了判官，后来又去鄞县当了知县。

正是在鄞县，王安石开始了自己的改革事业。例如他把一些面积狭小的池塘挖开，合并成一些大塘，这样既方便百姓来往，也有利于灌溉。当农民缺粮的时候，王安石会把谷子借给他们，到了来年收获季节农民再把粮食还上，当然还要加上利息。这样一来官府不但得到了利息，还把陈粮换成了新粮，方便了群众，官府又得了利，堪称一举两得。

这可以说是他最初的改革试点。后来他又当过舒州通判等官，等到史上另一位比较著名的人物——既是著名的书法家也是重要的政治家的文彦博当宰相的时候，王安石大概觉得一直当这样的小官没什么意思，太怀才不遇了，因此就辞官回乡了。

他这时候已经有了不小的名声，朝廷还想继续用他，他不止一次地找理由推辞。但后来还是出山了，到1059年时，王安石已是提点江东刑狱。在这些地方的历练使他对宋朝的地方治理有了相当丰富的经验。

他离开提点江东刑狱任后到了京师开封，这时候他已经形成了一整套治国理论，因此向仁宗上书。这是王安石第一份重要的奏疏，也是第一次公开提出自己的治国主张。

他的观点很鲜明：就是要大力改革，移风易俗。之所以要这样，是因为当时朝廷的财政已经越来越紧张，与此同时，社会的风气却日益败坏。

---

① 原文参见脱脱，等. 宋史[M]. 北京：中华书局，1985年，列传第八十六.

为什么会这样呢？他认为主要有两个原因：对于百姓来说是他们不懂法，不知道该干什么不该干什么；对朝廷而言是因为没有效法过去好的国家治理体制。

而且他的这个过去可不是一般的过去，例如宋太宗、唐太宗或者汉武帝时代，而是远古、传说中的三皇五帝时代。在他看来，那时候的制度是最完美的，也是现在最应该学习的。

对于他的议论仁宗还是比较肯定的，于是升了他的官，但并没有采纳他的主张。可能因为这样的缘故，王安石颇有些心灰意冷，因此不想再当官，又辞职回家去了。

但当时他已经名扬朝廷甚至天下，朝廷当然不想浪费这样的人才，于是一再向他提供各种官职，而他一再拒绝。但他的拒绝使他的名气更加高涨，令当时许多士大夫钦佩。因为在当时的社会背景下，给你官当，还是不小的官，你还不要，那清高可是一般人做不来的呢！但他越这样，朝廷就越想要他当官，这样的结果就是：

王安石经常每一天都要辞官，因为朝廷每天都想着要任命他某个官职。有时候朝廷派官员送来任命状，他拒不接受。官员只好一路跟着他，求他接受，不得已他竟然躲到厕所里去了！派来的官员只好把任命书放在他的书案上，他看到后就拿起追过去还给那个官员。[1]

但王安石是真的不想当官吗？其实不是，他之所以如此坚决拒绝，有两个原因：一是他知道朝廷是一定不会让他当个普通百姓的，他越推辞，得到的名声和官位就会越大；二是朝廷所任命的官职不是他想要的，他知道朝廷早晚会给他想要的官。总之，王安石的"拒绝"实际上是一种曲线要官。

---

[1] 原文参见脱脱，等. 宋史 [M]. 北京：中华书局，1985年，列传第八十六.

拒绝多次之后，朝廷终于任命他为知制诰。这可是权力很大、很容易出名的大官，于是他就欣然接受了。

王安石以知制诰充任纠察刑狱司的纠察官，负责京城的司法工作，在这里王安石很快又显示了和同僚的大不一样，对许多案件的判决颇为别出心裁。史书上记载了这样一个案件：

某少年有只很会打架的鹌鹑，很喜爱它。他的一个朋友想要，但他不肯给。这个朋友仗着和少年是好朋友，竟然偷偷拿了就走。这个少年追上去，不是抢回了这只鹌鹑，而是把那个朋友杀了。最初负责审理该案的是开封府尹，他判了这个人死罪。根据大宋律令，要到王安石这里来复审。王安石撤销了这个判决，认为人家来偷他的东西，偷东西的人就是盗贼，少年追上去杀了，这是捕盗，是不能判死罪的，甚至因此而弹劾开封府尹的错判。开封府尹不服，将王安石告上了更高一级的大理寺。大理寺认为开封府尹的判决没有错，而是王安石错了，要判他的罪。王安石不服，这事后来一直闹到了宋仁宗那里，连御史都向皇帝弹劾了王安石，但仁宗偏袒了他，对底下的弹劾置之不理。

王安石的崛起

1063年，宋仁宗去世，王安石相当伤心。不久后他母亲也去世了，王安石一向是个大孝子，于是辞官归乡，并且在整个英宗时代再也没有应召为官。

但这并不是说王安石不想当官了，他只是在等待时机，为此他甚至做了一些以他此前的为人来说不那么光彩的事。如史书所言：

王安石是楚人，在中原腹地并不太有名，中原最有名的大族是韩、吕二族，王安石想利用他们的名望来得到时人的重视，于是想方设法与韩绛、韩绛的弟弟韩维还有吕公著等交上了朋友，三人于是极力颂扬他，使他在中原的名声也大了起来。①

不难推测，这三个人也是一向知道王安石的，甚至早就想要认识他，看到王安石竟然这么重视他们，不由受宠若惊、喜出望外，于是投桃报李，到处颂扬王安石，王安石也因此在中原这个中国传统的政治中心大有名气了。

王安石这步棋走得真是太好了，可谓心思缜密。

原来，当宋神宗还不是皇帝的时候，韩维就是其亲信，神宗可是英宗长子，未来最可能当皇帝的就是他了。因此当初王安石想结交韩维实际上就是冲着他是未来皇帝的亲信去的。交了王安石这个朋友后，韩维十分高兴甚至得意，因此经常在未来的皇帝面前说王安石的好话。到1066年底，神宗被正式册封为皇太子，韩维当然也成了太子的亲信，他甚至请求太子让王安石来代替自己的位子。如此等等，使得未来的神宗皇帝对王安石的印象越来越好，也越来越想见他了。

神宗的愿望很快就实现了。因为他成为太子不久，英宗就去世了。即位后，神宗很快任命王安石为江宁府知府。

这个江宁府可不是一般的地方，它位于今天的南京一带，是当时大宋财赋最主要的来源地之一。任命王安石为江宁府知府足见神宗对他的重视。而且这还只是个跳板，几个月之后，神宗就将王安石召入了朝中，王安石成为翰林学士兼皇帝的侍讲。

到了熙宁元年，即1068年，王安石正式进入了神宗新朝的中央。

入朝之后，神宗立即召见了王安石。王安石在与神宗的对话中鲜明地提出了自己的主张，认为治国一定要有治国之策。要有怎样的治国之策呢？就是不要学习比较晚近的那些明君如唐太宗，而要学习最古老的

---

① 原文参见脱脱，等. 宋史 [M]. 北京：中华书局，1985年，列传第八十六.

帝皇即尧、舜，以尧、舜之道来治国。他还指出，尧、舜的治国之道貌似阳春白雪不容易学，实际上非常简单，好学得很。

皇帝一听尧、舜竟然那么简单好学，尧、舜又是古代最有名最受人景仰的君主，那怎能不学？这就像我对一个新生说我有学霸养成法，而且还非常简单易学，某某著名学霸就是这样成为学霸的，他能不学吗？

所以，神宗听了王安石的话之后，立即相信了他，于是不久之后王安石就成了参知政事即宰相。他一当权，立即开始了史上著名的大改革，由于时值神宗熙宁年间，因此史称熙宁变法，又因为是王安石主导的，所以又叫王安石变法。

变法及其失败

之所以有这样的变法，与宋朝当时的财政及军事状况有关。

当时虽然经济得到了巨大发展，朝廷每年的收入极多，但开支却更大。尤其是军事开支浩大，巨额收入大部分被用于军事。但当时的军队又怎样呢？欧阳修在他的著作中所描述的大致就是当时的情形：

我朝自从景德罢兵后就不再有战事，至今已经33年了，到今天那些经历过战争的老兵已经死光了。后来的新兵从来没有听到过战鼓之声，更没有见识过战阵。他们诞生在和平年代，只讲究吃好穿好，都变得既娇气又懒散。现在王宫的卫兵来值班的时候，连被子都不自己拿，要别人帮他拿着；分发禁军粮草时，他们不自己背而是花钱让别人来背。他们娇气成这个样子，还能参加艰苦的甚至要冒生命危险的战争吗？[1]

景德罢兵指的就是1004年的澶渊之盟，此后宋朝虽然和西夏之间有过战事，但规模都不大，总的来说全国还是和平的，因此士兵们越来越

---

[1] 原文参见欧阳修. 欧阳文忠公集[M]. 北京：国家图书馆出版社，2019年，卷九.

娇气，战斗力也越来越差，从而产生了许多弊端。

但这并不意味着欧阳修赞成王安石这种所谓师法远古的变法，相反，他是反对的，实际上他也是王安石变法最激烈的反对者之一。例如他明确反对将远古的井田制用于当今："夫井田什一之法，不可复用于今。"①

不过王安石可不管这些，他根据所谓远古尧、舜时代的做法，提出了他的改革之法，具体而言就是农田水利、青苗、均输、保甲、免役、市易、保马、方田等八法了。这里不详细讨论，只简单讲两样。例如其中的保甲之法是与练兵有关的，规定凡乡村的农民中，两个成年男子就有一个要当兵，并且十家人的兵合起来为一保，这些兵就称为保丁，他们都要拿起武器，参加训练，平时为民，战时为兵。免役就是倘若那些有钱人家不愿意叫子弟当兵，可以出钱请人代他们当兵。若是家里没有合适的男丁，也不能免于当兵，同样要给钱，这样的钱就叫"助役钱"。

如此等等，使这些新法看上去很好，实际上根本不是这样，它的弊端很多。

变法的主要弊端是大大增加了百姓的负担。

如免役法，那些没有男丁的穷人家，以前是不用当兵的，也不用纳这份钱，但现在却要出什么免役钱，就和那些有男丁但不愿意去当兵的富人家是一样的了，这当然极不公平。

这样的结果就是：从此百姓的赋税越来越重，使得整个天下都骚动不安起来了。②

无数人起来反对他的变法。

反对他的人当中包括很多知名人物，如欧阳修、司马光、文彦博等。甚至以前大力提携过他的吕公著、韩维等人，以及帮助过他的人如富弼、

---

① 欧阳修. 欧阳文忠公集 [M]. 北京：国家图书馆出版社，2019 年，卷九.
② 原文参见脱脱，等. 宋史 [M]. 北京：中华书局，1985 年，列传第八十六.

韩琦等，通通都反对他。

尽管宋神宗大力支持，但王安石的变法还是失败了。

为什么呢？原因很简单，就是结果不好。到 1074 年左右，由于变法的苛政加上天降大旱，百姓生活雪上加霜，苦不堪言，为此神宗一度想要中止王安石那些变法措施，王安石回答说："水灾旱灾都是很正常的，连尧、汤时代也会有，陛下您不用管它。"王安石竟然毫不在意百姓的疾苦，认为这是小事一桩，神宗一听到这样的回答，不由得有些吃惊道："这哪是小事？我现在最担心的就是天下没有治理好。现在我们收取的免役钱太重，大家都在抱怨，而且声调越来越高了，从身边的臣子到皇后的家族，大家没有不说变法坏话的。两宫太后甚至为此都哭起来了，担心京城因此会发生动乱，担心这样的旱灾，更担心朝廷会失去人心。"①

这里神宗还提到了"两宫泣下"，指的是当时的慈圣、宣仁两位太后，她们曾经流着眼泪对神宗说："安石乱天下。"

如此等等，这样的话后来终于被神宗听进去了，他开始怀疑王安石的变法，于是罢免了他的宰相，让他重新管理江宁去了。这是 1074 年的事。

但不久神宗又把王安石召回来了，重新任命他为宰相，连他还很年轻、刚刚 30 岁的儿子都得到了龙图阁直学士这样虽然没有实权，但相当尊贵的职位。

但这时候王安石已经看出来他的反对者越来越多了，虽然他仍希望继续改革，但对变法产生的恶果是很清楚的。加上他最心爱的儿子突然去世，他心灰意冷，于是坚决辞去了宰相一职。

王安石的地位依然崇高，神宗先后封他为舒国公、荆国公，荆就是楚之意，相当于楚国公，这几乎是一个非王室宗亲的大臣所能拥有的最

---

① 原文参见脱脱，等. 宋史 [M]. 北京：中华书局，1985 年，列传第八十六.

高封号了。

这时王安石的主要变法措施依旧在通行，直到1085年神宗去世。

继位的哲宗还只是个9岁小孩，实际执政的是宣仁皇太后，她一向坚决反对王安石变法，不久就任命极力反对变法的司马光为宰相。司马光很快就废除了那些变法措施，由于正值元祐年间，史称"元祐更化"。这是1086年的事。

这时候的王安石正在他江宁的府邸中，听到变法被彻底废除，一向支持他的神宗也已去世，在这样的双重打击之下，他很快也去世了。

为什么许多古籍说王安石是"坏人"

上面说过了《宋史》对王安石的强烈批评，类似的批评还有不少。

例如苏洵，他也是唐宋八大家之一，苏东坡之父，他曾经专门写过一篇文章来批评王安石，即《辩奸论》。从这个名字就可以知道苏洵认为王安石是一个奸人。对此史书这样说：

王安石还没有成为达官显贵时就已经名震京师，他的个性看上去不好张扬，生活也非常节俭，甚至衣服脏了都不洗，脸脏了也不洗，于是很多人都称赞他是贤人。只有蜀人苏洵说："他这样做太不近人情，肯定是个大奸臣。"为此还专门写了一部《辩奸论》来讽刺王安石。[1]

不但苏洵不喜欢王安石，他那更著名的儿子苏东坡也不喜欢王安石，同样极力反对王安石的变法，并在作品之中多次讽刺抨击。后来终于惹怒了王安石一派，差点把他杀了，这就是文学史上著名的"乌台诗案"。因案子受到牵连的人包括司马光、苏辙、曾巩、黄庭坚等，简直可以凑成一部宋朝的文学史了。

---

[1] 原文参见脱脱，等. 宋史[M]. 北京：中华书局，1985年，列传第八十六.

为什么会这样呢？因为在王安石看来，反对变法的都是他的敌人，对敌人他从来都是毫不客气地严厉打击的，其中就包括当时已经名动天下的司马光与欧阳修。

例如有一次司马光只是在回答神宗的诏书中提到"士夫沸腾，黎民骚动"这样的话，就揭了王安石的逆鳞，王安石大怒，立即和他争了起来。后来他还找机会狠狠地报复了司马光，对此史书也有记载：

王安石和司马光关系一向很好，司马光认为既然是朋友就要为他好，要敢于说逆耳忠言，于是给王安石写了三封信，一再规劝他，王安石很不高兴。神宗本来要任命司马光为枢密副使，司马光离开神宗时还没有正式任命，后来王安石从宫中出来，任命就没有了。①

任命没有了，谁导致的就不言而喻了。

还有欧阳修，他请求辞职还乡，朝廷有人想留他，但王安石竟然说："这样的人到了地方就会搞坏地方，到了朝廷也会搞坏朝廷，留他干什么？"②

王安石攻击的可不只是司马光，如《宋史》所言，王安石总是不遗余力地攻击那些他本来不应该排斥的人：

吕公著、韩维原是王安石利用来树立自己名声的人，欧阳修、文彦博是推荐他的人，富弼、韩琦是直接提拔任用他的人，司马光、范镇是他的好朋友，这些人王安石都不遗余力地大加排斥。③

王安石不但骂了司马光和欧阳修这些活着的名人，就连这时候已经去世多年的范仲淹也骂上了。有一次某县的百姓拦路喊冤，哭诉助役钱的残酷，王安石竟然对神宗说，这个县的知县是范仲淹的女婿，他这个

---

① 原文参见脱脱，等．宋史[M]．北京：中华书局，1985年，列传第八十六．
② 原文参见脱脱，等．宋史[M]．北京：中华书局，1985年，列传第八十六．
③ 原文参见脱脱，等．宋史[M]．北京：中华书局，1985年，列传第八十六．

人特别爱附和流俗，才让他治下的百姓变成这个样子！绝不能姑息这些人，否则他们就要乱来了！说到这里，《宋史》直指王安石"强词夺理，不讲道理"。

《宋史》中还记载了一些王安石不遵法度的事。例如有一次他竟然骑着马直入皇帝所在的宣德门，这是明令禁止的，因此守门的卫士让王安石下马。王安石不但不听，还怒骂卫士，甚至想要皇帝治卫士的罪。御史劝谏道，卫士只是做分内之事，哪里有错！但神宗一味偏袒王安石，把这个卫士打了一顿。王安石竟然还不依不饶，最后神宗只得把自己系的一条玉带赐给王安石，王安石这才罢休。

正因为王安石不但在变法中伤害了人民的利益，个人品行又与当时礼数不合，所以遭到了从《宋史》到苏洵等人的强烈批判。

但对王安石批评最强烈的并不是他们，而是伟大的思想家王夫之。

王夫之在他的名著《宋论》中对王安石进行了极为猛烈的抨击：

王安石只会说大话和空话，这些空话对国家和百姓来说是很有害的。如果是明君就会了解这一点，知道这只是一个不得志的读书人想以这样的大话来唬人，于是只要听一次他的歪理邪说就会把他赶跑，以后也会避之唯恐不及。[1]

王夫之甚至直指王安石为小人："王安石是个地地道道的小人，小人这称呼他是怎么也逃不掉的。"[2]

在另一处王夫之又指王安石是"妄人"，即狂妄小人："王安石是那种古今都有的指天说地的妄人，既误国又误家。"[3]

这样的批评可谓严厉至极。

---

[1] 原文参见王夫之. 宋论 [M]. 北京：中华书局，1964年，卷六.
[2] 原文参见王夫之. 宋论 [M]. 北京：中华书局，1964年，卷六.
[3] 原文参见王夫之. 宋论 [M]. 北京：中华书局，1964年，卷四.

王夫之甚至认为，正因为王安石及其变法都是坏的，所以仁宗之时，本来是天下盛世，但到了神宗那里就乱了，"考宋政之乱，自神宗始"[①]。

当然，这样的说法可能与今天人们对王安石的认知不大一样，本书对此不作评论，只是客观地表述古人和古籍对王安石的一些评价，至于王安石本人究竟如何，这可能是见仁见智的吧！

也正因为这样，所以本章的题目才是"'小人恶法？'"，而不是"小人恶法"，加上引号和问号就是为了表明这种观点并非定论，大家可以各持己见。

本书只是提供一些资料，表明古人和古籍对王安石的认知，这种认知和现在的认知可能有所不同，但因为这样的说法都是有凭有据的，并且是王夫之等大家的说法，才有其参考价值，才值得我们多加注意，并不代表作者个人意见，特此说明。

---

① 王夫之. 宋论 [M]. 北京：中华书局，1964 年，卷四.

第十五章

三战西北

时间：神宗时代　1068年　1081年　1082年　1085年
地点：洮、河一带　抹邦山　熙州
人物：宋神宗　王雱　王韶　梁太后　种谔　徐禧　沈括
事件：熙河之战　五路伐夏　永乐城之战　神宗之死

上章讲了王安石的变法，除了变法，王安石还做了一件事对后世影响巨大，就是熙河开边或者说熙河之战，它与五路伐夏、永乐城之战一起构成了第三次宋夏战争。

熙河开边

关于熙河开边，《宋史》说是王安石的儿子王雱最先想到的。关于王雱，史书中是这样描述他的：

王雱字元泽，为人既强横又阴险刻薄，而且行事极为任性、毫无顾忌。

但他十分聪明，20 岁不到就已经写了几万字的书。他还只有 13 岁时，偶然遇到了来自陕西的一个小兵，对他讲了洮、河一带的事，即今天的甘肃西部、青海东部和东北部。他听了感叹道："我们大宋应该去占领这个地方。如果西夏得到了，那么我们的敌人就更加强大，大宋的边患也会越来越多了。"后来王韶主张开发熙河一带，王安石极力支持他的主张，就是从王雱这里开始的。[①]

具体讲熙河开边，要从上面提到过的王韶讲起。

悲惨的名将

王韶生于 1030 年，是江州德安（今江西德安）人，曾当过新安主簿，1061 年时他在陕西一带游历，得知了西部洮、河一带的事。

这个地方当时处于西夏与大宋的交会处，主要由吐蕃人控制，但这时候吐蕃人已经衰落，这一带并没有归属，处于自立状态，也就是说相对而言比较弱小，容易征服。正是看到了这一点，王韶想到了要收复这里，一方面可以开拓大宋疆土，另一方面可以削弱西夏，可谓一举两得。而倘若为西夏所得，那么西夏就一举两得，而大宋则一举两失了。

到了 1068 年，王韶给神宗上了《平戎策》三篇，提出要收复河湟一带，就是指上面的洮、河了。王韶指出这样做的好处就是上面所说的一举两得了，宋神宗看了觉得有理，接受了他的建议，并封王韶为秦凤路经略安抚使，这里就靠近河湟。

后来神宗在秦凤路建立了通远军，让王韶负责，准备用武力进行熙河开边。

1072 年，熙河之战正式开始，王韶率军到了抹邦山前，遇到了与朝

[①] 原文参见脱脱，等. 宋史 [M]. 北京：中华书局，1985 年，列传第八十六.

廷敌对的羌人。

羌人据险固守，部下将领提出来要在下面的平地立阵，但王韶说只要羌人占领着险要之地，就是打败了他们也没用。因此今天既然来到了这险要之地，就要把它们占领了！于是率军直扑抹邦山，并且喝令手下，只要敢说一个"退"字就斩！羌人从山上扑了下来，凭高攻下，自然声势很大。宋军一开始抵挡不住，被稍稍打退。但王韶站了出来，率领自己的亲兵奋勇出击，结果大败羌人。不久他又率军占领了武胜一带，在这里建立了镇洮军。

在此基础上，王韶进一步发起了攻击，大败另一支强敌——吐蕃人的瞎征部，并升镇洮军为熙州，此外还占领了河州、洮州、岷州等地。神宗大喜，封王韶为左谏议大夫、端明殿学士，还在京城赐给了王韶一座豪华的府第。

王韶继续出击，最后终于把瞎征部首领抓住了，把他当战俘献给了朝廷。

彻底击败吐蕃和羌人后，宋朝收复了河、湟五州之地。

此后王韶因功不断升迁，一直当到了枢密副使，相当于副宰相，主掌军事，后来死于1081年。

关于王韶，史书还记述了他的胆大无畏：

王韶从小孤苦无依，但却善于用兵，很有谋略。每次打仗前，他都会把诸将招来，告诉他们怎样做，然后就不再过问了，结果是每战必胜。有一天晚上，他正睡在营帐中，前方遇到了强敌，双方激烈交锋，石头与利箭交加，喊声震动山谷，王韶身边的人吓得腿都发抖，但王韶呼吸依旧平稳，就像没发生什么事。①

---

① 原文参见脱脱，等. 宋史[M]. 北京：中华书局，1985年，列传第八十七.

史书还记载了他一件趣闻轶事：

王韶在鄂地时，某次宴请宾客，让家中的姬妾出来奏乐给大家听，一个叫张缋的客人醉了，上前伸手拉住了一个姬妾，把她抱在怀里。姬妾哭着把这事告诉了王韶。王韶慢腾腾地说："我今天要你出来的目的是活跃气氛，你却让大家这么不开心。"他下令拿来一个大杯，罚她喝酒，喝完后就和大家一起谈笑如故了。从此人人都服他的胸怀宽大。[1]

不过王韶的晚年很不幸，"王韶晚年说话行动都很反常，就像疯了的样子。后来他得了可怕的疽病，肚子上的皮都烂掉了，连五脏六腑都看得见，有人说是他当将军时杀人太多的缘故"[2]。

王韶晚年确实很惨！当然这样说也不无道理，例如史书载，1074年5月，"王韶进筑珂诺城，与蕃兵连战，破之，斩首七千余级，焚三万余帐"[3]。

一仗就杀了吐蕃人七千多，确实不少。但这似乎又是不大合理的，因为史书上比他杀人多的将领多了去了，可没见过有人因此得过这么可怕的疾病。

前所未有的惨败

熙河之战后，神宗时代的另外两场战争就是五路伐夏与永乐城之战。先说五路伐夏。

五路伐夏发生于1081年，起因是西夏内乱。

这时候西夏的皇帝是惠宗李秉常。他是夏毅宗之子，母亲是梁太后，由于政见分歧，梁太后发动政变，囚禁了惠宗。西夏拥护惠宗的势力发动反击，内部一片大乱。

---

[1] 原文参见脱脱，等.宋史[M].北京：中华书局，1985年，列传第八十七.
[2] 原文参见脱脱，等.宋史[M].北京：中华书局，1985年，列传第八十七.
[3] 脱脱，等.宋史[M].北京：中华书局，1985年，本纪第十五.

西夏大将禹藏花麻和梁太后有仇怨，于是上书宋神宗，表示只要宋军攻夏，他就在内部策应。与此同时，看到西夏内乱的不少宋将如鄜延经略副使种谔等都相继上书神宗，请求趁西夏内乱发动大举进攻，甚至一举灭夏。

神宗本来就有灭夏之心，于是以为灭夏时机已到，决定派出五路大军大举伐夏，总兵力达近60万人，在当时全世界也许只有宋朝可以派出如此大规模的军队了！

一开始，宋军气势汹汹，攻占了不少夏地，包括重镇兰州，又包围了重镇灵州（今宁夏吴忠），只要攻克了灵州，西夏就危急了。

但这时候的宋军已是强弩之末了。因为宋军面临三大不利局面：一是时间上已经是冬天，天气越来越冷，宋军缺少冬衣；二是灵州城防十分坚固，宋军虽众，但没有攻城器具，依靠肉身攻城无异于送死；三是由于宋军从内地搬运粮草，路途遥远，军粮已经越来越紧张了，甚至不同部队之间还发生了抢粮的事件。

这三样不利加在一起，可以说导致了宋军的必死之局。

此时知道宋军处境的西夏军乘机发动了致命一击，就是派出一支强军杀向宋军的运粮部队，几乎尽夺宋军粮草。

这等于是将宋军逼向了绝路，于是本来已经攻占了不少夏地的宋军因为没了粮草只得匆匆退兵，夏军乘势在后发动攻击，杀死了大批既累又饿、仓皇而逃的宋军。加上天气寒冷，大批士兵被活活冻死，最后成功退回宋境的只有20来万人，也就是伐夏一战宋军损失兵力达40万人！这就是五路伐夏的悲惨结局。

这也是宋军历次战争中最大的伤亡，据说神宗因此而失声痛哭。

再败永乐城

五路伐夏失败后,神宗并没有吸取教训,而是在第二年再度攻夏,从而爆发了永乐城之战。

永乐城之战与两个人有关,一个是种谔,另一个是徐禧。

关于种谔,史书中有这样的记载:

种谔善于驾驭士卒,临敌之时经常能够想出奇谋诡计,因此几乎每战必胜。但他行事狡诈荒诞,又极其残忍,身边人只要犯了错就立即斩杀,甚至斩杀前会先将他们的五脏六腑活活挖出,坐在旁边看的人都遮住脸不敢看,种谔却神情自如,照样大吃大喝。[①]

如此残忍好杀之人自然喜欢打仗,恨不得天天杀人。

徐禧是当时的名臣,一向深得神宗与王安石的喜爱。他的一个小舅子更加有名,就是北宋著名诗人、书法家黄庭坚。但徐禧本人并没有真本事,因此真正了解他的王安石的弟弟王安礼曾评价他说:"禧志大才疏,必误国。"[②]

两个这样的人主导永乐城之战,结果可想而知。

先是徐禧等宋将统领宋军约7万人攻入西夏横山一带,此后徐禧主导在永乐川建筑了永乐城。

但种谔一开始就反对这样做,他的理由是这里三面都是悬崖,虽然易守难攻但没有水源,一旦被敌军围困就会不战而溃。但徐禧不听,加上他的职位高于种谔,还大骂了种谔一顿,并建议朝廷把他调到了别处。因此种谔怀恨在心,也为将来的失败埋下了祸根。

筑好永乐城后,徐禧令部下率军镇守,自己回到了不远的驻地米脂。

[①] 原文参见脱脱,等. 宋史 [M]. 北京:中华书局,1985年,列传第九十四.
[②] 脱脱,等. 宋史 [M]. 北京:中华书局,1985年,列传第八十六.

西夏人当然不会容忍自己都城的不远处有敌军要塞，于是派出叶悖麻等率大军 30 万人攻向永乐城。徐禧立即率军驰援，还下令另一位部将留守米脂。

这位部将在北宋乃至整个中国历史上都是大大有名的，不过不是凭借他的武功，而是科学成就，他就是沈括。

当徐禧率大军抵达永乐城时，西夏军还在强渡附近的永定河，有部将建议乘敌人半渡来个突然袭击，这本来是一个用兵的常识，非常管用，但徐禧竟然说："你知道什么？我们是堂堂的王者之师，不敲响战鼓、不列好阵势是不会开战的。"①

结果不言而喻。徐禧拒绝乘西夏人半渡而击，而是将军马排列在永乐城外，等待西夏军渡过永定河，做好准备后才开始交战。西夏兵马可比宋军多得多，又是生力军，势不可挡，很快打败宋军。徐禧率军退入城中。夏军包围了永乐城，然后很快截断了自城外流向城中的河水。徐禧命人掘井，但哪里有水！水可比粮食还不能等，没几天就有大批宋军被活活渴死。

此时沈括已经得知了城内的情况，率军来救，但被夏军阻止。种谔统领着一支强军，如果他肯来支援，西夏军完全可能抵挡不住，但因为修建永乐城的事他对徐禧怀恨在心，拒不出兵。

20 来天后，水倒是来了，天下起了大雨，不过永乐城的城墙是垒土筑成的，禁不住雨淋，很快就有大段城墙被浸垮了，西夏军蜂拥而入，城内宋军几乎全军覆没，徐禧战死。

这是 1082 年的事。永乐城大败后，朝廷追究责任，当时担任鄜延路经略安抚使的沈括也遭到了牵连，被贬。后来他移居到了润州（今江苏

---

① 原文参见脱脱，等. 宋史 [M]. 北京：中华书局，1985 年，列传第九十三.

镇江），在那里的梦溪园隐居下来，潜心著述，因而写成了《梦溪笔谈》。这部书集中国历代科学成就之大成，被称为中国科学史上的里程碑。

神宗之死

永乐城之战的另一个直接后果就是神宗的病逝。

继五路伐夏大败后又在永乐城之战中损失惨重，对宋神宗而言是雪上加霜。史载："灵武之役使宋军损失惨重，神宗在半夜得到这样的消息，他起了床，绕着床不停地走，整个晚上都没有睡觉。此后就因为受惊而致病，这最终导致了他的死亡。"[①]

这里的灵武之役就是永乐城之役，神宗受到了巨大的打击，身体也垮了下来，3 年之后的 1085 年就去世了，时年仅 37 岁。

---

① 原文参见脱脱，等. 宋史[M]. 北京：中华书局，1985 年，列传第一.

第十六章

英年早逝

时间：哲宗时代　1096年　1097年　1098年　1100年
地点：金明寨　平夏城　灵平寨
人物：宋哲宗　宣仁太皇太后　小梁太后　章楶
事件：废除与恢复王安石新政　平夏城之战　大战金明寨　善待囚犯　哲宗去世

1085年，宋神宗病死后，继位的是宋哲宗。

宋哲宗名赵煦，神宗第六子，但他前面的五个哥哥都早亡，因此他实际上是神宗的长子。

哲宗的得与失

一开始哲宗并没有被立为太子，直到神宗病重时才在宰相和皇太后的劝告下被神宗立为太子。其间还有一个插曲，就是当神宗得病后，哲宗虽只有9岁，竟然手抄佛经为父皇祈福，太后将他手抄的经书出示给众臣，字写得非常好，看得出来哲宗确实聪明有才，因此才被顺利地立为太子。

哲宗成为太子后只几个月神宗就去世了，哲宗继位。由于他只有9岁，因此他的祖母也就是神宗之母宣仁皇太后，以太皇太后的身份实际执政。

宣仁太皇太后原姓高，前面提到过她一向激烈反对王安石的新法。她执政后做的第一件事就是尽废新法，并重用反对新法的司马光、吕大防等人。在她的治理之下，海内安宁，朝廷之内也一片敦睦，因此《宋史》说她"临政九年，朝廷清明，华夏绥定"，甚至称她为"女中尧舜"。①

但好景不长，1093年宣仁太皇太后去世，哲宗亲政。他看待新法的观点却和父亲神宗一致，因此登基之后第一件事就是重新恢复了王安石的新法。

不但如此，他还重罚了原来反对变法的那些旧臣，如苏轼、苏辙等，连此前已经去世的司马光都被"追贬"。对于他这样的做法，《宋史》进行了相当强烈的批评：

哲宗年幼就继位，由宣仁太皇太后掌政。执政之初任用了司马光、吕大防等各位贤臣，废除了王安石的青苗等新法，朝政又恢复成了以前的样子。她选用贤臣，广开言路，使天下归心，国家一派安宁。……可惜的是神宗熙宁、元丰时代的奸臣余孽没有清除干净，后来他们设法借着继承老传统的名义恢复了新法，一反太后的前政，甚至报复反对新法的贤臣好人，最后终于招致了朝中的党派相争之祸，结果就是贤臣被排斥，宋朝政事也越来越凋敝。唉，真是太可惜了！②

《宋史》如此直接、激烈而明显地赞扬一方、批评另一方是相当少见的，但如果看看哲宗之后宋朝朝政的发展，特别是看看哲宗之后的徽宗时代，这样的批评是符合史实的。

但这种弊端在哲宗时期还看不出来，而且在对外战争中哲宗还取得

---

① 脱脱，等. 宋史 [M]. 北京：中华书局，1985年，列传第一.
② 原文参见脱脱，等. 宋史 [M]. 北京：中华书局，1985年，本纪第十八.

了比较大的胜利。

这场战争就是宋夏之间的第四次战争了。

大战金明寨

本来，在宣仁太皇太后的领政之下，宋朝采取了和平的外交政策，宋夏之间也停止了战争。但太皇太后去世之后，哲宗采取了完全不同的政策，于是宋夏之间的关系又紧张起来了。

这时候西夏的惠宗已经死了，继位的是崇宗李乾顺，由他的母亲小梁太后执政。他们为了宣示武力，在1096年时亲自统领大军，号称50万人，杀向宋境的鄜延路。但发现所到之处宋军都已经做好了准备，攻不进去。后来找来找去，只找到了金明寨。

金明寨位于今天陕西北部的延安，只是个小要塞。西夏大军如潮水般涌来，夏崇宗母子甚至亲临前线，还打算亲自擂鼓助战。金明寨里只有2000多名宋军，哪里抵挡得住百倍之敌，很快就被攻克，宋军几乎全部被杀，只有5个人侥幸逃跑了。此后夏崇宗还特地给宋哲宗去信说：我之所以发兵大宋，是因为朝廷待我太刻薄了，但我只是打一下小小的金明寨，因此未失臣节。这就是说还承认西夏是宋朝的藩属国。

对于西夏人的这次大举入侵，据《宋史》描述，哲宗得到消息后表现得十分冷静。

哲宗一听到有夏人来侵略，泰然自若地笑着说："50万大军深入我的国土，他们持续的时间只会有10来天，打下一两个营寨后就会离开。"果然不久夏军破了金明寨后就退兵了。[①]

从这里可以看到哲宗真的很"哲"，即聪明。他知道大军远道而来，

---

① 原文参见脱脱，等. 宋史 [M]. 北京：中华书局，1985年，列传第二百四十五.

粮草必然不继，因此不可长久。从这个角度讲他比他父亲神宗要强多了，因为神宗当初就是派出 60 万大军进攻西夏的，如果他和哲宗一样聪明，就不会做这么愚蠢冒险的事了。

金明寨之战后，为了抵御西夏下一次可能的进攻，宋朝在宋夏的咽喉之地石门峡江口、好水河边分别修建了两座要塞，哲宗特地赐名为平夏城、灵平寨。

此后，宋军向西夏发动了进攻，一举攻克了洪州、会州等地，甚至占据了重镇盐州。

平夏围城战

这时候西夏不但被夺走了多州之地，而且由于宋朝暂时断绝了与西夏的商贸往来，平夏城与灵平寨也成功地阻挡了西夏对宋境的大规模进攻，本来就不富裕的西夏越来越难受。于是到了 1098 年，小梁太后与夏崇宗母子便率军猛攻平夏城。但宋军在章楶的统率下已经做好了充分准备，加上西夏大军半路上遭遇大雪，等到了平夏城时已经人困马乏，攻击力大降，因此在平夏城外被打得大败，史称平夏城之战。关于此战，史书上有这样的记载：

夏主带着他的母亲合兵数 10 万围攻平夏城，猛攻了 10 多天，制造了高耸的攻城车靠近城墙猛攻，又试图填平城外的壕沟，但都没法破城，只好在某天晚上跑了。西夏的六路统军嵬名阿埋、西寿监军司妹勒都逋都勇敢善战，章楶打探到了他们没有防备，于是派了折可适、郭成率一支轻骑兵发动夜袭，径直扑进营帐抓住了他们，甚至他们全家都成了俘虏。这次一共抓到了 300 多人、牛羊 10 万头，夏主简直被吓坏了。①

---

① 原文参见脱脱，等. 宋史 [M]. 北京：中华书局，1985 年，列传第八十七.

这里的章楶是当时宋朝的渭州知州，正是他修建并且率军镇守平夏城，大败了西夏军。

哲宗得到消息，非常高兴，在紫宸殿接受大臣们的祝贺，并且升章楶为枢密直学士、龙图阁端明殿学士，进阶太中大夫，为朝廷重臣。

西夏军在平夏城之战中遭到重创。此后，夏帝自知无法和宋朝抗衡，因此多次派出使者向哲宗求和，后来哲宗便答应了他们，于是宋夏之间就此暂时息兵。

第四次宋夏战争也就此结束了，这是1096年的事。

虽然在对西夏的战争中取得了胜利，但这并不意味着哲宗的日子好过，主要是因为健康问题，他身体一直不好，常年都有病在身，到1100年2月就去世了，时年只有23岁。

善待囚犯

关于哲宗要说的最后一件事是他在去世前的3年，1097年，做了一件比较特别的事，就是下令给坐牢犯人以优待："哲宗下令各个监狱，牢房要有窗子，窗口还要能够通风透气，房内不但要有床垫席子，还要给犯人们准备饮料，枷锁脚镣每五天要清洗一次。囚犯还要按时洗澡，如果天冷要给他们木炭烤火。"[①]

如此等等，真是相当仁慈！不但在中国古代，在世界历史上恐怕也是少有的，值得在此记上一笔。

哲宗去世后，由于只生了一子且早夭，因此弟弟赵佶即位，这就是宋徽宗。

---

① 原文参见脱脱，等. 宋史[M]. 北京：中华书局，1985年，本纪第十八.

第十七章

官逼民反

时间：徽宗时代　1101年　1121年
地点：河朔　杭州　梓桐
人物：宋徽宗　高俅　张叔夜　宋江　方腊
事件：花石纲　高俅蹴鞠　宋江起义　方腊起义

赵佶是神宗的第十一子，本来并不一定能继位的，当时的重臣章惇也评价他"轻佻，不可以君天下"①。但皇太后主张立他，另一重臣曾布也支持他，于是被立为帝。

这时候徽宗只有18岁，由向太后垂帘听政，此时朝政还好，但一年之后的1101年向太后就去世了，徽宗开始亲政。

---

① 脱脱，等. 宋史[M]. 北京：中华书局，1985年，本纪第二十二.

花石纲之祸

徽宗一亲政，朝政很快就败坏了。

败坏的原因主要有三个：

一是徽宗自己贪婪好享受，为此耗损了巨大的国财民力。

二是用人不当，贪官污吏横行。

三是因为前两者的结合导致了民变四起，使宋朝国势大衰。

徽宗的贪图享受是出了名的，而且他主要贪图的还不是一般的享受，而有一个雅致的名义——花石纲。

所谓花石就是各种奇花异石，主要是奇石，如同现在的太湖石那种奇形怪状、有各种色彩的石头。这些东西大都出自江南，与京城开封远隔千里，又重达百斤、千斤甚至万斤，徽宗命人把它们运到开封，放置在宫殿园林之中。对此史书中有这样的记载：

徽宗曾经得到一块太湖石，高达四丈，它被装在巨大的船只上面，仅仅搬运它的人就有好几千，所经过的州县各地有的要拆水闸、桥梁，甚至要把城墙都拆了才能通过。①

那些巨大的石头都是由老百姓负责运送的，所到之处就得由当地百姓出钱出力，经常不惜为此毁坏民宅甚至城市。这些损失叠加起来可谓巨大无比。仍如史书所言："朝廷每年都要运花石纲，其中一个的费用就要花费百姓三十万贯巨款。"②

徽宗不但要奇珍异石，1104年时甚至下令把当年新冶炼出来的金银全都交给他的皇家内府，真是贪婪到了极点。

正由于徽宗的贪婪和热衷享受，各种小人便利用这个作为突破点肆

---

① 原文参见脱脱，等．宋史[M]．北京：中华书局，1985年，列传第二百二十九．
② 原文参见脱脱，等．宋史[M]．北京：中华书局，1985年，志第一百三十二．

意钻营,许多人爬上了高位,其中的典型就是高俅。

足球与奸臣

奇石之外,徽宗另一个主要的爱好就是蹴鞠。

蹴鞠是世界上最早的足球运动,在古代中国就很流行,到北宋时成为国技之一。徽宗还是端王时就非常喜爱,经常踢球。有一次高俅奉主人之命去王府中给端王送梳子,于是出现了这样的情形:

到了这天晚上,主人派高俅去端王府中。这时候端王正在园中踢球,高俅在一边等着人向端王报告,一边看着他踢球,一副看不起他球技的样子。端王看见他这副表情,便把他叫过来,问道:"你也会踢球?"高俅说:"我当然会。"于是端王让高俅和他对踢,几个回合下来感觉十分爽快,不由得大喜,就对手下说:"你们去向都尉传个话,就说谢谢他送来的好梳子,我连送梳子的人也留下来了。"从此端王和高俅一天比一天亲近了。一个多月后,宋哲宗去世,端王登上了帝位。此后更加宠信高俅,对他十分优待,不停地迁他的官。……不过几年,他已经当上了宰相,此后把朝廷主要部门的官当了个遍,掌政二十年之久。[①]

从皇帝到高俅这样的昏君奸臣都残酷地勒索百姓以谋取私利,使人民痛苦不堪,结果就是官逼民反。

北宋的"民反"在中国历史上是很有名的,其中最有名的有两个,就是宋江起义与方腊起义。

史书上的宋江

宋江起义可以说是中国历史上最有名的农民起义了,不是因为起义

[①] 原文参见王明清. 挥麈录 [M]. 上海:上海古籍出版社,2012年,卷七.

的规模大，而是因为有一本叫《水浒传》的书把这次起义的影响无限扩大，使之仿佛成了中国史上最有名、影响最大的起义。

事实上，宋江起义无论就规模还是影响来说都不大，而且最后的结局也有些"皆大欢喜"，因为宋江接受了朝廷的招安，当了官，义军也成了朝廷的军队，起义就这样消解了。

至于起义的具体情形，在《水浒传》中有详细的记载，但那些只是文学描述，当不得真的。宋江起义的真实情形史书中记载并不多，《宋史》中有三处，《续资治通鉴》中只有一处，也是和《宋史》重复的，《续资治通鉴长编》更是没有记载，因此这里只能根据《宋史》中所记载的三处大致描述一下。

这三处分别是：

宋江在河朔一带起兵，转战攻打了十个州郡，官军看到他们就害怕，甚至不敢抵挡。有一次他们声称要攻打某地，张叔夜派了一个细作探听他们的具体动向。得知义军一直往海边去了，乘坐的是抢来的十艘大船，上面装着他们抢来的东西。于是招募了千名敢死队员，先在城外附近设置了伏兵，然后派一小股兵力去海边，引诱义军来攻打他们，并且事先已经在海边附近另外埋伏了一些精壮士兵。义军上了当，与前来挑战的小股官军打了起来，这时候那些精壮士兵乘机跑到海边，一把火烧了义军的船只。义军听到这个消息，顿时斗志全无。这时候城外的伏兵乘机冲了出来，抓住了义军的副首领，于是宋江便投降了。[①]

宣和三年（1121年），朝廷大赦天下。就在宣布大赦的这个月，方腊攻陷了处州。淮南的盗匪宋江等进犯淮阳军，朝廷派兵攻打，宋江又进犯京东、河北一带，还攻入了楚地与海州，后来朝廷派了海州知州张

---

① 原文参见脱脱，等. 宋史[M]. 北京：中华书局，1985年，列传第一百一十二.

叔夜招降了他们。①

宋江进犯京东，侯蒙上书道："宋江只带着三十六将就横行齐、魏一带，官军多达数万却不敢与之交锋，他必定有过人的才能。现在青溪一带又有了强盗，不如赦免宋江，派他征讨方腊，这也是给他一个为自己赎罪的机会。"②

史书中记载，最初跟着宋江起兵的只有三十六人，应该就是这个触动施耐庵写出了梁山一百零八条好汉。

综合这三段记述可以大致描述宋江起义的经过了，至于结局也是明显的，就是宋江投降了朝廷，义军也成了官军。但义军最后的下场就不得而知了，史书并无记载。

血腥的方腊

较之宋江起义，史书对方腊起义的记载就多得多了，可以说整个起义过程都有相当详细的记载。

据史书记载，方腊是睦州青溪（今浙江淳安）人，他"托左道以惑众"③，这里的"左道"就是旁门左道的意思，指的是明教。他信奉明教，以传播明教的方式招到了不少信徒。这与当初黄巾军利用道教"太平道"去收拢信众相似。

起义的直接原因就是徽宗搞的花石纲对这一带的百姓造成了极大损害，导致民怨四起，方腊就利用这个宣布起兵造反。

方腊自称"圣公"，义军战士在头上扎个布条，以不同的颜色标志不同的级别。最低级的是红色，他们只有几杆长枪作为武器，既没有弓箭，

---

① 原文参见脱脱，等．宋史[M]．北京：中华书局，1985年，本纪第二十二．
② 原文参见脱脱，等．宋史[M]．北京：中华书局，1985年，列传第一百一十．
③ 脱脱，等．宋史[M]．北京：中华书局，1985年，列传第二百二十七．

也没有戴盔披甲，官府称其"全靠装神弄鬼骗百姓参加义军"。

方腊很快就召集了数万大军，不久就攻占了许多地方，包括睦州等地，最主要的是杭州。

进军之所以如此顺利，是因为当时的江浙一带已经很久没有打过仗了，一见有人气势汹汹杀了过来，马上吓得腿都软了，哪能抵抗！包括杭州在内的守将们纷纷弃城而逃。

但他们逃跑的原因除了没有战争经验、不知道怎么打仗外，还有另一个重要原因，就是方腊的行为太残酷、太可怕了。对此史书有这样的记载：义军只要抓住了官员，就会把人活活砍断四肢，剖腹挖心，甚至将活人用来熬油！还会把人绑在柱子上对着他们用箭一顿乱射。真是残酷得无以复加。这样做只是为了满足他们对朝廷的怨恨之心。①

这时候朝廷本来应该出兵镇压，地方官府也向朝廷告急，但当时掌政的王黼竟然隐瞒消息，放任不管。于是义军规模越来越大，其他许多地方也起兵响应，使得义军规模不断扩大，声震整个江南！到了这个时候宋徽宗才得到消息，不由得大惊，连忙派童贯、谭稹为宣抚制置使，率禁军和从陕西、山西一带来的强兵前往镇压，甚至调动了胡人军马，合兵达十五万人，往南方杀来。

在镇压方腊的宋军中有一支由王渊统领，手下有一个人后来将名垂青史，他就是韩世忠。他在镇压方腊起义中立下了大功，这些后面讲韩世忠的事迹时再说。

面对朝廷的正规军，方腊义军很快抵挡不住，在秀州大败，被杀近万人，官军还用人头筑成了五座京观。方腊率军退到了杭州，官军在后紧紧追来。方腊知道挡不住了，于是在杭州城内放起大火，然后逃走了。

---

① 原文参见脱脱，等. 宋史[M]. 北京：中华书局，1985年，列传第二百二十七.

但他哪里逃得了，不久在官军的打击下就全军覆没！方腊自己及妻儿也在梓桐的石洞中被俘，全被处死，起义也以失败告终。

这是 1121 年的事，方腊从起义到失败持续不到一年。

正史而外，北宋人方勺在《泊宅编》中也比较详细地记录了方腊起义的原因、经过等，和《宋史》记载的差不多，但对后果的记载更加清楚："镇压方腊这一仗朝廷用兵十五万人，杀了反贼百多万人。从出兵到获得胜利，共持续四百五十天，收复了杭、睦、歙、处、衢、婺等六州，共五十二县。至于反贼所杀的平民百姓则不少于二百万人。"[1] 例如占领杭州后，义军大放其火，足足烧了六天，杭州当时本来就富甲天下，人口极多，这一烧，死了多少人不难想象。

方勺在书中还特别说明了他的那些记载是有事实根据的："会稽的进士沈杰曾经率一队民兵深入反贼占领的地盘，亲眼看到了这些事，并且对我说了方腊造反的前后经过。"[2]

由此可见，上述记载是很可靠的，是研究中国古代农民起义难得的一手资料。

---

[1] 原文参见方勺. 泊宅编 [M]. 北京：中华书局，1983 年，卷五.
[2] 原文参见方勺. 泊宅编 [M]. 北京：中华书局，1983 年，卷五.

第十八章

奸臣误国

时间：徽宗时代　1120年　1122年

地点：涿州　平州

人物：徽宗　童贯　王黼　完颜宗望　张觉　郭药师　种师道

事件：海上之盟　宣和伐辽　伐辽再败

前面讲了徽宗之世的腐败黑暗以及人民的揭竿起义，这些事导致了徽宗时代成北宋的分水岭。此前的宋朝还是一个强大而统一的王朝，是中国自古以来的核心领土——中原大地的主人，但自从徽宗之后，宋朝的国势便急转直下，日益衰落。

为什么会如此呢？主要有两个原因：

一是徽宗自己的昏庸与贪婪，他为了自己的享受，大兴土木，苛待百姓，使得民不聊生，从而导致了国内民变四起，一片混乱。

二是由于他的昏庸，重用的文臣武将大都是奸臣小人。实际上，如果讲中国哪个时代奸臣最多，就数北宋徽宗时代。

这样的结果就是北宋在哲宗时代还是国势昌盛、可以压服西夏的强国，不到二十余年之后就走向了灭亡。

宣和伐辽之败

打败宋朝的不是昔日强大的辽国或者西夏，而是女真人建立的金国。

这个似乎是突然崛起的新国家不但几乎灭亡了宋朝，更彻底灭亡了辽国，从而成为当时中华大地真正的霸主。

金国在快要攻灭辽国的1120年和宋朝达成了"海上之盟"，双方约定宋朝派军队攻打辽国，灭辽后宋将原给辽国的岁币转交给金国，金国则将燕云十六州归还宋朝。

此后，宋徽宗就派兵攻打辽国，这就是宣和伐辽。

1122年，宋军发起进攻，进入辽境。统帅是人称老种经略相公的种师道。他还有一个弟弟叫种师中，人称小种经略相公。

种师道也算是宋朝名将，有他这位名将的统领，加上这时候的辽军已经被金军打得几乎土崩瓦解，宋军似乎应该有所作为。但当宋军进入辽境之后，发现在金军面前如同老鼠的辽军到了宋军面前却变成了老虎，宋军被打得节节败退，先后败于兰沟甸、白沟等地，种师道被迫退到了雄州城（今河北雄安新区一带），辽军一直追到了雄州城下。

看到这样的情形，徽宗大惊，赶紧下令退兵。

这是宣和伐辽的第一波攻势，以宋军的大败而结束。

此前在哲宗时代还可以击败西夏军的宋军此时如此不堪一击，与徽宗的昏庸是很有关系的。他的昏庸标志之一就是任用的大都是腐败无能之辈，其中文臣有王黼、蔡京、高俅等，武将有童贯等。

这几人都是宋朝有名的奸臣，蔡京和高俅因为《水浒传》的关系可能更有名，但实际上童贯和王黼影响更坏。

两大奸臣

关于童贯的形象及其罪恶,《宋史》是这样描述的:

童贯长得高大魁梧,看上去很了不起的样子。他下巴长了十几根胡须,皮肤骨骼刚劲如铁,根本不是宦官该有的样子。他的心胸比较宽大,不在意钱财,经常给后宫妃嫔甚至她们的宫女送各种好东西,于是宫中从宫女到宦官都一天到晚赞美他,他也越来越得到徽宗的宠信,拜访他的人多得使他的家就像集市一样热闹。朝中文武官员很多都是通过走他的后门上来的,连他的养子、仆从之类都有数以百计的人当了官。他简直是穷凶极恶,给国家造成了巨大的灾难,他的流毒可以说遍及四海,就是把他碎尸万段也不足以补偿他犯下的滔天大罪。[①]

这可说是笔者所见到的正史对一个人最严厉的批判言辞了。不但宋人恨他,当时和宋朝交好的辽人也看不起他,《契丹国志》就记载了有一次童贯出使辽国的情形:

宋徽宗政和年间要改年号。这年秋天的九月,宋朝派了郑允中、童贯出使辽国。童贯到辽后,辽国的君臣聚在一起,纷纷指着童贯笑着说:"这就是他们南朝的人才!"[②]

这说明,即使童贯外表魁伟,但一则是宦官,二则就是无能的草包,宋帝竟然派这种人来出使辽国,于是不但童贯被嘲笑,连带整个宋朝的人才都被辽人看扁了。

童贯之后再来说王黼。关于这个人,《宋史》是这样描述他的:王黼长得很好看,风度翩翩,眼睛是金色的,还很有口才,善于辩论,但实际上既无才能又无学问,擅长的只是溜须拍马。[③] 就是这样一个人深得

[①] 原文参见脱脱,等. 宋史 [M]. 北京:中华书局,1985年,列传第二百二十七.
[②] 原文参见叶隆礼. 契丹国志 [M]. 北京:中华书局,2014年,卷之十.
[③] 原文参见脱脱,等. 宋史 [M]. 北京:中华书局,1985年,列传第二百二十九.

徽宗欢心，让他掌握了大权。

王黼掌权之后就大肆搜刮。他搜刮的可不只有民脂民膏，从官员到皇帝的"脂"和"膏"他都搜刮。史书载："宫内宫外的钱财他都可以随便动用，他竭尽天下的财力来供自己挥霍。那些官员知道他的想法，也纷纷来奉承他。这样一来，天下四方进贡来的特产与奇珍异宝，这些东西都是从百姓那里巧取豪夺来的，但皇帝拿到手的不到十分之一，其余的都进了王黼的家门。"[1]

连皇帝的东西都要抢，而且抢走了绝大部分，这样的情形令人震撼吧？王黼不但抢东西，甚至还抢人。例如有一次他看中了一个官员的美貌小妾，竟然诬陷这个官员，把他贬到了遥远的岭南，然后就把这个小妾弄到了手。

宋朝与金国"海上之盟"的制定者除了童贯外，还有就是王黼，甚至他还是主谋。

王黼此前掌权的时候专门设立了一个"经抚房"，掌管朝廷的边防事务。与金国的"海上之盟"当然也是边事，王黼才是最高的决策者，童贯只是个经手的人。结果宋军攻辽时打了败仗，由于没有在战场上取得对辽军的胜利，本来说好要还给宋朝的土地也被金军先占领了，宋朝索要它们当然得花钱，于是宋朝在付出了巨量金钱后才得到了燕云十六州中的一部分。

不止于此，金军还把许多大城中的人口都弄走了，留给宋朝的只是几座空城。王黼却凭借这几座空城得到了极为丰厚的奖赏：王黼率领百官称贺，皇帝解下身上的玉带赐给他，并进封他为太傅，又封他为楚国公，还特许他穿上紫花的袍子，侍从仪仗等的规格几乎与亲王相等。[2]

---

[1] 原文参见脱脱，等. 宋史 [M]. 北京：中华书局，1985年，列传第二百二十九.
[2] 原文参见脱脱，等. 宋史 [M]. 北京：中华书局，1985年，列传第二百二十九.

王黼得到了相当于皇帝亲属的待遇，这在诸大臣中几乎是独一无二的。

童贯和王黼可以说是一丘之貉，有这样两个人在朝中狼狈为奸，双手遮天，甚至主动挑起了外患，北宋如何不衰？又如何不亡！

伐辽再败

虽然第一次伐辽失败，但徽宗由于和金国有约，因此于1122年冬天又发动了一次进攻，目标是幽州。

这次的进攻比较顺利，因为这时候镇守辽国易州、涿州的将领是汉人，他们看辽国大势已去，于是一见宋军攻来，立即顺水推舟，举兵投降。

其中涿州的守将是郭药师。他和宋军会合，合兵杀向幽州，甚至攻入了城内。但即便这样，宋军依然不行，辽将萧干率军来救，很快就打败了宋军，郭药师本来已经进了城，不得已弃城而逃，宋军又是死伤惨重，折损大半。

这时候童贯才深深地意识到即将亡国的辽军也可以轻松击败宋军，于是他又想到了一个办法。他向金军求救，请金军出兵攻打幽州，军费由宋朝出，而且破城之后所有的女子财宝都归金国，宋朝只要土地。金军答应了，很快南下攻入幽州，不但占领了幽州，还灭掉了辽国。

此后，根据宋金议定，金国把自己占领的燕云十六州中的七州交给了宋朝，宋朝自己也乘辽亡之际通过策反汉将占领了七州，金国保留了两州，燕云十六州的事就这么暂时结束了。

本来以宋朝之弱，金国完全可以不给这七州，当时也的确有金朝的大臣劝金国开国之君完颜阿骨打不给，但阿骨打不听，对此《金史》有记载：

太祖既平定了燕地，于是遵守当初的约定，把它交给了宋人。大臣左企弓因此献上了一首诗，其中有这样的话："君王莫听捐燕议，一寸山河一寸金。"但太祖不听。①

"一寸山河一寸金"就是这么来的。由于土地是如此宝贵，因此左企弓主张不要给宋朝，完颜阿骨打当然也懂这个道理，但他对宋朝一向友善，还是履行了承诺。

关于阿骨打对宋朝的友善，史书里还记载了一件事，就是靖康之难后，北宋被灭，这时候阿骨打已经去世，他的次子完颜宗望有一次和金国丞相争执，丞相怪皇子偏爱宋，皇子则说："太祖止我伐宋，言犹在耳。"②说明当初他早就想要伐宋，但完颜阿骨打即金太祖阻止了他。可以想象，倘若阿骨打不死，伐宋之事必不会成，北宋也不会亡了。这就是历史的偶然吧！

辽国灭亡之后，宋朝与金国之间已经是同盟关系，金国又根据预先的约定把自己占领的燕云十六州中多个州交给了宋朝，两国之间似乎应该从此和平共处了吧！

但事实上并不是这样，而是很快走向了战争。

一个降将的枉死

为什么会有宋金之战呢？它有两个原因，一个是内因，一个是外因。

内因与奸臣王黼有关。

当初宋金订立"海上之盟"后，金国派出了使者前往宋都开封。王黼作为掌握朝政大权的人，设宴招待金国使者。为了显示自己的大方，王黼十分热情，设宴之地极尽华丽，这使得一向居于北边苦寒之地的金

---

① 原文参见脱脱，等. 金史 [M]. 北京：中华书局，1975年，列传第十三.
② 确庵，耐庵. 靖康稗史笺证 [M]. 北京：中华书局，1988年.

国人眼界大开，加上他们已经看到了宋朝的孱弱，这等于说是一个富人把自己的财产放在强盗面前炫富，这不是引狼入室吗？他们怎么可能不动抢劫之心呢？就像史书所言：

王黼每次在家中设宴招待使者都会摆出最好的锦缎、刺绣、金银珠宝、美玉，还有其他稀罕的宝贝，以炫耀他的富有，女真人由此产生了越来越强烈的灭宋之心。①

这里清楚地说明了金国之所以产生强烈的灭宋之心，祸根就是王黼的炫富了！这可以用两个成语来形容，就是慢藏诲盗、冶容诲淫。

外因则与张觉有关。

张觉本是辽将，镇守平州。当初他看到辽国大势已去，快要被金国灭亡，于是投降了金国，继续镇守平州。但他很快就觉得不对劲，因为他是汉人，觉得应该降宋才对。于是他主动联系了与平州相邻的宋燕山府宣抚使王安中，说要降宋。王安中听到这消息后不敢擅自做主，向徽宗奏报。

宋徽宗本来就是个贪婪无信的昏君，得到这样的"大好消息"，就想要答应。但有大臣如赵良嗣觉得不妥，因为这样一来就失信于金，要不得。而且平州并不属于燕云十六州，宋朝要平州也于理不通，因此主张拒绝。对此史书也有记载：

由于朝廷想要接受张觉投降，赵良嗣不同意，他争辩说："我国刚刚与金国结盟，如果做这样的事一定会失掉与金国的和平，将来后悔都来不及。"徽宗不但不听，还撤了赵良嗣的职，并且把他连降五级。

徽宗这样的做法的确是极其不妥的。一则国与国之间是要讲信用的，宋朝本来就号称礼仪之邦，更应如此。现在竟然为了一个平州就如此公然不讲信用，当然是大错特错的。二则当时金国的军力明显比宋朝强得多，所以宋朝应尽力维持与金国的友好关系，使其找不到借口攻宋才是正理。

---

① 原文参见脱脱，等. 宋史 [M]. 北京：中华书局，1985年，列传第二百二十九.

现在竟然反其道而行之，主动把伐宋的借口给了金人，可以说是愚蠢至极，是典型的利令智昏。

张觉投宋后，金国自然愤怒，很快金太宗就派完颜宗望率军讨伐张觉。

张觉本来就不是什么名将，哪里打得过完颜宗望的大军，很快就被击败。张觉只得弃了平州，投奔镇守燕山府的王安中。

但金军哪肯罢休，夺回平州之后，立即攻向王安中。

金军并没有马上攻城，而是要求把张觉交出来。王安中又向徽宗请示，徽宗害怕了，便要王安中杀了张觉，把他的人头交给金人。

这件事看上去简单，只是杀了一个无足轻重的降将罢了，实际上远非如此。因为它造成了一个严重的后果，就是当时宋朝有许多从辽国投降来的将领，尤其是汉将，他们看到宋朝如此对待降将，倘若将来金国也向宋朝索要自己的人头，宋朝一定会给，于是纷纷生了异心，至少是大为寒心，不可能再为宋朝拼命了。典型的例子就是郭药师，他当时镇守要地燕京，和守燕山府的王安中在一起，当看到王安中要杀张觉时，就直接问："金人要张觉马上就给了，如果来要我郭药师，也会给他们吗？"[①]

虽是提问，但郭药师心中的答案是不言而喻的，宋人一定会给，因此他就在心中准备反宋了。

不但郭药师等汉将这样想，普通的汉人百姓也是如此。他们看到宋朝如此对待汉人降将，意识到他们这些平头百姓在宋朝统治者眼中更是不值一提了，因此就在心中摒弃了本来一直有的对宋朝的忠诚。

虽然要到了张觉的头，但金军既然已经找到了伐宋的借口，哪会就此罢休？

宋金之战的大门就此开启。

---

① 原文参见脱脱，等. 宋史 [M]. 北京：中华书局，1985 年，列传第一百一十一.

第十九章

靖康之难

> 时间：徽宗时代　钦宗时代　1125年　1126年　1127年
>
> 地点：太原　石坑　汴京
>
> 人物：徽宗　粘罕　宇文虚中　钦宗　陈东　李纲　萧仲恭　种师中　张叔夜　孙傅　郭京
>
> 事件：徽宗退位　陈东的故事　李纲抗金　最后的名将　亡国之君的悲惨结局

宋金战争开始后，金军兵分两路攻向宋境：西路军以完颜宗翰为帅，攻太原；东路军以完颜宗望为帅，直扑燕京。

徽宗退位

这个完颜宗翰就是《岳飞传》中的粘罕了。

粘罕在《岳飞传》中是金人的统帅，也是个大反派，但在《金史》中就完全不一样了，他可以说是金国崛起的主要功臣之一，《金史》对他的评价很高:"宗翰内能谋国,外能谋敌,决策制胜,有古名将之风。"①

西路金军首先攻打的是代州与朔州。这里有一支北方汉人组成的民兵"义胜军",人数达十余万人,本来是准备效忠宋朝的,但看到宋朝如此对待投降的汉人张觉,便掉转了枪口,联合金军一起攻宋。这样一来宋军更不行了,很快金军就占领了代州与朔州。

这是1125年的事。此后粘罕率军包围了太原。但太原守将,本地人王禀率军拼命坚守,将西路金军牢牢锁死在太原,不能继续南下。

东路金军就不一样了,在完颜宗望的率领之下,很快就占领了要地燕京。为什么?因为镇守燕京的郭药师投降了!

前面说过,郭药师因为张觉的事打算不再效忠宋朝,见金军杀到,很快就投降了。燕京要地一失,北方门户大开,不久金军又在中山、真定大败宋军,并占领了信德府(今河北邢台)。

眼看金军势如破竹,徽宗情急之下找人想办法。他想到了宇文虚中,因为宇文虚中早就告诉过他,童贯、王黼是无能之人,用他们只会坏事。过去徽宗不信,现在终于信了,于是找来宇文虚中问计。宇文虚中提出要他下"罪己诏",向天下百姓承认自己的错误,这样才能重新收拢人心,然后就可以号召天下之师勤王了。

徽宗答应了,甚至决定退位,让太子继位,就是宋钦宗,自己则当起了太上皇。这是1126年初的事。

这时候金军仍在继续南下,不久就占领了濬州,从这里就可以渡过黄河南下了。这里本来有一支宋军守桥,看到金军如潮水般涌来,守将不敢应战,赶紧逃往南岸,并下令烧毁桥梁,以为这样就可以阻挡金军南下了。但区区黄河哪里挡得住金军?金军很快就成功渡河,攻下了滑州。

---

① 脱脱,等.金史[M].北京:中华书局,1975年,列传第十二.

听说金军已经过了黄河，徽宗大惊，连夜逃出了汴京。蔡京、童贯等本来就是奸人，胆小如鼠，马上也跟着跑了。

陈东的故事

敌人还没到就逃了！徽宗、蔡京、童贯这样的作为立即在朝廷乃至民间激起了轩然大波。于是有一个太学生陈东站出来了，他公开上书钦宗，强烈要求杀了蔡、童等人以谢天下。

此前，当宋钦宗刚登基之时，陈东已经上过书了。这位陈东只是个普通的太学生，但在《宋史》中也有一席之地，位列"忠义"，其中有这样的话：

陈东早年就很有声誉，他为人豪爽洒脱，意气风发，虽然出身贫贱，但从来不因此而自怜自怨。当时蔡京、王黼等掌握大权，一般人都不敢公开指责他们，只有陈东敢，甚至毫不避讳。这样的结果就是当他参加某个饭局或者聚会时，其他客人害怕会被他连累，纷纷走掉。后来他以贡生的身份进入太学。钦宗即位后，他带着一群支持者拜倒在宫门外，直接向皇帝上书说："大宋之所以会有今天这样的祸事，都是因为蔡京在此前做了坏事，后来梁师成又大搞阴谋。李彦在西北遭人痛恨，朱勔又在东南和人结怨，王黼、童贯又与辽国、金国埋下仇恨，从而在边疆地区引发了战争。因此应当杀了这六个奸贼，把他们的首级传遍天下四方，以向天下万民谢罪。"上书中的言辞极为悲愤。第二年春天，童贯等挟持徽宗想往东逃跑，陈东于是自己单独上书，恳请把童贯追回来，公开斩首，以谢天下，然后另外选择有德行且忠诚之人侍奉皇帝。后来当金人已经逼近京城时，他又再次上书，请求诛杀六贼。[1]

---

[1] 原文参见脱脱，等. 宋史 [M]. 北京：中华书局，1985年，列传第二百一十四.

上面的原文中有一句"不戚戚于贫贱",这句话尤为重要,意思是一个人不要因为贫穷就成天一副悲伤可怜样,自怜自怨,而是要仍然心怀天下,懂得"天下兴亡,匹夫有责"。所谓"贫贱不能移""匹夫不可以夺其志",这是中国人自古就有的崇高美德,陈东就是这种美德的杰出代表!

陈东的愿望在钦宗登基后终于实现,宋钦宗对这六人本来就没有好感,于是下令杀了王黼、童贯、朱勔等五人,只有快80岁的蔡京被流放,但很快也死了,徽宗也被迫回到京城,被软禁在宫中。

这时候金军继续南下,直扑汴京,朝廷震动,宰相白时中等人又要钦宗弃城逃跑,钦宗犹豫不决。这时候一个人站了出来,坚决反对,主张积极抗战,他就是李纲。

李纲抗金

李纲是北宋名臣,也是当时少有的忠心报国之臣,时任太常少卿。此前,他看到金军大举南下,大宋朝廷已危如累卵,于是上书,坚决要求徽宗退位。正是在他的坚决要求之下,徽宗才下定决心退位,让钦宗继位。

此后,李纲又上书钦宗,其中有这样的话:"现在我们的形势不好,世道沦丧,法纪败坏,几乎到了无政府状态。陛下您刚刚登上帝位,上要顺应老天的意旨,下要顺应百姓的意愿。要消除外患,使我们重新得到尊重,还要铲除朝廷的内奸,使君子之道能够重新成长起来。"[1]

当有人建议钦宗向金人割地求和时,他又说:"这是祖宗留下来的领土,应当坚决死守,寸土不让。"如此等等,总之坚决主张与金军决一死战,

---

[1] 原文参见脱脱,等. 宋史[M]. 北京:中华书局,1985年,列传第一百一十七.

决不逃跑，更不投降。

当金军已经渡过黄河，扑向汴京，白时中建议钦宗南逃时，李纲坚决不同意，要求死守汴京，抵抗金军。白时中看李纲是个文官，就激他说："难道你可以统兵作战吗？"想不到李纲竟然一口答应了，说："如果皇上派我来指挥军队，我将以死报国。"[①]钦宗大为感动，于是任命李纲为尚书右丞，成了当朝宰相的辅佐，后来还被任命为东京留守。

即使到了这个时候，钦宗和许多大臣还是想逃跑。有一天李纲得到消息，说皇帝要跑了，他赶到宫中时，看到钦宗在大批禁卫环绕之下准备离开。李纲情急之下，对禁卫们大喊道："你们是要在这里保卫宗庙社稷呢，还是要跟着皇上跑路？"那些禁卫都大声回答："愿死守。"于是李纲对钦宗说："这些禁卫的父母妻儿都在汴京，他们都愿意死守。如果您现在离开，到了中途他们跑了回来，那谁保卫您呢？还有，您现在跑也跑不远了，因为金军已经杀过来了，万一您跑到半路被金军追上，怎么办？"钦宗一听这话，顿时明白不能跑了，这才回到了宫中。

接下来李纲传达了皇帝旨意："再有说离开京城者，斩！"禁卫们都拜倒在地，高呼万岁，"六军闻之，无不感泣流涕"[②]。

到了这时候，钦宗才下定决心保卫汴京。他把守城之事全交给了李纲，要他全权处理。

几天后金军攻到了汴京城外，李纲亲自到了城墙上，指挥守城，还招募了一批死士，晚上从城墙上用绳子缒城而下，杀进敌营，斩杀了金军的十多个官长，还杀了数千金军士兵。这时候金军才知道汴京已经有了防备并且敢于和他们对战了。

在这样的情形之下，金军又想出了一招，说要议和。李纲自告奋勇

[①] 原文参见脱脱，等. 宋史[M]. 北京：中华书局，1985年，列传第一百一十七.

[②] 脱脱，等. 宋史[M]. 北京：中华书局，1985年，列传第一百一十七.

要去，但钦宗不同意，另外派了李梲去。李纲说："大宋安危在此一举，李梲这个人生性怯懦，我怕他因此误国啊。"但钦宗还是派了李梲去，结果李梲看到金军的架势，怕得不行，竟然金军提什么要求他都答应，再回来报给钦宗。

金军不但索求巨量金银财宝，还要求把太原等三个要地割让给金国，又要皇子当人质。李纲向钦宗指出，金人要求的金银财宝就是朝廷倾其所有也不够，三镇之地更是国家的屏障，如果割让了，大宋哪里还有立足之地？而且现在天下勤王之师快到了，金军孤军深入，哪敢久留？只要我们不答应，几天之后他们自己就会走的！但他的话从皇帝到群臣都听不进去，竟然全都答应了，并把钦宗的弟弟康王赵构和少宰张邦昌送过去当人质。

但这并没有阻止金军的侵扰，金军仍然到处抢掠，索要的财物也越来越多，根本满足不了他们的贪欲。这时候四方的勤王军有的已经到达了汴京，于是李纲又向钦宗要求抵抗，钦宗同意了。

本来李纲的计策是不与金军在汴京城外硬拼，而是派兵直扑金军后方，截断金军粮道，同时派出已经到来的勤王大军在金军大营附近安营扎寨，并且把营寨扎得牢牢的，但不和金军作战，只是牢牢地困住他们。这样用不了多久，金军就会因粮尽而退兵，那时候宋军再在后追击。特别是当他们过黄河时，再趁他们半渡而击，那时候金军就完了。

这样的计策本来非常好，钦宗也觉得好，已经决定就这么办了。但一个人却站出来惹了大麻烦，使李纲的苦心付诸东流。

这个人叫姚平仲。他是个莽夫，竟然在晚上带领万余名步骑兵去劫金军大营，想救出康王，还要抓住完颜宗望。有人将消息报告给李纲，李纲大惊，只得率军去救援，但那个姚平仲不但鲁莽，还是个懦夫，他劫营不成，由于害怕因为擅自出兵被杀头，竟然逃跑了。虽然李纲在城外打退了金军，但第二天金国使者就来了，指责钦宗不讲信用，在和谈时还挑起战事。本来就讨厌李纲的投降派竟然说这是李纲惹的事，与朝廷无关。于是在金国的强烈要求下，胆小的钦宗罢免了李纲。

消息传了开去，京城百姓在前面提到的书生陈东的带领下，上书钦宗，说李纲有功无罪。跟着陈东鸣不平的百姓士兵竟然达到数十万人之多，他们的呼喊声震天动地，甚至有人冲向了宫门，杀伤了一些内侍。钦宗又怕了，赶紧恢复了李纲的相位，要他负责保卫京城。

李纲下令，只要能杀敌的军民都有重赏。其实宋朝之弱并不在军民，而在大部分朝廷臣子和皇帝都是胆小鬼，才使得宋朝如此孱弱。现在军民在李纲的激励之下，人人奋起，个个争先，英勇杀敌。加上这时候勤王大军越来越多，完颜宗望知道攻不下汴京了，只得下令撤退。这是1126年3月的事。

本来，依李纲和大将种师道、种师中之意，要乘金军撤退渡黄河时半渡而击，但这时候主和派又占了上风，严禁宋军追赶，甚至下令有攻击金军者处死。

看到朝廷这样胆小懦弱，种师道本来就已经年高，不由得忧愤成疾，不久就死了。很快李纲也被主和派找借口罢免了相位，甚至被迫离开了京城。

这时候李纲可以说是宋朝最后的希望，随着李纲被罢免，他原来提出的许多好政策也都被废除了，此后金军再次来攻，北宋的灭亡已经不可避免。

北宋最后的名将之死

第一次伐宋结束没过多久，金军的第二次伐宋又来了。

这次金军伐宋同样不是贸然而来，又是师出有名的。

原来，金军撤退之后，派耶律余睹监军。不久又派了萧仲恭出使宋朝。宋钦宗这时候又玩起了小聪明，他看到这两人都是旧辽贵族，想当然地以为他们想要复兴辽国。于是就想要策反他们，他先和萧仲恭说了这事，萧仲恭表面上答应，于是钦宗又写了一封密信，托他转给耶律余睹，信中无非是要帮他们复兴辽国之类的话。萧仲恭拿到这封信之后是这样做的："萧仲恭出使宋朝回来后，就把宋帝交给他的致耶律余睹的信用蜡封了起来，然后亲手交给了金太宗。"①太宗读罢，当即大怒，当即下诏伐宋。

宋钦宗在这件事情里犯了一个致命的大错，就是在策反敌方重要人物这样的重大决定前没有做必要的调查，而是盲目地相信萧仲恭既然是辽的旧臣就一定想恢复故国。但实际上萧仲恭根本就不想，他对金国一向忠心耿耿，这是《金史》中也有记载的："萧仲恭忠于国家，卓有信誉，是很了不起的。他对君上既忠心耿耿又尽心尽力，因此得到了君上赐予的种种恩泽与富贵，拥有几乎和皇帝的宗室以及元老旧臣一样的待遇。"②钦宗竟然想要策反金国这样的忠臣，真是愚不可及，自取灭亡。

接到金太宗伐宋的诏书后，完颜宗翰（粘罕）立即再次起兵，大军从山西大同出发，杀入宋境，指向一直未攻克的太原。

他没有直接进攻太原，而是攻占了太原周围各地，将太原城团团围困，彻底断绝了其与城外的联络。由于太原极为重要，是整个西部的门户，一旦有失，全局将危。因此宋朝派了这时候仅存的名将种师中率军救援。

种师中收复了寿阳、榆次等地，但没能很快抵达太原。他先在真定驻扎，准备择日再攻。这时候粘罕也暂停进攻了，由于天气炎热，他分兵在附近各处放牧。宋朝派出的探子见了，就以为粘罕眼看打不下太原，准备撤军了，向朝廷报告。朝廷信了，一再要求种师中出战，还责备他

---

① 原文参见脱脱，等. 金史 [M]. 北京：中华书局，1975年，本纪第三.
② 原文参见脱脱，等. 金史 [M]. 北京：中华书局，1975年，列传第二十.

是故意逗留，贻误战机。

种师中叹道："故意逗留，贻误战机，这是统兵者犯的杀头大罪。我刚刚成年就从军，现在已经老了，怎么能够忍受这样的罪名呢！"当天就严令部下做好准备，同时和姚古、张灏约好一起进兵。由于行动仓促，辎重以及用来赏犒军士的东西都没有来得及带上。五月，宋军抵达了寿阳一个叫石坑的地方，在这里被金军袭击。种师中率军奋战，五战三胜，并抵近了榆次，这里距太原只有百里。但姚古、张灏违背了约定，没有到达。宋兵没有粮草，饿得不行。金军得知后更全军来攻，不久宋军右翼崩溃，前军也逃走了。种师中独自带领剩下的宋军死战不退，自卯时一直苦战到巳时，宋兵靠着神臂弓打退了金兵。这样的表现本来应当马上得到奖赏，但却没有，于是他们愤愤不平地跑了，只有百余人留下来。金军很快冲来，种师中负伤四处，仍拼命苦斗，直至战死。①

这时候种师中几乎是宋朝仅有的能征惯战之名将了，他一死，宋军再无良将，加上李纲也被赶离了朝廷，使宋朝衰弱得无以复加。

种师中战死后，不久粘罕就攻克了太原。接着继续东进，攻占了威胜军、隆德府、泽州、怀州等地。怀州就是今天河南西北部的沁阳，距黄河和都城汴京都不远。

金军很快就渡过黄河，一直打到了汴京城下。

北宋匪夷所思的亡国

这时候的汴京城内还有 7 万左右守军，虽然朝廷已经发出了勤王诏书，但宋朝最善战的军队是种师中统领的西军，现在已经几乎被全歼，来援的只有此前平定了宋江起义的张叔夜率领的约 3 万人兵马。金军则

---

① 原文参见脱脱，等. 宋史 [M]. 北京：中华书局，1985 年，列传第九十四.

有 15 万人之多，无论兵力还是战斗力都远远胜过宋军。

在这样的形势之下，宋军最好的办法就是依仗汴京城坚固的城墙与充足的物资储备坚守不战。金军远道而来，兵马又多，时间久了粮草定然不足，那时候就只能退兵了。而且时间一久，天下的勤王之师早晚会来，那时候更无败理。

但宋钦宗与宋军这时候再次显示了他们的极度无谋与无能。竟然一再出城迎战，甚至主动出击。但他们正面对战哪是强悍的金军的对手，一再被击败。例如张叔夜与范琼分兵夜袭敌营，当远远望见火光之中金军的铁骑飞扑而来时，那腾腾杀气使得大批宋军士兵胆战心惊，不战而逃，许多人互相踩踏致死。这更进一步打击了宋军本就低落的士气。

但这还不足以使金军攻克汴京，最终使汴京陷落的还是钦宗及其臣下的另一个更加荒唐的昏招。

关于这件事《宋史》上有相当生动的记载，应当记录下来，以为存证：

当金军围攻大宋都城时，孙傅日夜亲冒矢石，与敌军激战。有一天读到了丘濬的《感事诗》，其中有一句"郭京杨适刘无忌"，他便在市民中间寻访，找到了一个叫刘无忌的人，又在龙卫兵中找到了一个叫郭京的人。有一些多事的人还说郭京能施一种叫作六甲的法术，可以生擒金军的两个大将、全歼所有金军，而且他施法术只要用七千七百七十七人。朝廷对这样的话深信不疑，于是封了郭京官职，赐给他的金子锦缎数以万计，还要他自己负责招兵。郭京招兵时根本不问有没有作战技能，只选择那些生辰八字符合他施六甲法要求的。只用十来天他就凑足了人数，但招来的都是一些市井游民懒汉之流。有个武将主动要求当他的偏将副手，郭京不答应，说："你虽然勇敢，是打仗的人才，但明年正月就会死，只怕会拖累我。"如此等等，都是这样一些虚妄怪诞的鬼话。当敌军攻城越来越紧急时，郭京仍然谈笑自如，说："我改天挑个好日子出击，只要用三百兵马就可以使天下太平，并且一直打到阴山才会停下来。"孙傅、何栗等都十分尊敬并且信任他，对他极为优待。也有人找到孙傅说："自古从来没有听说过有人靠这样的法子打败敌军的，即使他的话可行，也不能随便把军国大事交给他，而要等他真的立了哪怕一点军功，才可以封官晋职。现在随便就将如此重任交给他，恐怕会使我们的国家蒙羞。"孙傅一听，发怒道："郭京正是为了这个特殊时刻而来的，他对敌军的情况了如指掌。幸好你只是跟我孙傅说这样的话，如果是告诉其他人，一定会被扣上挫伤士气的罪名。"说罢就把那人赶走了。

这时候城中又有了自称"六丁力士""天关大将""北斗神兵"之类的人，都是效法郭京弄出来的。有见识的人看了都感觉国家危险了，郭京却说："不是到了最危急的时刻，我的部队不会出动。"何栗多次催促他，他答应了的日期也一改再改，有一天郭京终于打开宣化门，出兵了。他还坚决要求守城的兵将全都必须从城墙上下去，不准偷看。郭京和张叔夜一起坐在城楼上。只见金兵分四路高声大喊着冲上前来，郭京的部下很快败退，一个个掉进了护城河，他们的尸体把护城河都填满了，宋军只得赶紧关了城门。郭京忙忙地对张叔夜说："我必须亲自下城作法。"于是就出了城，带领残余的部下往南逃走了。就在这一天，金军攻克了汴京城。[①]

从这样的记载就可知当时的大宋朝廷真是愚不可及，不灭亡才怪！

汴京被攻克后，金军在城中大肆烧杀抢掠。这里可是北宋京城，积聚的财富巨大，堪称当时全世界最繁荣富庶的城市，但所有财富几乎是一战而尽，这应该可以说是世界上有史以来最大规模的攻城收获了。

关于破城之后金军的掳获，《金史》是这样说的："五年四月，以宋

---

① 原文参见脱脱，等. 宋史 [M]. 北京：中华书局，1985 年，列传第一百一十二.

二主及其宗族四百七十余人及圭璋、宝印、衮冕、车辂、祭器、大乐、灵台、图书，与大军北还。"①

金军带着被俘虏的宋徽宗和钦宗两个皇帝以及皇室宗族四百七十多人还有大量的金银财宝与国家重器得胜班师，回金国去了。

汴京被攻克之后，宋朝历史就此走向了另一个大阶段，南宋将要诞生，与此区别，此前的宋朝就被称为北宋。

由前文可见，宋徽宗是典型的亡国之君，但他也是中国史上最有名的皇帝之一，这有名并非因为他的亡国，而是凭借他的书画。

徽宗是中国历史上著名的书法家之一，并且独创了一种独特的书法字体——"瘦金体"，此外他还是杰出的画家。

从这个角度而言，他是中国历代帝王中文化成就最大者之一，能与之相比的恐怕只有"词帝"即南唐后主李煜了。

两个人都以帝王之尊而在文化上取得了巨大成就，然而他们在治国上都是十分失败的，都是亡国之君，不能不说是历史的讽刺！

亡国之君的悲惨结局

1127 年，宋徽宗和宋钦宗被掳往金国后，受尽金人侮辱。金太宗封徽宗为昏德公、钦宗为重昏侯，这样的封号本身就是一种羞辱。

不过后来在强占了徽宗美丽的女儿茂德帝姬的完颜宗望的协调之下，两个皇帝和数千宋俘被给予了一处单独的居所，让他们自耕自足，避免了更多的磨难。1130 年，金人又将二帝迁到了五国城，位于今天黑龙江哈尔滨附近，5 年后徽宗在那里病死。

至于宋钦宗，他当皇帝的经过上面说过了，可以说是被硬扶上帝位的，

---

① 脱脱，等. 金史 [M]. 北京：中华书局，1975 年，列传第十二.

他本人并不坏，也没有徽宗那些不良嗜好，而且刚当上皇帝就能够罢免甚至杀掉徽宗时期的六大奸臣，也算是明智之举。但他不会用人，罢李纲而用郭京这样的骗子去抵挡金军，终于导致了北宋的灭亡，因此北宋的灭亡他也是有责任的。

不过，他毕竟不同于徽宗那样的昏庸。徽宗当俘虏过苦日子甚至不得善终是罪有应得，钦宗虽然有些胆小懦弱，但算不上罪大恶极，当俘虏过苦日子却比徽宗久得多，从1127年直到1156年，足有29年之久，直到死了才得解脱，真是相当不幸。关于他，《宋史》有这样一段略带感慨的评论：

钦宗还是东宫太子时，没有做什么失德的事。等到他当上皇帝后，声色犬马通通都不喜欢。靖康初年，刚执政时就能将王黼、朱勔等治罪，流放甚至杀掉他们，因此金人听说钦宗当了皇帝时，一开始有了撤退回北方的念头。遗憾的是当时局势已经太混乱了，几乎不可救药。君臣之间只是你看着我，我看着你，并不能同心协力地想出好办法来，只一味地胆小怕事，连讲和都不会，终于导致了大难，父子同时沦为阶下囚，大宋社稷倾覆。钦宗之所以走到了这一步，也是因为他太过懦弱而不懂得国家大义啊！他只当了很短时间的皇帝，却遭受了极大的苦难，想一下这些苦难是怎么来的，真是为他感到可悲啊！可悲啊！[①]

原文中有"享国日浅，而受祸至深"九个字，这是对钦宗一生生动而准确的描述。

---

① 原文参见脱脱，等. 宋史[M]. 北京：中华书局，1985年，本纪第二十三.

第二十章

两大奸臣

时间：钦宗时代　高宗时代　1127年　1130年
地点：济南　汴京
人物：张邦昌　华国夫人　刘豫　完颜昌
事件：张邦昌被迫称帝　张邦昌和华国夫人私通　刘豫盗墓

靖康之难后，金国占领了汴京，但他们知道很难就此控制宋地，于是找了一个傀儡，就是张邦昌。

被迫称帝的张邦昌

张邦昌在宋史上是有点名气的，不过是臭名而不是芳名，他也位列《宋史》中"叛臣"的第一位，他和后来的刘豫可并称北宋最臭名昭著的两大奸臣。

张邦昌在徽宗时期是尚书右丞，钦宗继位后成为少宰，是中央大员之一，但从金人入侵之始他就是投降派，力主割地求和，被时人认为是奸臣。但金人却相当欣赏他，因此金人占领汴京后，一开始就由他代理朝政，后来当金人要立一个傀儡当皇帝时，他自然是第一人选。

据说当时百官唯唯诺诺，只有未来的大卖国贼、当时的御史中丞秦桧不同意，据史书载：

秦桧抗议说应当立赵氏的皇族宗室，又说张邦昌在徽宗时代就一天到晚吃喝玩乐，阿谀奉承那些掌权的奸臣，和他们朋比为奸，误国乱政，实际上是大宋国家破亡的罪魁祸首。①但秦桧的抗议不管用，因为金国人正需要这样的人来当傀儡，因此不但把秦桧抓了起来，还让张邦昌当了皇帝。

这是1127年的事。实际上张邦昌自己并不想当这个皇帝，但金人威胁他，说要是他不当皇帝就要在汴京屠城，张邦昌迫不得已，这才勉强登基，对此史书也有记载：

张邦昌住进了中央的尚书省，金人不停地催促他，要他当皇帝，张邦昌一开始坚决不肯答应，于是就有金人说："你不但此前不战死在汴京城外，今天还要杀了汴京全城的人吗？"这时候金人就捧着皇帝的金册宝玺到了，张邦昌只得朝北拜了几拜，接受了宝册，登基成为伪帝，伪国号为大楚，还准备定都金陵。②

之所以要向北跪拜，是因为当时徽宗与钦宗都被囚禁在北边。但即使登基了，他也不敢自称皇帝，对百官自称"予"而不是"朕"，颁下的诏书也不称诏书而称"手书"，众臣一般也不称他为"陛下"，只有最拥戴他的王时雍常称他"陛下"，还被张邦昌斥责。

后来金人走了，就有人劝张邦昌，说他理当拥戴康王赵构，由于赵构不在汴京，应当先由仍在汴京的哲宗的元祐皇后垂帘听政。张邦昌也

---

① 原文参见脱脱，等．宋史[M]．北京：中华书局，1985年，列传第二百三十四．
② 原文参见脱脱，等．宋史[M]．北京：中华书局，1985年，列传第二百三十四．

都答应了。这时候王时雍劝道:"人要是已经骑上了老虎,就不能随便下来。您一定要多想想,想清楚,否则将来因此遭受大难,就后悔莫及了。"① 但张邦昌不听。还给赵构写信自明心志,说只是被金人强迫才暂时登基,目的只是使大宋百姓免于生灵涂炭,并不敢真的当皇帝。后来还把宋帝的座驾和服饰等送到南京,最后自己也去了南京,在赵构面前"伏地恸哭请死",赵构安抚了他一番,表示原谅。

这事本应就此了结,至少张邦昌可以活下去。但后来一桩事被泄露出来,就注定张邦昌活不下去了。据史书记载,事情是这样子的:

当初张邦昌住进了皇宫之内,华国靖恭夫人李氏多次派人送水果给张邦昌,张邦昌也给了她丰厚的答谢。一天晚上,张邦昌喝多了,李氏抱着他说:"皇上,我们的事已经到了这个份上,还要多说什么呢?"于是伸出红色衣袖下香艳艳的胳膊,半抱着张邦昌,把他拉进了福宁殿,当天深夜还把自己的养女陈氏打扮一番,献给了张邦昌。后来当张邦昌回自己住所去时,李氏亲自送他回去,还责骂了抬轿子的人。②

这情节颇像小说吧!这在《宋史》中也是很独特的一节,后来还真有古代的艳情小说描述了这一场景。这位华国靖恭夫人李氏是宋徽宗的宠妃,自然很美,她可能很会隐藏自己,所以躲过了金人的搜索。张邦昌登基后,她想要得到新皇帝的宠幸,于是主动找上门来,有一天张邦昌喝多了,华国夫人一把抱住了他,张邦昌又不是什么正人君子,哪里经得住这样的诱惑,两人就这样成其好事了。不止如此,华国靖恭夫人当天晚上还把自己一个年轻美貌的养女送给张邦昌,等于母女俩同时侍候他,张邦昌自然大乐。

这样的事本来应该隐秘些,但华国夫人却唯恐别人不知道她和新皇

---

① 原文参见脱脱,等. 宋史[M]. 北京:中华书局,1985年,列传第二百三十四.
② 原文参见脱脱,等. 宋史[M]. 北京:中华书局,1985年,列传第二百三十四.

帝的事儿，大概以为这样她将来就能当皇后了，于是公然送张邦昌出宫，还坐进了他的轿子，甚至斥责抬轿子的人。那人心中既生气又鄙视，就把这事泄露出去了。后来这事传进了赵构耳朵里，张邦昌因此被赐死，当然这是后来的事。至于李氏，赵构倒是没有杀她，而是把她打了一顿后许配给了一个普通士兵当老婆，可能就是那个抬轿子的。

张邦昌其实也可以不死的，是他自己放弃汴京和帝位，跑到远在应天府的赵构那里去了。

北方总得有人治理，于是金人就立了刘豫为帝，建了一个新的伪朝——"大齐"。

盗墓皇帝刘豫

刘豫生于1073年，从小就品行不好，偷过同舍生（今指同学）的东西。但他很会读书，宋哲宗时期中了进士，徽宗时成为殿中侍御史，有人揭发了他偷东西的丑事，皇帝虽然帮他遮掩过去了，但心中还是看不起他的。据说他曾上书谈礼制的事，徽宗讥笑他道："刘豫只是一个河北的乡巴佬，怎么可能懂得礼制？"[1]这样的讽刺狠狠打击了刘豫的自尊心，他自然不会再忠于宋朝了。

后来金人入侵，刘豫很害怕，先是弃官逃跑了，后来被任命为济南知府。当金军攻来时，他装模作样地抵抗了一番，但在金人的利诱之下很快就答应投降，甚至杀了手下一个坚决抵抗的将领。由于济南百姓不愿投降，刘豫竟然自己从城上抓着绳子下来，投奔金军大营。看到刘豫投降的意志这么坚决，金军统帅十分欣赏。

这时候金军的统帅是完颜宗弼，就是《岳飞传》中的金兀术，他是

---

[1] 原文参见脱脱，等. 宋史 [M]. 北京：中华书局，1985年，列传第二百三十四.

完颜宗望的弟弟，金国朝廷中最反宋的人，也是后来攻宋的金军统帅。他很喜欢刘豫，把大片土地交给他治理，后来干脆封他为皇帝，国号大齐，刘豫成了大齐皇帝，统治原来北宋所属的黄河以南之地，包括汴京在内。这是1130年的事。

后来也有人劝刘豫和张邦昌一样投奔赵构，刘豫答道："你没有看见张邦昌的下场吗？事情已经到了这个地步，还有什么好说的呢！"① 刘豫一句话就堵住了提议者的嘴，张邦昌投奔赵构的下场就是死，他刘豫还会这么傻吗！

大齐完全是金国的傀儡政权，连年号都是用金国的。一开始定都大名府，后来迁到了汴京。不但统治着大片土地，还有军队十多万人，表面上相当强大。一开始刘豫还想好好当皇帝，和刘邦一样曾和百姓约法三章，百姓只要有本事的就可以当官，不考虑出身，但很快就原形毕露了。刘豫在河南、汴京分别设置了"淘沙官"，两京的坟墓几乎被他挖完了。又大肆征收苛捐杂税，使得民不聊生。②

他还多次发兵攻打已经建立起来的南宋，有胜有败，但败者居多。后来赵构御驾亲征，刘豫抵挡不住，向金帝求救。这时候的金朝皇帝已经是完颜亶即金熙宗了，他看到刘豫如此腐败无能，拒绝救他，后来干脆废了他，刘豫还想哀求当时直接控制他的金军统帅之一挞懒（完颜昌）怜悯：

刘豫哀求挞懒可怜可怜他，挞懒说："当初赵家的少帝离开汴京时，百姓们燃顶炼臂，从很远的地方都可以听到他们哭号的声音。现在废了你，连一个可怜你的人都没有，你为什么不好好地自责、反省一番呢！"

---

① 原文参见脱脱，等. 宋史 [M]. 北京：中华书局，1985年，列传第二百三十四.
② 原文参见脱脱，等. 宋史 [M]. 北京：中华书局，1985年，列传第二百三十四.

刘豫听了，顿时哑口无言。①

这话说得冠冕堂皇甚至义正词严，把刘豫说得惭愧万分。上面的"燃顶炼臂"就是以点燃的香火烧灼头顶和手臂，是当时一种表达极度的虔诚与忠诚的方式。

但金人并没有杀刘豫，而是改封他为曹王，他直到1146年才去世，活了83岁。

一个奸臣卖国贼能够如此寿终正寝，也算是命大。

废了刘豫后，金人就重新任命了官员，直接统治汴京了。

他们采取的办法是"诸军悉令归农，听宫人出嫁"。要刘豫的军士们解除武装去当农民，还让汴京中原来的宫女出宫嫁人，所嫁大概率是这些军士。原来的士兵有田种了还找到了美貌的妻子，自然归顺，百姓也开始安定起来。

刘豫之后，金人直接统治了原来黄河以南、淮河以北辽阔的北宋故地。

这时候原来宋朝的其他领土呢？当然是归赵构统治了，这时候他已经建立了南宋。

当然所谓南宋是后人这么称呼的，南宋的国号还是宋，只是后人为了与靖康之难前的宋朝区分称之为南宋，此前就是北宋了。

这里的南北是以地域来分的，因为南宋的统治地区是中国南方，主要是长江以南之地，因此称之为南宋。

---

① 原文参见脱脱，等. 宋史[M]. 北京：中华书局，1985年，列传第二百三十四.

第二十一章

苗刘兵变

时间：高宗时代　1126年　1127年　1129年
地点：南京（商丘）　临安
人物：赵构　谢克家　苗傅　刘正彦　王渊　康履
事件：赵构在金营　赵构称帝　苗刘兵变

以靖康之变为分水岭，宋朝分为前后两朝，前朝是北宋，后朝是南宋。南宋是由赵构建立的。

赵构是怎样成为皇帝的

高宗名赵构，是徽宗的第九子，据说他出生时就"赤光照室"，这是要当皇帝的吉兆。长大之后，他也显示了非凡的天资，"资性朗悟，博学强记，读书日诵千余言，挽弓至一石五斗"[①]。读书一天能记住一千

---

① 脱脱，等. 宋史[M]. 北京：中华书局，1985年，本纪第二十四.

多字，还能力挽强弓，真是少见的文武双全！

由于只是第九子，一般来说是不能当皇帝的，因此长大后赵构就被封公封王，还当了节度使，去外地就任了。

到了1126年，金军大举南侵，包围了汴京，靖康之变开始。

这时候宋徽宗已经退位，钦宗在位，他向已经攻到汴京的金军求和，并同意割让太原、中山、河间三镇给金国。钦宗还派了赵构和张邦昌一起去金军统帅完颜宗望的大营中议和。赵构在金军大营中逗留了十来天，张邦昌吓得发抖，但赵构毫无惧色，一副气定神闲的样子。

不久就发生了前面说过的姚平仲擅自夜袭金军大营的事，他的目的是救赵构出来，事后金人前来问罪，张邦昌看见金人气势汹汹的样子，吓得哭了起来，但赵构依然从容不迫。完颜宗望觉得奇怪，这位皇子和徽宗、钦宗这些胆小鬼太不一样了，他甚至认为宋朝的皇子不应该有这样的勇气，便对钦宗说要换一个皇子来，于是钦宗就派了肃王去。不久肃王真的到了，再次答应割让太原等三镇之地。此后肃王就和张邦昌留在金营中为人质了，赵构却得以脱身。

不久金军就攻克了汴京，把徽宗、钦宗以及大批皇室成员都掳往金国去了，这就是1127年的靖康之难。

赵构这时候已经到了河北，在相州建立了河北兵马大元帅府，由于他几乎是宋朝皇室未被金人俘虏的唯一正统后裔，因此得到了广泛的支持。

不久，曾经亲历靖康之难惨状的谢克家带着大宋传国玉玺"大宋受命之宝"到了济州。得到了传国玉玺就相当于得到了大宋的天命传承，于是众臣和当地父老纷纷请赵构登基为帝。这时候老将宗泽传来书信，说南京居于天下之中，可成为帝王基业之地，而且这里交通便利，尤其漕运特别方便，因此建议在南京登基。

赵构一听有理，于是前往南京。这里的南京可不是今天的江苏南京，而是现在的河南商丘，当时被称为应天府，又称南京。

1127 年 6 月，他在应天府登基称帝，赵构就成为了宋高宗。

高宗登基后，由于北方已经山河破碎，加上金军随时可能杀来，因此决定南迁。他先到了扬州，再渡过长江到了镇江，最后于 1129 年初抵达临安（今浙江杭州）。

当高宗到达杭州时，粘罕已率军攻克了重镇徐州，并在沭阳大败了名将韩世忠，还攻占了淮阳，直抵扬州。若不是有长江天险，金人不习水战，南宋又有灭国之虞了。

所谓福无双至，祸不单行，就在这样的危急之时，南宋内部又发生了一场大乱，就是苗刘兵变。

搞兵变的苗、刘死得很惨

苗刘兵变在南宋史上算得上是大事，《宋史》中有比较详细的记载。

苗就是苗傅，他是上党人，父亲当过朝廷的殿前都指挥使，赵构建立大元帅府后，他跟着上级率军勤王，后来当了统制官，率领部下八千人驻守杭州。

刘是刘正彦，他是右军副都统制，手下有三千精兵。刘正彦就用这三千兵马镇压了当时的一个小规模起义，因功被封为威州刺史。但他的一个手下却获得了更重要的任命，刘正彦因此愤愤不平，甚至萌生了反意。

后来他率军入驻杭州，不久高宗也到了杭州。这样一来，驻守杭州的就是苗傅和刘正彦了。他们的级别都不高，却担当着保卫新都与皇帝的重任。但此时他们心中都有了反意，刘正彦是因为觉得朝廷赏赐不公，苗傅则是因为痛恨王渊。

王渊是当时的朝廷重臣，立了不少军功。那时候天下大乱，大小起义、叛乱不少，许多都是王渊平定的。他不但功劳大，而且品德高尚，为官清廉，对此史书也有记载：

王渊为将轻财好义，家中连隔夜粮都没有，他经常说："朝廷给官员的俸禄就是不要他去种地收粮，如果我想要种地，那么为什么还要当官拿俸禄呢？还不如去当富商得了。"当初高宗刚到南京时，听说王渊病了，就派了宦官曾泽去探病。曾泽回来后，说王渊床上连帐子被子都没有，高宗于是卸下自己睡的紫茸茵帐子和被子，赐给王渊。①

王渊这样的人本来应当被大加赞美的，但他却犯了一个错误，就是和宦官关系太好，特别是和当时掌权的大太监康履关系极好。这在当时是很敏感的，于是坊间就有人传言他是靠和康履的关系才当上大官的。

由于和宦官结交，也因为王渊本人行事的确有些独断专行，诸将众臣之中不少人都恨王渊，其中就包括苗傅和刘正彦。

他们仗着自己掌握着军队，决定杀了王渊。

这天，刘正彦带着一些士兵埋伏在杭州城北一座桥下面，这里是王渊退朝后回家的必经之地。当王渊经过时，伏兵四起，刘正彦顺利抓住了王渊，诬称他和宦官勾结想要谋反，亲手杀了王渊，然后派兵包围了康履的府第，又到处搜捕宦官，甚至只要抓到没胡子的成年男人就全都杀掉。

做完这些后，苗、刘二人提着王渊的首级率军直抵皇宫，把守宫门的统制吴湛早就暗地里和他们勾结好了，让苗傅的使者进了宫门，告诉高宗说苗傅不是造反，只是为天下除害。

高宗见状只得登上了皇宫城楼，下面就是叛军了。看见高宗，军士们还是山呼万岁，倒地下拜。高宗问他们为什么要造反，苗傅大声责备

---

① 原文参见脱脱，等. 宋史 [M]. 北京：中华书局，1985 年，列传第一百二十八.

高宗，说他只信任宦官，军士有功不赏，只要私通宦官就可以当大官、得美差，王渊遇敌怯战，却因为和康履勾结就当上了宰相。他苗傅立了大功却只是个团练小官。还告诉高宗他已经杀了王渊，要求高宗诛杀了宦官、奸臣以谢天下。

一开始高宗升了苗傅和刘正彦的官，想要就此平息叛乱，但哪里行得通！无奈之下，他只得把康履交给了叛军，康履马上就在城楼下被残酷地腰斩。

但苗傅还嫌不够，后来甚至逼高宗下台，如史书载：

苗傅还放肆地口出恶言，说："皇上你不应当即大位，等将来二圣回归，你怎么办？"高宗将朱胜非用绳子从楼上吊下来，委婉地劝苗傅。苗傅又要请隆祐太后一起听政，并要求遣使向金国议和。高宗也答应了，并当即下诏，请太后垂帘听政。[①]

苗傅在这里直言高宗根本没资格当皇帝，说要是将来徽宗和钦宗回来他就麻烦了。这番话应该对高宗产生了巨大影响，使他真的考虑到了这种可能性，倘若将来父兄二帝回归，他就没资格当皇帝了。于是此后他的许多行为就都是为了保住自己的皇位，包括岳飞之死也与此相关。

这次高宗妥协了，后来真的退位，由三岁的太子登基，并由哲宗的皇后隆祐太后垂帘听政。然后高宗被送进了显忠寺，只留下宦官十五人服侍。

此后的事就不细说了，简单来说就是苗、刘只掌握了政权，但手中并没有强大的兵力，而且他们本来就只是武夫，没什么深谋远虑，在宰相朱胜非等的迷惑之下，并没有采取进一步行动。但这时驻守各地的大将如张浚和韩世忠等都已经得知了苗、刘的叛乱，于是率军攻向杭州。

---

① 原文参见脱脱，等. 宋史[M]. 北京：中华书局，1985年，列传第二百三十四.

苗傅大惊，一开始想到了一个简单的办法，就是利用自己掌控朝政，下诏贬张浚为黄州团练副使，要是张浚真的就此走了，张浚的军队就散了，没法平叛了。但在部将的劝说之下，张浚没有理睬，继续向杭州进军，并与刘光世、韩世忠等联名传檄天下勤王，正式宣布要讨伐苗、刘。

听到这样的消息，苗、刘二人大惊，自知没法和讨伐大军对战，于是就让高宗复位，两人被迫离开杭州，率残军到处流窜。但他们已经是过街老鼠，在以韩世忠为主力的大军的围剿下节节败退，两人都先后被捕，他们最后的结局是"磔于建康市"[①]。

"磔"就是剐，又名"寸斩"，就是俗话说的"千刀万剐"，把人的皮肉一刀一刀地割下来，让人活活痛死或者慢慢地流血而死，而且刑期往往要持续几天，死得快了刽子手还要受罚，这是中国古代最残酷的处死方法之一。

这是1129年7月的事，苗、刘从开始兵变到被残酷处死，前后持续不过4个来月。

---

① 脱脱，等．宋史[M]．北京：中华书局，1985年，列传第二百三十四．

第二十二章

英雄夫妇

时间：高宗时代　1120年　1129年　1130年

地点：杭州　清溪峒　临淄河　济州　镇江　楚州

人物：韩世忠　高宗　张师　梁红玉　金兀术

事件：镇压方腊起义　破釜沉舟　妓女识英雄　大战黄天荡　退隐西湖

平息苗刘兵变之后，南宋朝廷终于在临安站稳了脚跟。

但天下还远没有安定，因为此时金军正在南下，与宋军展开了大战。除宋金大战外，这时候还发生了其他战事，例如著名的钟相、杨么起义等，相当复杂。因此必须找到一条线索来把这些复杂的战事贯穿起来。

这条线索就是人。这些人都是南宋，也是中国历史上的名将，其中有两个更是国人耳熟能详的英雄人物——韩世忠与岳飞。

其实除了这两人外，南宋还有三位名将，他们的功绩都不亚于韩世忠与岳飞，只是因为一些原因，在历史上的名声不及韩世忠与岳飞响亮，但论到抗金的战绩则可以说不亚于韩、岳。

这三个人就是吴玠、吴璘、刘锜。下面将以韩世忠、吴玠、吴璘、刘锜、岳飞五人为线索讲述从1129年镇压苗刘兵变到1142年宋金签订"绍兴和议"之间的战事。

先来讲韩世忠。

穷小子勇冠三军

《宋史》对韩世忠的介绍相当精彩：

韩世忠，字良臣，延安人。他身材伟岸，骨相清奇，而且目光如电，炯炯有神。他早年就勇气超群绝伦，能骑未被驯服的野马。他家里很穷，没有什么财产，但他特别喜欢喝酒，而且意气用事，不喜欢拘束。某天有个人说韩世忠将来要当大官，位列三公，韩世忠大怒，认为他是在讽刺自己，把那人打了一顿。十八岁时韩世忠凭借勇敢胆大在家乡应募当了兵，从此入伍。他能在奔驰的马上挽强弓射箭，勇冠三军。[①]

"勇冠三军"是原文中就有的，能够当得起这种形容词的人在整个中国战史上也是少有的。

1120年，方腊在浙江率众起义，多次大败宋朝的地方部队，占领了不少地盘，包括江南首富之地杭州。朝廷震动，派童贯率大军镇压，其中有一支军队就是由王渊率领、从陕西过来的，韩世忠当时就是王渊的偏将。

前面讲方腊起义时讲到了镇压方腊的关键一战就在杭州，当时说得很简略。这一战实际上并没有那么简单。当时方腊军势正盛，官军震恐，童贯都吓得有些手足无措，这时候是韩世忠站了出来。

反贼们大群拥来，朝中大将既害怕又束手无策。韩世忠派了两千兵

[①] 原文参见脱脱，等. 宋史[M]. 北京：中华书局，1985年，列传第一百二十三.

马埋伏在北关堰，反贼们经过时，伏兵齐发，反贼大乱，互相踩踏，韩世忠率军猛击，反贼大败而逃。王渊叹道："真是万人敌啊。"立即把随身携带的所有金银都赏给了韩世忠，并且和他相约成为好朋友。①

韩世忠带领两千人马通过埋伏就打败了方腊，被王渊称为"万人敌"。"万人敌"指有万夫不当之勇，这是古代对一位武艺高强的战将最高的称许之一了，过去只有项羽、关羽、张飞这样的人才能称为"万人敌"，整个宋朝能当此称呼的恐怕只有韩世忠和岳飞了。

兵败杭州后，方腊率残部逃到了老巢睦州的清溪峒。这里山高林密，还到处是幽深的洞穴，方腊以为官军不敢跟过来。但他想错了，因为一般的官军的确不敢来，但韩世忠敢！接下来的事，史书是这样记载的：

韩世忠一路穷追不舍，一直追到了睦州的清溪峒。反贼盘踞在深深的岩洞里，并且分为三个洞窟。众将相继到达，都不知道怎样才能进去。于是韩世忠一路悄无声息地行进，到了一条下有小溪的山谷里，遇到了一个当地女人，从她那里探听到了前往方腊所居岩洞的路径。他立即挺起身来，手握长戈，勇往直前，穿过了好几里的险峻之地，终于到达了反贼的巢穴，他亲手格杀了几十人，最后活捉方腊，还把他从洞穴里带了出来。②

由此可见，方腊实际上是由韩世忠镇压的。但这次韩世忠没有得到奖赏，因为他的一个上级带兵在洞口堵截，把方腊从韩世忠手中抢了过去，邀功请赏去了。

---

① 原文参见脱脱，等. 宋史 [M]. 北京：中华书局，1985 年，列传第一百二十三.
② 原文参见脱脱，等. 宋史 [M]. 北京：中华书局，1985 年，列传第一百二十三.

楚霸王再世

　　1126年，金兵杀过来了，在李纲主持下，宋徽宗退位，钦宗即位。韩世忠跟着梁方平驻扎浚州。由于梁方平没有做充分准备，在金兵打击之下大败而逃。韩世忠虽然英勇奋战，但独木难支，被金兵重重包围，但他如长坂坡中的赵子龙一样，勇不可当，冲出了敌军的重重包围。不仅如此，他还烧掉了金兵过河必经的桥梁，成功地阻截了金兵的进一步行动。

　　宋钦宗听说了他的英雄事迹，亲自召见了他，封他为武节大夫。

　　正在此时，胜捷军的张师正打了败仗，被朝廷处斩。张师正的部将李复起兵反叛。山东一带群起响应，很快就有了数万人马。朝廷派韩世忠率军镇压，但韩世忠的兵力不过几百，只有敌军的百分之一。

　　即使兵力如此悬殊，韩世忠也毫不退缩，这样一来就发生了以下可以载入战史的英勇事迹：

　　韩世忠到了临淄河，兵力不到一千，他将士兵分为四队，下令一路在身后布满铁蒺藜，等于是自断归路，并且下令道："进则胜，退则死，前队敢逃走的由后队格杀勿论。"于是大家连头都不回，一路拼命向前，殊死奋战，结果大败敌军，还斩了李复。叛军的残部往北奔逃，官军乘胜追击，一直追到了宿迁。这时候反贼们还有万人，他们抱着女人，还杀了牛，正在豪饮。韩世忠一个人骑着马，在晚上到了敌营，他大声呼喊道："朝廷大军已经来了，只要你们立刻缴枪弃甲投降，我能保全你们的性命，还能大家一起立功扬名。"反贼们被韩世忠的勇敢吓得腿都软了，立即请求投降，并且跪着奉上牛肉和美酒。韩世忠下得马来，还解下了马鞍，把酒肉一扫而光，反贼们就此全部归降。①

---

① 原文参见脱脱，等. 宋史[M]. 北京：中华书局，1985年，列传第一百二十三.

大家都知道项羽破釜沉舟的故事，韩世忠在这里也有异曲同工之妙，他和楚霸王一样英勇无畏，仅以数百人就消灭了百倍之敌，并且彻底平息了叛乱。

如此英雄的事迹恐怕只有古希腊温泉关前李奥尼达率领的三百斯巴达勇士大战波斯人上百倍的大军可以相比！而且韩世忠比李奥尼达还要厉害。理由有二：一是韩世忠可没有天险的温泉关可以倚仗，他甚至于不是防守，而是主动进攻；二是他胜利了，李奥尼达和他的三百勇士则全军覆没。

这次韩世忠的功绩得到了朝廷嘉奖，他被升为左武大夫、单州团练使，驻扎在滹沱河一线。这时候他得知王渊在河北，金兵围攻甚急，于是迅速率军前往，但被大批金军包围，几乎弹尽粮绝，也没有后援。这时部下建议他突围逃走，但他不听。这天晚上下起了大雪，他半夜时分率领三百敢死队员直捣敌营。金军想不到已经穷途末路的宋军敢主动来攻，一时间惊慌失措，又在黑夜之中分不清敌我，许多人自相残杀起来，到了早上就全军弃营，大败而逃。

这就是韩世忠，从不慌乱，也从不退缩。

这时候赵构已经到了济州，韩世忠率军入城驰援。不久金兵发起了凶猛的进攻，韩世忠率军死战，击退了敌军。但金军越聚越多，达数万之众。韩世忠手下只有千人，他竟然匹马单枪杀入金军大营，于万军之中取金军将领之头，再度大败金军。

前面说过，1129年时发生了苗刘兵变。韩世忠听说他们竟然敢逼高宗退位，不由得大怒，发誓和反贼不共戴天！后面的事已经说过了，他成功地铲平了叛乱，将苗、刘二人抓获，并且凌迟处死。

妓女识英雄

就在镇压苗刘兵变时还发生了一件事，引出了另一个与韩世忠相关的重要人物，就是他的妻子梁红玉。

梁红玉也是我国历史上的名人，最有名的女将之一。她的身世在《宋史》上并没有记载，但其他古籍上有记载，如《鹤林玉露》中这样说：

韩世忠的夫人原来是京口地方的妓女。有一天五更时分进了官府，去伺候参加庆典的人。忽然在一座庙的柱子下她看见一头猛虎，正躺在那里睡觉，还发出阵阵鼾声，她吓得赶紧跑了，还不敢声张。后来大家都到了，她又去那里看，原来是个小兵。她踢了一下，把他弄醒，问他的姓名，原来叫韩世忠。她起了一种异样的心思，于是悄悄回去告诉母亲，说这个小卒肯定不是普通人。接着便把他请到家中，准备了好酒好肉，到晚上两人便纵情鱼水之欢，彼此深深地爱上了对方，她送给韩世忠不少银子，两人还相约结为夫妻。①

后来韩世忠发达了，真的回去娶了她。苗刘兵变后，她和丈夫一起率军杀向临安，在临平与叛军大战。战斗中韩世忠是这样表现的：

韩世忠下了战马，徒步拿着武器往前冲去，他对将士们道："今天我们要以死报国，只要脸上没有受几处伤的人全都要斩！"于是将士们都一往无前，拼命杀敌。有反贼张开了神臂弩，已经拉满弓了，就在准备击发时，韩世忠双眼圆睁，大喝一声，高举大刀，往前扑去，一刀就将拉弓的反贼劈成了两半，这时候箭还没有来得及发射出来。此后反贼大败。苗傅、刘正彦只好带着两千精兵，打开涌金门逃跑了。②

打败苗、刘后，韩世忠进宫去见高宗，于是就出现了这样的情景：

---

① 原文参见罗大经. 鹤林玉露：丙篇[M]. 上海：上海古籍出版社，2019年，卷二.
② 原文参见脱脱，等. 宋史[M]. 北京：中华书局，1985年，列传第一百二十三.

韩世忠快马驰向皇宫，高宗步行到了宫门口，握着韩世忠的手大哭道："中军的吴湛帮助逆贼最过分，现在还在我身边，能先杀了他吗？"[1]

这里高宗看到韩世忠后，就像小孩子那样哭了起来，抓着他的手，真是满脸的委屈，还告了看守宫门的中军吴湛一状，要韩世忠先杀了他。韩世忠当然听话，当即跑过去一刀砍了吴湛。后来还亲自率军灭了苗、刘二人，将他们千刀万剐。高宗十分满意，亲手写了两个大字"忠勇"，然后绣在了旗子上，赐给韩世忠，又升他为检校少保、武胜昭庆军节度使，成了朝廷大员。这是1129年的事。

当南宋在苗刘兵变中大乱时，金军在金兀术的统率下大举入侵南宋，顺利渡过长江，攻克了建康（今江苏南京），直逼都城临安，甚至攻破了临安。高宗只得匆匆逃往明州（今浙江宁波）。到了第二年2月，金军又攻到了明州，赵构被迫逃到了海上。

这时候的宋军似乎完全不是金军对手，几乎是每战必败，不少地方的宋军守将更是望风而降，其中包括镇守建康的杜充，南宋到了危急存亡之秋。

但后来由于冬天已过，天气越来越热，金军不习惯南方的湿热天气，加上这时候战力比韩世忠更强的岳飞已经崛起，一再击败金军，于是金军只好北撤。

大战黄天荡

韩世忠决定利用这个机会来一场大战，这就是著名的黄天荡之战了。

此时的金军已经拥有相当强大的水师了，大批船只从临安等地沿着隋唐时开凿的大运河北上，船中装满了掠夺来的金银财宝，将经由镇江

---

[1] 原文参见脱脱，等. 宋史[M]. 北京：中华书局，1985年，列传第一百二十三.

驶入长江，然后渡江撤回北方。

韩世忠决定就在镇江一带与金军决战。

为了迷惑金军的探子，韩世忠先在驻地秀州举办了热闹非凡的元宵节灯会，但随即悄悄率军直扑镇江，一举控制了运河入江口附近的金山与焦山，占据了有利地形，并利用水军在江中布置好了强大的防卫阵形。当金军从运河冲出来时，发现宋军已经做好了充分准备，金军大惊，前锋战将甚至马上就投降了。

金军主力到达后，统帅金兀术（完颜宗弼）看到前方长江水上宋军的战舰已经严阵以待。

但他并不害怕，因为他有10万大军，是宋军的10倍之多。他向韩世忠发出战书，韩世忠慨然迎战。

到了约定的日子，两军就在金山脚下的黄天荡展开大战。金军的目标是冲破江面上的宋军舰阵，顺利渡江北上，宋军的目标就是不让他们过江。两军战船互相冲撞，箭如雨下，刀剑之声、船只相撞之声、两军战士呐喊之声惊天动地，战斗激烈无比，可以说是史上最激烈的内河水战之一。

当战斗最激烈的时候，韩世忠夫人梁红玉亲自擂响了战鼓，使宋军士气更加高涨。金军虽然人多势众，但怎么也冲不破宋军的战阵。

后来在长江北岸的金军统帅挞懒派出大将孛堇太一从江北前来支援金兀术，但在韩世忠亲自率军奋战之下，成功地抵挡住了两支强大金军的前后夹击。后来金兀术看到很难打败韩世忠、渡过长江，表示可以把船上的全部金银财宝甚至自己骑的千里马都送给他，但韩世忠断然拒绝。

两军就这样在黄天荡一带相持了整整48天。这样僵持下去金军就要全军覆没了。无奈之下，金兀术公开出高价求脱困之法。

这时候就有内奸出现了，告诉金兀术黄天荡的另一面距长江不远，可以在此挖开一条大渠，冲进长江后就到了宋军上游，而宋军从下游往上游发起攻击就要难多了。金兀术于是发动一切力量，竟然一昼夜间就在黄天荡开凿了一条三十里长的小运河，从这里顺利冲进了长江，成功地冲破宋军的包围圈，很快顺利渡过长江，逃过了一场大劫。

这是1130年的事。此后战争仍在继续，韩世忠建立了一支特殊的部队——"背嵬军"。

背嵬军的战士们都手持长柄大斧，专门对付金军最强大的战力——骑兵，长柄大斧既可以举起来砍马上的骑士，又可以往下砍战马的脚杆。通过这样的战法，韩世忠在长江之北不断击败强大的金军，金军损失惨重。

这些胜利极大地鼓舞了南宋军民的士气，众臣纷纷祝贺高宗，高宗不由得得意地说："韩世忠既忠诚又勇敢，我知道他肯定会成功的！"群臣的马屁之声更是响彻云霄。当中既有拍高宗马屁的，也有颂扬韩世忠的，大家公认韩世忠是"中兴武功第一"[1]。

此后韩世忠被封为武宁安化军节度使、京东淮东路宣抚处置使等职，驻扎在楚州，即今天江苏省中部、长江之北的淮安市一带，作为防卫金军南下的屏障。结果就是："世忠在楚州十余年，兵仅三万，而金人不敢犯。"[2]

由于韩世忠已经名震天下，许多北方的义军都和他联络，准备投靠他，一起收复被金军占领的大宋江山。韩世忠也不断上书高宗，请求让他率军北伐。

但他的主张没有被采纳，因为此时的高宗已经没有北伐之心了，南宋的朝政也已经被中国史上臭名昭著的卖国贼秦桧把持了。

关于秦桧的事后面讲岳飞时再说，先说完韩世忠的生平。

---

[1] 脱脱,等.宋史[M].北京：中华书局,1985年,列传第一百二十三.
[2] 脱脱,等.宋史[M].北京：中华书局,1985年,列传第一百二十三.

退隐西湖

当时奸臣秦桧已经把持朝政,极力主张和谈,但韩世忠极力反对,不断在战场上击败金军。金军统帅金兀术和金人朝廷已经看清楚,只要韩世忠在,他们就不可能灭掉宋朝,加上这时候岳家军也已经声名鹊起,威震天下,屡屡大败金军,金人只得认真地提出要和谈了。

这当然正中秦桧与宋高宗下怀,他们立即紧锣密鼓地与金人议和。

为了保证议和成功,朝廷不但将韩世忠、岳飞等名将从抗金前线调回来,而且剥夺了他们的兵权。

韩世忠知道大势已去,朝廷不可能继续抗金了,只得极其无奈地离开楚州。

回到临安后,虽然韩世忠被任命为枢密使,地位相当于宰相,主掌军事,但他一点也不开心。他看到秦桧专权,与金国的议和不可避免,心灰意冷之下,请求辞官,高宗真的让他辞去了枢密使,他也从此不理朝政,闭门谢客,仍如《宋史》所载:

韩世忠既不同意和议,又被秦桧压制。当魏良臣要出使金国时,韩世忠又极力劝阻,说:"这样的话人们的爱国之情将被削弱,国家实力下降、萎靡不振,谁能够再来振兴?"……韩世忠接连上疏,请求解除自己的枢密使之职,接着又上表要求告老还乡……从此闭门谢客,绝口不提军事,还经常骑着小毛驴,带上美酒,只跟着一两个小童,畅游西湖,貌似自得其乐。[1]

不难看出,虽然韩世忠在西湖之上优哉游哉地泛舟,表面上快乐自在,但心中的愁闷难以言说。这样的行为与其说是快乐与自在,不如说是麻木与悲凉。

---

[1] 原文参见脱脱,等. 宋史[M]. 北京:中华书局,1985年,列传第一百二十三.

就在这样的麻木之中，时光飞逝而过。到了 1151 年，韩世忠去世了，终年 62 岁。

在韩世忠传记的最后，《宋史》对他做了这样的评价：

古人说过："天下安定之时，要注意谁当宰相；天下危难之时，要注意谁为大将。"当时大宋正是靖康、建炎年间，天下处于存亡危急之秋，有韩世忠这样智勇双全又忠于国家的人为将，这是上天帮助大宋走向复兴。当金兀术渡长江时，只有韩世忠和他对战，这时候他表现得很清闲的样子，并没有大举北伐的意思。等到刘豫被废、中原人心动摇时，他立即请求朝廷趁机北伐，可谓机不可失，但高宗却只听奸臣秦桧的话，使韩世忠不能尽情发挥他的才干。后来和议成了，宋朝也大势已去。到了晚年他退居杭州，从此闭口不再谈军事，连以前的部下与旧将都不再见面，这都是因为有了岳飞的前车之鉴。过去汉文帝渴望拥有前代廉颇和李牧那样的名将，现在宋朝有韩世忠这样的人却不好好利用，真是太可惜了！①

是啊，南宋朝廷可以说白白浪费了韩世忠这样的一代将才，使得北方不可光复，只剩下半壁江山，的确可惜。

至此讲完了韩世忠的事迹，接下去要讲的是吴玠、吴璘以及陕西一带的战争了。

---

① 原文参见脱脱，等. 宋史 [M]. 北京：中华书局，1985 年，列传第一百二十三．

第二十三章

兄弟豪杰

时间：高宗时代　1129年　1130年　1131年　1133年

地点：陕州　彭原店　饶风关　仙人关　汉中

人物：李彦仙　邵云　吴玠　吴璘　娄宿　金兀术　完颜撒离喝

事件：陕州全城被屠　吴玠吓哭敌将　和尚原之战　血战饶风关　再战仙人关　吴璘守汉中

北宋的领土可以分成四大块，分别是以长江为界的传统的北方、南方，以陕西为中心的西北地区以及以四川为中心的蜀地。

此前，当金军入侵时，与宋军展开大战的战场主要是北方与南方，蜀地由于中间还隔着一个陕西，不与金国接壤，因此比较安定。

但以陕西为中心的西北地区是与金国接壤的，特别是在金国占领山西一带后，陕西就直接与金国的广大地区连接起来了，成了宋朝的边防前线。金国当然不会容忍陕西一直属于宋朝，于是早就开始了向陕西的进军。

残酷无比的陕州血战

1127 年，金军占领汴京、酿成靖康之难后不久，就开始了向陕西的进军，第一仗打的是陕州。

陕州的守将是李彦仙，他也在《宋史》上留下英名，在这里打出了整个金军征陕西战争中最为悲壮的一幕。

李彦仙很早就胸怀大志，为人直爽，精于骑马射箭，后来从军，一开始是名将种师中的部下，因为杀敌有功，升为校尉。

1127 年，金军攻入汴京，宋军大败，陕州也被金军攻占了。李彦仙当时是陕州的石壕尉。当金军攻来时，他没有与强敌硬拼，而是先假装战败，金军在后紧追，不久周围伏兵四起，金军大惊，被大杀一通，败走。李彦仙在后紧追，乘势收复了陕州。

此后他继续进军，收复了被金军占领的不少地盘。

这样的胜利，对当时面对金军几乎每战必败，连汴京都丢了的宋高宗朝廷而言是天大的好消息，高宗甚至兴奋得睡不着："近知彦仙与金人战，再三获捷，朕喜而不寐。"[①] 马上任命李彦仙为陕州知州。李彦仙在陕州城内加强守备，严阵以待金军，同时还把自己的所有家小都搬了进来，告诉大家："我要以家殉国，与陕州共存亡。"

1129 年，金军大将完颜娄宿率军大举来攻，李彦仙早就料到了他的进军路线，在半路埋下伏兵。金军经过时，宋军出其不意地从两边山中冲了下来，发起猛攻。金军大败，几乎全军覆没，只有统帅完颜娄宿跑了。

不久，完颜娄宿做了精心准备后，又统领十万大军杀到了陕州城。

金军分为十部，每天轮流以一军攻城，由于每一军攻一天就可以休息九天，自然精力充沛，守城的宋军则必须每天都要面对金军优势兵力

---

① 脱脱，等. 宋史 [M]. 北京：中华书局，1985 年，列传第二百七.

的猛攻，几乎片刻都不得休息。

李彦仙面对如此强敌与危局，不仅毫无惧色，甚至登上城楼，在上面奏乐，同时悄悄派人用绳索沿城墙吊了下去，烧掉了金军的攻城器具。金人大惊，只得退兵。

但金军对占领陕州志在必得，很快又攻上来了，昼夜不停地猛攻，陕州城内无粮草，外无援军，很快陷入了绝境。

但李彦仙依然拼命奋战，从将领到士兵都整天衣不解甲，随时准备作战。完颜娄宿也越来越佩服李彦仙，他曾经派出使者，告诉李彦仙只要他投降，就会封他为河南兵马大元帅，李彦仙的回答是斩了来使。后来完颜娄宿又派出使者在城下大喊只要李彦仙投降，前面的条件仍然有效。李彦仙在城上高声回答："我宁愿当宋人的鬼也不要你们的富贵。"[1]还一箭就把喊话的人射死了。宋军甚至在城上设置了很多钩索，把那些攻城的金兵钩上去，然后就在城头当着金军将士的面斩杀。

这样一来彻底激怒了金军官兵。他们愤怒之下，更加不要命地攻城。陕州城和李彦仙最后的情景是这样的：

守城者伤亡惨重，人数一天比一天少，金兵却越来越多，陕州城终于被攻克。李彦仙就率军打起了巷战，他身中无数箭，简直成了刺猬，左臂几乎被砍断了，但他作战更加勇猛。金军统帅爱惜他是个人才，出重赏派人去活捉他。但李彦仙换上破衣服，想要过河逃走，说："我不甘心就这样被敌人杀掉。"不久他听说金人在纵兵抢掠甚至屠城，说："金人之所以要在这里屠城，就是因为我坚守、他们攻不下，我哪里还有脸活下去啊！"于是投河而死，时年36岁。[2]

这就是李彦仙的结局，真是壮烈啊，可歌可泣！

---

[1] 原文参见脱脱，等．宋史[M]．北京：中华书局，1985年，列传第二百七．
[2] 原文参见脱脱，等．宋史[M]．北京：中华书局，1985年，列传第二百七．

即使金军攻入城内、李彦仙也殉国了后,全城百姓依然在奋战,甚至妇女也爬到屋顶,用瓦片砸向金人。

最后陕州全城被屠,所有百姓几乎无一生还。

《宋史》里还记录了李彦仙手下一个英勇奋战,最后惨死的部将邵云。

陕州城破后,邵云被金军抓住了,完颜娄宿说只要他投降,就任命他为千户长,结果是这样的:邵云大骂不屈,完颜娄宿怒极,把邵云钉在城墙上五天后才开始活剐他。有金人靠近来看,他从口中吐出血来,喷到那金人脸上,最后他被活活挖掉眼睛,割下心肝,依然骂不绝口。[1]

真是太残酷太血腥了!这就是1130年的陕州之战。

吴玠吓哭敌将

占领陕州后,金军就打开了从山西通往陕西的门户,长驱直入潼关,下一步就是要占领中国过去的统治中心关中。

金人打算占领关中之后再占领四川,然后从四川顺江东下,攻打江南之地,从而灭亡南宋,这是金军的整体战略计划。

于是,下一步宋金两军就在陕西一带展开了大战,其中包括多场规模较大的战役,如彭原店之战、和尚原之战、饶风关之战、仙人关之战等。

谈到这些战事时,首先就要提到一个人,那就是吴玠。

正是他力挽狂澜,为大宋保住了陕西与四川。

关于吴玠,史书是这样说的:吴玠年轻时就为人沉着冷静,既有毅力又有爱国的志向与气节,他还懂得军事,善于骑射,读过书且能了解其中大意。[2]

---

[1] 原文参见脱脱,等. 宋史 [M]. 北京:中华书局,1985年,列传第二百七.
[2] 原文参见脱脱,等. 宋史 [M]. 北京:中华书局,1985年,列传第一百二十五.

吴玠是陇西人，家乡与西夏相邻，很年轻的时候就从军了，参加了与西夏人的战斗。由于作战勇敢，屡立战功，很快升为军官。后来靖康之难时，当西夏军趁火打劫，进攻宋境时，吴玠率领百余骑兵与西夏军大战，不久成为都统制曲端的副将。

到了1131年春天，金军已经占领汴京并且攻克了陕州，在完颜娄宿与完颜撒离喝的率领下长驱直入关中。曲端派吴玠率军在彭原店一带抵挡。金兵发起猛烈的进攻，但吴玠毫不畏惧，率军正面迎击，打得金军丢盔卸甲，甚至统帅完颜撒离喝被吓得哭了起来，因此金军称他为"啼哭郎君"。[1]

驻队矢与和尚原之战

金军当然不会就此罢休，很快就发起了更加猛烈的进攻。这时宋军统帅张浚不听吴玠规劝，在富平之战中惨败于金军。吴玠收拾残兵，退到了关东凤翔附近的和尚原，此地位于今天陕西西部的宝鸡一带。

吴玠刚到和尚原时，只有临时拼凑来的几千散兵游勇，朝廷也不管他了，大家士气低落，甚至有人想要抓了吴玠和他同在军中的弟弟吴璘送给金人邀功请赏。

吴玠知道了这事后，并没有发怒，更没有把这样想的士兵杀了，而是相反，他把大家找来，慷慨激昂地宣讲了一番忠君报国的大道理，并且提出和大家歃血为盟，约为兄弟，尽忠报国！

如此情景大大地感动了手下的将士们，他们热泪盈眶，纷纷表示要誓死追随吴玠！

金军当然不能让吴玠一直守在和尚原，不久就派出完颜没立和乌鲁

---

[1] 原文参见脱脱，等. 宋史[M]. 北京：中华书局，1985年，列传第一百二十五.

折合率两队兵马准备夹击和尚原，但很快被吴玠击败。

宋高宗大喜，任命吴玠为陕西诸路都统制。他掌控了整个陕西的兵马，也更有底气对付金军了。这是1131年的事。

原来打宋军时几乎攻无不克、战无不胜的金军竟然在吴玠这里连战连败，统帅金兀术既羞又怒，于是亲自统率大军十余万人向和尚原发起了猛攻。

但吴玠早就准备好了，他知道凭借自己的兵力难以与强大的金军精锐铁骑硬拼，于是找到了新式武器与新式战法——驻队矢。

所谓驻队矢就是联结成队的弓箭手，而且这些弓箭可不是普通的弓箭，而是劲弓强弩。弓箭手排列成行，当敌人冲来时，前面的一排先将箭射出去，射完后立即移到后排，这时候后排的箭也已经准备好了，立即射出。他们射完后，再后面的弓箭手也已经准备好了，立即将箭射去。如此轮番操作，两轮或者多轮射箭之间几乎没有间隔。等于随时有如雨般的利箭射向敌人。

面对着这如漫天风雨般飞来的利箭，金军骑兵再强大也攻不上来，只得退兵。但吴玠早就料到他们会退兵，在附近埋伏好了一支奇兵，金军一退，他们立即就冲了出来，发起猛烈攻击。

不但如此，他还派兵断了金军的粮道。金军大惊之下，只得一退再退，但吴玠的伏兵也是一支接着一支地冲了出来。金军越打越怕，越怕越乱。等到了晚上，当被打得精疲力竭又胆战心惊的金军觉得终于可以安顿下来时，吴玠的兵马竟然又来劫营了！

这下金军再也撑不住了，全线崩溃，十多万人马几乎全军覆没，只有金兀术带着箭伤逃走了。

这就是1131年的和尚原之战。吴玠竟然以为数不多的兵力大败由金兀术亲自统帅的十多万大军！这是到目前为止宋军从来没有过的辉煌胜利！它也说明了宋军并非不能战，只是朝廷不会用人而已。

大战饶风关

被吴玠耻辱性地击败后，金兀术只得回到燕山，另外派了完颜撒离喝屯扎凤翔，与宋军相持。

为了更好地对付金军，吴玠派弟弟吴璘镇守和尚原，自己则驻扎在河池（今甘肃徽县）。

完颜撒离喝不敢直接对战吴玠，也不敢打吴璘，于是先派兵驻扎秦州。这里位于要地仙人关附近，他认为只要守住了这里，吴玠就不敢轻举妄动。撒离喝自己则率主力大军攻打上津与金州，不久攻克，接着直扑要害之地饶风关。

饶风关位于今天陕西南部石泉县的饶风岭上，北据秦岭，南倚巴山，地势险要，易守难攻。金军只要占领了这里，就可以直攻四川了。

面对完颜撒离喝这个奇兵之计，这一带的守将相当惊慌，赶紧向吴玠求救。

吴玠得到消息，知道事关重大，率精骑星夜奔来，很快就到了饶风关前的饶风岭，扎下了营寨。他还颇为得意地给完颜撒离喝送去了一个柑橘，说要送给他远道而来的大军解渴。

完颜撒离喝本来就是不想与吴玠对战才用了这个策略的，想不到还是被吴玠占了先机。但箭在弦上，不得不发，他只得硬着头皮率军与宋军大战饶风岭。

战斗异常惨烈，完颜撒离喝和他的战士们横下了心要和吴玠决一死战，以雪前耻。由于宋军占据了山岭，金军只能从山下往上攻。他们派出了重装步兵，不顾性命地往上冲。金军战士三人一组，一人冲锋时，两人就跟在身后，前头的人被杀后，后面的人就顶上来。宋军向他们射出了如雨利箭,但他们冒着箭雨拼命往上冲。冲近后,宋军就把早准备好的大石头砸来,许多金军被砸得粉身碎骨,但他们仍然毫不退缩。

就这样一直打了六天六夜,山下堆满了金军尸体,鲜血脑浆满地横流,眼看又是一次全军覆没。

但这时意外出现了。这意外和当年斯巴达人在温泉关的情形如出一辙,都是内奸坏事。吴玠手下的一个小校犯了错,为了保命,竟然偷偷跑下了山,找到了完颜撒离喝,说他知道一条可以爬到后山的小路,那里山势更高,可以凭高视下,攻打宋军。

这当然管用,吴玠被迫撤退。但金军的胜利是暂时的,他们毕竟孤军深入,没有多久就被迫撤回北方。吴玠设下埋伏,再一次大败金军。

这是1133年的事。虽然在饶风关又吃了大亏,但金军并没有停止进攻的打算,到了下一年,他们又大举攻来,直扑仙人关。

再战仙人关

仙人关位于吴玠所驻的河池附近,即今天甘肃省东南部的徽县之东南。这里西靠嘉陵江,南接略阳,北有虞关,又紧邻铁山栈道,是从关中、天水进入汉中或者说由陕西进入四川的咽喉要地。正因为如此,吴玠才驻军河池,以便牢牢守住这里。

吴玠的主要目的是保护天府之国四川不被金军入侵,而只要牢牢守住了仙人关,金军就不可能攻入四川。因此吴玠果断放弃了和尚原,将主要兵力放到了仙人关。

吴玠还在仙人关旁边新建了一座堡垒,和仙人关形成掎角之势,起名"杀金坪"。

在吴璘的建议之下,吴玠又在杀金坪的后面筑起了第二道营垒。这样等于在仙人关有了三道防线,可谓固若金汤。

1134 年 2 月，金军果然大举攻向仙人关。金军统帅是金兀术、完颜撒离喝，此外还有刘豫的心腹大将刘夔也率军支援，共有兵力十余万人。

金军首先向仙人关发起进攻，但被吴玠轻松击败。于是金军将主要目标对准了杀金坪。这里毕竟没有仙人关的坚厚城墙，金军架起了高高的云梯，猛攻关垒。宋军早就做好了准备，长长的撞竿从垒壁上伸下来，撞碎了云梯，又把长长的矛伸下来，刺向攻城的金军士兵。但金军毫不退缩，进攻越发凶猛。看到有些宋军士兵害怕了，吴玠拔出刀来，在地上画了一道线，对众将说："我们死也要死在这里，再退一步者斩！"众将只得人人奋勇，拼命苦战，终于抵挡住了金军的攻势。

眼看一路强攻不奏效，金兀术又将兵力分成东西两部分，他自己在东面，韩常在西面，两面夹攻宋军营垒。吴璘于是率领精锐之士冲出营垒，就在两边的金军之间来回穿插，以扰乱他们的进攻。但金军人多势众，又不要命地猛攻，杀金坪慢慢就守不住了，吴璘于是下令撤往后面的第二道营垒。

占据了宋军的第一道营垒后，金军又向第二道营垒发起了更猛烈的进攻，战斗异常惨烈：

金国生力军不断涌来，他们身披厚甲重铠，彼此用铁钩连在一起，鱼贯而上。吴璘则以驻队矢轮番猛射，箭如雨下，敌人的尸体一层一层地堆积在关垒前，敌军就踏着这些尸体往上攀登。[1]

但吴玠还在坚守，金军无论用什么样的方式进攻，他总能找到办法来应对。金人用火攻，他早就准备好了许多大酒缸，里面盛满了水，不是浇水，而是把酒缸直接砸向着火点，里面的水涌了出来，很快就扑灭火苗了。吴玠还派出勇将田晟率军冲出营垒，他们手持长刀、大斧分左

---

[1] 原文参见脱脱，等. 宋史 [M]. 北京：中华书局，1985 年，列传第一百二十五.

右出击，晚上还点起明亮的火炬，把大地照得通亮，又擂响战鼓，鼓声震天动地。在这样的情景之下血战，看得宋军将士更是血脉偾张！

就这样，金军眼看就要占领第二道营垒了，但狂攻了一昼夜之后，还是没有成功。

到了第二天，宋军竟然主动出击了，在王喜、王武两位勇将的率领下，一队精锐战士举着紫色与白色的旗子冲进了金军大营。金军大乱，主将之一韩常还被射中了眼睛。这样一来，金军支持不住，连夜败退。吴玠又早做好了准备，在金军逃跑的路上埋下了伏兵，金军正逃时，伏兵突然杀了出来，更把败军吓得魂飞魄散，被大杀一阵。

就这样，在吴玠的统率之下，宋军又取得了仙人关之战的大胜。

关键是这回金军可以说是倾尽了全力，连刘豫也派上了他的主力大军，但仍打不过吴玠。

金军统帅终于认怂，不再打了，放弃了占领四川的美梦。

此后，吴玠继续镇守在仙人关，成了金人西面的一座大屏障，也成了宋朝陕西与四川的保障。

遗憾的是天不假年，1139年吴玠就因病去世了，时年仅47岁。

史书是这样评价吴玠的：

吴玠善于读史书，史书中记载的陈年往事，只要他觉得可以借鉴的就会记录下来，放在案头。久而久之，他的墙壁和窗户上贴满了各种格言。他用兵的方法来自孙、吴兵法，有深谋远虑，不追求眼前小利，因此几乎战无不胜。他对待部下既严厉又慈爱，经常虚心向人请教，接受好的建议。他虽然身为大将，但小兵也可以直接向他发表自己的看法，因此战士们都愿意为他效死力。他选任部将的时候都只看他们的功劳与能力，绝不任人唯亲，权贵也拿他没办法。①

史书原文中有一句"凡往事可师者，录置座右"。

关于吴玠的功绩，《宋史》也做了这样的总结：

当初宋军在富平大败，秦、凤两地都陷落了，金人一心要占领四川，这样一来大宋东南一带就危险了。如果不是吴玠凭一己之力挡住了敌人，恐怕四川早就被金国占领了。②

这就是说：倘若不是吴玠，四川早就不属于宋朝了。而倘若没有了四川，恐怕南宋的半壁江山也难以保住吧，所以吴玠几乎以一己之力挽救了南宋的江山社稷，其功劳之大足可与韩世忠和岳飞相比。

吴璘守汉中

吴玠去世时，弟弟吴璘也已经是名将，战功赫赫，因此顺利接过了兄长的衣钵，仍驻扎在仙人关抵抗金军。

他也在与金军的作战中屡战屡胜，例如1141年金军入侵陕西时，两军在百通坊大战，金军统帅完颜撒离喝由于一再被吴璘打败，面子上过不去，亲自率大军列下了20里的长阵，但仍被吴璘轻松击破。第二年吴璘还乘势收复了已被金军占领的秦州以及陕西东部许多州郡。

就是在这次作战中，吴璘总结过去的经验，结合古代兵法，创制了一种威力强大的新阵法——叠阵法。当时是吴璘主动挑战，并且以叠阵法对付金军，很快大败金军，甚至有上万金军将士投降，这在过去是几乎从未发生过的。

金军统帅胡盏率军逃到了腊家城（今甘肃秦安县）。吴璘率军包围

---

① 原文参见脱脱，等. 宋史 [M]. 北京：中华书局，1985年，列传第一百二十五.
② 原文参见脱脱，等. 宋史 [M]. 北京：中华书局，1985年，列传第一百二十五.

了这里，眼看就要破城，但这时候高宗已经与金国谈和了，下令吴璘退军，并且将陕西和尚原以东的土地割让给了金国，其中就包括腊家城在内。

没办法，君命不可违，吴璘虽然心中极度不愿，也只能长叹一声，撤退了。

此后，吴璘就率军退到了汉中，镇守汉中与四川。

他在汉中兴修水利，使百姓得到了良田千顷，深受百姓的爱戴。

1162 年，吴璘在汉中去世，享年 66 岁。

第二十四章

无敌帅哥

时间：高宗时代　1140年　1141年　1161年
地点：岷州　顺昌　柘皋
人物：刘锜　金兀术　完颜亮　王德　杨沂中
事件：顺昌大捷　空城计　柘皋之战

上面已经讲了韩世忠、吴玠、吴璘三位南宋名将的事迹，下面再来讲第四位，就是刘锜。

《宋史》是这样描述刘锜的：

刘锜长得姿容俊美，箭术高超，说起话来声如洪钟。他曾经跟着父亲刘仲武作战，牙门前面的水桶盛满了水，他一箭射去，正中水壶，把箭拔下来后，水从箭孔流了出来，刘锜随即又一箭射去，恰好射中那个箭孔，这样的箭法没有人不服。[1]

---

[1] 原文参见脱脱，等. 宋史[M]. 北京：中华书局，1985年，列传第一百二十五.

宋高宗即位后，召见了刘锜，十分欣赏他，任命他为陇右都护，镇守岷州。

这里和西夏接壤，宋军也经常在此与西夏人争战。刘锜到了后，在与西夏军的战斗中屡战屡胜，使西夏人听到他的名字都害怕。

这时金军不断南侵，后来一向信任刘锜的高宗把他召到身边，于是刘锜成了皇帝的贴身大将。

正在这时，刘锜建立了一支强大的军队。这支军队有着光荣的历史，就是过去的八字军。

八字军来自河北，建炎初年，王彦担任河北制置使，在太行山建立了一支军队，他们都在脸上刺了"誓杀金贼 不负赵王"这样的文字，因此号称八字军。[①]

由于这支军队忠于高宗，宋高宗便把他们从前线召回来保护自己，并任刘锜为统帅。此后刘锜就率领这支军队镇守在都城临安、金陵、合肥一带。

宋军前所未有的大胜

1140年，宋金开始议和，金国一度声称要把汴京还给宋朝，于是宋高宗任刘锜为东京副留守，率八字军北上。

但在刘锜到达汴京前，金军已经撕毁了协议，大举伐宋，一路南下。不久由金兀术率领的金军主力十余万人就在顺昌（今安徽阜阳）与刚刚渡过颍河、抵达这里的刘锜遭遇。

尽管金军达10余万人，八字军不到4万人，刘锜也没有后退，甚至和当初的楚霸王一样，来了个破釜沉舟，如史书所载：

---

① 原文参见李心传. 建炎以来朝野杂记 [M]. 北京：中华书局，2016年，卷十八.

刘锜凿沉了船只，表示绝不退兵。他还把家人安置在一座寺庙里，并在门口堆起了木柴，对负责守卫的人说："如果我战败，就烧死我的家人，不要使他们落到敌人手中受到侮辱。"他还命诸将守住各个城门，不但自己军中有侦察兵，还招募当地人去刺探敌人的情报。于是战士们个个准备奋战，城中男子也人人准备参加守城，妇女则帮助打磨刀剑。①

很快大批金军涌到了顺昌城外。当他们打算攻城时，突然发现城门大开，城内一片静悄悄。金军哪见过这种诸葛亮式的空城计，顿时不敢前进了，连城墙都不敢靠近，密密匝匝地排列在城外。

这使得他们成了最好的靶子。只见一声声尖啸扑面而来，随即响起惊天动地的惨叫声，许多金军士兵身体甚至被一箭洞穿。宋军几乎箭无虚发，箭箭穿心。

之所以这么厉害，是因为宋军用的可不是普通弓箭，而是神臂弓这样的强弩，射程与杀伤力要远远超过普通弓箭。

大惊之下，金军被迫后退。这时只见顺昌城门大开，一队宋军从城内杀了出来。他们虽然是步兵，但行动迅速，勇猛非常，金军纷纷转身就逃，宋军在后追杀，许多金兵掉进了河中活活淹死，伤亡惨重。

但这样的损失对金军算不了什么，后续部队仍源源不断地涌来，他们在城外二十里建起了巨大的营寨。但刘锜在夜里又派出了五百人的敢死队去偷袭。他们摸黑冲进金军大营，这时候天正要下雨，阵阵闪电照亮夜空，宋军只要看到有辫子的人就砍。

在宋军敢死队的大砍大杀之下，金军被迫后退。但刘锜可不想让他们就这样安宁了，又派了百名勇士去攻打，他叫大家用竹子做成了"嘂"，即叫子，这是一种用竹子做成的小哨子，可以发出尖锐的声音来，是当

---

① 原文参见脱脱，等. 宋史[M]. 北京：中华书局，1985 年，列传第一百二十五.

时小孩子们常玩的东西。

战士们每人拿一个这样的叫子,直扑金营。这时候依然电闪雷鸣,只见这些宋军勇士一有闪电照过就扑向金军,大砍大杀,但只要闪电的光亮一消失就立刻待在原地不动。这样一来金军完全被弄得丈二和尚摸不着头脑。

这百名宋军勇士还不是各自为战,而是只要有哨声响起所有人都会朝那里聚集,聚集后又是一顿猛砍大杀。

这使本来就被打怕了的金军更加恐惧万分,甚至在黑暗中自相残杀起来。本来只有百名宋军劫营,但引起了成千上万的金军自相残杀,那效果就大太多了!于是金军"终夜自战,积尸盈野"[①]。

这一仗把金军打得尸横遍野,溃不成军。

顺昌惨败的消息传到了正在汴京的金兀术耳朵里,他既惊又怒,于是亲率大军,气势汹汹地杀向顺昌。

刘锜见金兀术亲自来了,就派了一个人去下战书。金兀术一听刘锜竟然敢主动约战,不由得大怒道:"你刘锜怎么敢来挑战我!凭我的力量,用靴子尖轻轻一踢,你顺昌城就完了!"

一听金兀术这么大吹牛皮,使者微微一笑,说:"我们将军不但要向你挑战,还认为你都不敢过这条颍河。这样吧,他愿意在河上给你搭五座桥,保证让你顺利过河,然后才和你大战一场。"

金兀术想不到有这样的好处,当即答应。

第二天,宋军竟然真的在颍河上搭了足足五座浮桥,还真的让金兀术的大军顺利过了河。

但刘锜哪有这么好心!此时他已经在河水中以及河流附近的草丛中

[①] 脱脱,等.宋史[M].北京:中华书局,1985 年,列传第一百二十五.

都下了毒，并且告诉军士们就是渴死也不能喝河水，谁要是敢喝，就军法处置！

这时候又有人要主动出战，刘锜说不用。他的军队就在城中吃香喝辣，完全不理金军。

金军远来疲惫，也不敢主动发起进攻，于是两军开始对峙。但金军的人和马都是要喝水的，马还要吃草，结果很快就有许多人和马因为喝了毒水、吃了毒草倒下了，其他人也日益困乏。

就这样从早上僵持到了下午，刘锜看到城外的金军已经到了最困乏、最精疲力竭的时候，立即派出几百人冲出西门。金军仓促应战。但这只是前哨，很快几千人就从南门冲了出来。此前刘锜就已经下了命令，这些人不能喊出声音来，只是静悄悄地进攻。

这时候的宋军将士们斗志昂扬，又休息已久，精力充沛，金军则既困又乏，哪里抵挡得住，很快就崩溃了，死伤惨重！

当时金军最精锐的军队是"铁浮图"和"拐子马"。铁浮图是披着坚甲的高头大马，马上的骑士也是最勇猛的战士，他们身披重甲，还戴着铁制的头盔，几乎从头到脚都包裹起来。拐子马则是三人为一组，彼此用坚固的绳索连成一体，在后面还紧跟着布满了尖刺的拒马，骑士每前进一步，拒马就跟着前进一步，因此他们根本无法后退，要么胜利，要么战死，他们也毫不畏死，是金军最精锐的士兵，一向战无不胜。但他们这次踢到铁板了。只见宋军战士用长长的标枪刺向铁浮图中骑士的铁帽子，然后又有人抡动大斧，砍断骑士持枪的手臂，铁浮图很快就成了大片的铁尸体，"拐子马"的遭遇也差不多，都损失惨重。

但金军毕竟人数众多，战局僵持不下。这时候宋军就会停止攻击，将拒马放在前方，建立起临时营垒，然后从城里送出饭食来，战士们就坐在地上大吃大喝一顿。金军已经被打怕了，竟然不敢乘机发起攻击。

等宋军将士吃饱喝足后，立即撤掉拒马，重新投入战斗。

这时候金军不但没吃的，连水都没有喝，更加又累又渴，人困马乏，战斗力剧降，相反宋军则是吃饱喝足，斗志更盛。

就这样，十多万人的金军被打得丢盔弃甲，惨不忍睹。结果就是战场之上"弃尸毙马，血肉枕藉，车旗器甲，积如山阜"[①]。

这就是 1140 年的顺昌之战。此次大战中，金军十多万人的最精锐的军队几乎被全歼，这是宋金开战以来金军最为惨重的大败，当然也是宋军前所未有的大胜。

顺昌大败后，金军仍继续南下攻宋，1141 年刘锜又在柘皋之战中大败金军。

柘皋再捷

柘皋位于今天安徽巢湖市西北，开战后，金兀术把他的精锐铁骑十万人分成左右两队，将兵力少得多的宋军夹在中间。但刘锜毫不畏惧，分兵迎战。

勇将王德主攻金军右队，只见他张开强弓，一箭就射死了一员金将，金军顿时有些怕了，宋军乘机大声呼喊着冲向金军。

金军立即出动了精锐"拐子马"，分左右两翼杀来。王德与之展开血战。

这时候另一员勇将杨沂中出马了，只见他的部队都手持长柄大斧，砍向"拐子马"。"拐子马"上的金军士兵武器太短，够不着宋军，完全是被动挨打，很快就崩溃了。

"拐子马"一败，其余金军顿时作鸟兽散，刘锜率军在后紧追，据说金军看到刘锜军的旗帜，惨叫道："此顺昌旗帜也。"然后逃得更快了，

---

① 脱脱，等. 宋史 [M]. 北京：中华书局，1985 年，列传第一百二十五.

只恨爹妈少生了两条腿。

通过这场大战,金兀术和金国朝廷终于看明白了不但不能灭掉南宋,要是岳飞、韩世忠、刘锜等人联合起来进攻,他们就完了,因此下定了决心,要与南宋和谈了。如史书所言:金人正因为在柘皋战败,才急着想要和谈。不久果然遣使去与宋朝议和。①

为了和谈,朝廷强令刘锜率得胜之师撤退。

此后刘锜被剥夺兵权,镇守荆南6年,使这里的军民得以安居乐业。

柘皋之战二十年后,1161年,金主完颜亮以大军60万侵宋,已经是老将的刘锜率军抗击。

这时候刘锜已经是金军最害怕的南宋将领了。为什么呢?从史书上的这段话就可以看出来:

刘锜为人慷慨激昂、深沉又有毅力,有儒将之风。当初金主完颜亮南下的时候,列举了宋朝诸将,问诸将哪个敢抵挡哪个,只要叫出姓名,很快就有人响亮地作出回应,但到了刘锜,没有一个人敢出来回应。②

见手下众将无人敢战刘锜,完颜亮大怒,亲自率军与刘锜决战。

但这时候刘锜已经既老且病,没能再度击败金军。

刘锜因此忧愤成疾,第二年就去世了,终年64岁。

---

① 原文参见脱脱,等. 宋史[M]. 北京:中华书局,1985年,列传第一百二十九.
② 原文参见脱脱,等. 宋史[M]. 北京:中华书局,1985年,列传第一百二十五.

第二十五章

第一冤案

```
时间：高宗时代  1126年  1129年  1130年  1133年  1140年  1142年
地点：汤阴  侯兆川  郢州  虔州  洞庭湖  郾城  朱仙镇  临安
人物：岳飞  岳云  高宗  周同  张俊  张浚  李成  秦桧  万俟卨
事件：生而不凡  名扬天下  镇压钟相、杨么  从郾城到朱仙镇  史上最大
      冤案之一  完美人物
```

现在我们要讲南宋第一名将，也是中国历史上最伟大的英雄人物之一——岳飞。

生而不凡，战无不胜

岳飞，字鹏举，1103年生于相州汤阴（今河南汤阴县），家中世代都是普通农民。

据说当岳飞出生时，一只像大鹏的鸟高声鸣叫着飞过他家屋顶，于是父亲便为他取名为"飞"，字鹏举。岳飞还没有满月时，他家附近的

黄河发生决堤，河水倾泻而至，许多人被淹死，岳飞母亲抱着他坐在一口大缸里面，大缸很沉，按理来说很容易倾覆，但它不但没有，还将母子平平安安地送到了岸上，被传为奇迹。

稍长后，岳飞很快就显得和一般孩子大不一样。例如他虽然出生在普通百姓人家，但从小就有爱国之心，且胸怀大志。平时他为人沉稳，不爱说话却酷爱学习。他还爱好广泛，不但爱读儒家经典如《左氏春秋》等，也爱读孙子和吴起的兵法，这使他从小就掌握了相当丰富的知识。他不是只有大脑发达的普通书生，四肢也很发达，天生神力，不到14岁就能挽300斤的强弓，远超一般成年男子。后来他找到了一个老师——神箭手周同，很快就学会了高超的箭术，甚至能够左右开弓。据说周同死后，还只是少年的岳飞在每个月的初一和十五都会跑到周同的坟前设祭，可见是个极有情义的人。

1122年，19岁的岳飞加入了当时的真定宣抚使刘韐的部队。他很快就显示了过人的武艺，并且智勇双全。

当地有一小股土匪，岳飞自告奋勇说给他100人就可以灭掉。他先派了几个人伪装成商人混进了土匪窝。然后派一部分士兵埋伏在山下，自己带着几十人去山上挑战。土匪见他人少，就气势汹汹地杀了出来，岳飞假装打不过，向后败退。土匪在后紧追，不久伏兵四起，土匪们哪见过这样的打法，很快就全军覆没，匪首都被岳飞俘虏了。

不久，当时还是康王的赵构到了相州，康王派岳飞去招降当地另一股土匪，岳飞顺利完成了任务，被封为叫承信郎的低级武官。

1126年，宋金之间爆发了战争。金军大举南下，一直攻到了汴京。岳飞跟着长官，带领一小队兵马前去支援。

有一天他带队在河边演习，突然见到大队金军冲来。岳飞没有逃跑，他对手下说："敌人虽多，但他们不知道我们的虚实，我们只要主动出击就可以获胜！"于是一马当先，率军冲向敌人。一名金军勇将看到他冲来，拍马舞刀冲了上来，两马相交，岳飞很快就把敌将一刀斩于马下。其他战士也冲了上来，大败金军。岳飞因此被升为秉义郎，算是中级军官了。

1127年，金军占领了汴京，赵构在南京即应天府登基。这时候岳飞还只是个普通军官，却给高宗上书，极力要求高宗亲率六军北伐。高宗并不想这样做，而且一个普通军官竟敢提这样的建议更是惹怒了他，于是岳飞因为越级上书而被撤职，被赶回老家。

岳飞没有回乡务农，他到了当时的河北招讨使张所那里。一阵交谈之后，张所对他大为赞叹，不久就委任他新职，对他十分器重。

此后张所派岳飞跟从八字军的建立者王彦渡过黄河，北上抗金。

到了新乡，虽然王彦也是名将，但看到金军声势浩大，难免有所恐惧，不敢前进。岳飞见状，便自己带着部下冲向金军，大战一场，不但取胜，还夺了金军大旗，使宋军士气高涨，连克新乡与侯兆川等地。

在打侯兆川时，岳飞身中十多枪，伤痕累累，但他仍殊死奋战。后来到了太行山上，岳飞更是"单骑持丈八铁枪，刺杀黑风大王"。

1129年，大批义军与盗匪合兵五十万来攻打官军。岳飞率军迎敌，他只有区区八百人，但毫不畏惧：岳飞左臂挟着弓箭，右手运转长矛，直冲敌阵，反贼大乱，很快大败而逃。[①]

立了这样的大功后，他终于被封为英州刺史，算是一方大员了。

岳飞如此英勇，他这时候的上级杜充却是个懦夫，竟然投降了金人，把建康拱手交给金军，使金军顺利渡过长江。

岳飞坚决不降，独力与金军苦战。更可贵的是，由于天下大乱，朝廷无法供给足够的粮草，许多宋军队伍几乎沦为土匪，靠抢劫为生。但

---

① 原文参见脱脱，等．宋史[M]．北京：中华书局，1985年，列传第一百二十四．

岳飞的军队仍善待百姓：岳飞驻军钟村时，军中无粮，但将士们忍着辘辘饥肠，不敢扰民。[①]

正因为岳飞整肃军纪，使得他的军队战斗力无比强大，将士在战斗中个个奋不顾身，不怕牺牲，因此几乎战无不胜。他们纵横江南各地，打得金军闻风丧胆，如史书所言：

金兵再攻常州，岳飞四战四胜；用尾随的法子在镇江东面袭击敌人，又取得胜利；战于清水亭，又大胜，敌军横尸十五里。金兀术奔建康，岳飞预先在牛头山设好埋伏。到了晚上，派出百名战士穿着黑衣混进了金营，一阵骚扰，金兵大惊，竟自相残杀起来。金兀术到龙湾后，岳飞带着三百骑兵、两千步兵一路攻到新城，在这里再度大破金军。[②]

这四场连胜，岳飞还不是普通的胜利，而是大胜、大捷！前面说过，金军在占领建康之后北上回去了，为什么要回去呢？一方面是因为天气热了，但更重要的是金兀术已经被岳飞打怕了，看清楚再打下去恐怕都回不去了，才匆匆北上，结果在黄天荡被韩世忠包围。

此后岳飞率军收复了重镇建康。虽然功劳很大，但他还不是当朝大员，与韩世忠、张俊等相比地位要低得多。

此后他归到了张俊部下，率军征讨江淮一带。

1131年，岳飞跟随张俊讨伐大盗李成。他自告奋勇当先锋，只见他身披重甲，一马当先，突入敌军大阵。他的部下也跟着突入，真是人人奋勇，个个争先。

这些盗匪本来就是乌合之众，哪里遇到过这样的强敌，很快就大败而逃，跑到了筠州。

他们在城外布阵，绵延达15里。岳飞看到敌军势大，于是先在附近

[①] 原文参见脱脱，等. 宋史[M]. 北京：中华书局，1985年，列传第一百二十四.
[②] 原文参见脱脱，等. 宋史[M]. 北京：中华书局，1985年，列传第一百二十四.

设了埋伏,又做了一面红旗,上面绣着"岳"字,然后带着两百骑兵带着旗帜前往挑战。

敌军看到岳飞只有这么点人,冲出来迎战。岳飞假装败走,敌军追击。到了埋伏点后,伏兵冲了出来,敌军败退。这时候岳飞不是追杀敌人,而是要大家高声呼喊:"只要投降就不杀!"这些人本来就只是普通百姓,跟着造反也是被迫的,加上被岳飞打怕了,于是纷纷投降,降者达到八万多人!

再往后他又降伏了另一个大盗张用。就这样,岳飞用他的少量兵马就讨平了江淮一带的大批义军与盗匪,被朝廷授以建州观察使,就在江淮一带镇守。后来甚至达到了这样的情形:岳飞把他绣了"岳"字的旗帜插在各地城门上,只要见到了这样的旗帜,盗匪就不敢来犯了。

岳飞在对付这些义军或者盗匪时,并不是一味镇压甚至消灭,而是尽力招抚,只要投降就不杀,有时候甚至违背上级的意愿。例如1133年,当他在虔州铲平当地的盗匪时就发生了这样的事:朝廷颁下密旨,下令岳飞屠灭虔城。岳飞请求只杀掉为首的匪首而赦免从犯,朝廷不答应,后来岳飞一连三四次发出请求,宋高宗才勉强同意。当地人感念岳飞的大恩大德,把他的绣像放在祠堂中供起来祭拜。[1]

如此等等,岳飞的名声很快传遍了天下。

精忠岳飞名扬天下

1133年,宋高宗终于亲自召见了岳飞,并且手书"精忠岳飞"四个大字,将之绣在军旗上赐予岳飞,还封他为神武后军都统制。

这时候,刘豫和金军联合攻入今天的湖北一带,连破多城。朝廷命

---

[1] 原文参见脱脱,等. 宋史 [M]. 北京:中华书局,1985年,列传第一百二十四.

岳飞负责抗敌。

具体战况就不多说了，总之岳飞率军一路势如破竹，击败了数量远多于他的敌军，无论什么样的强敌在岳飞军面前都如卵击石。例如在郢州城有一个伪齐大将号称"万人敌"，但被岳飞一战而灭。

后来金兀术和刘豫亲自出马，大军包围了庐州，高宗急命岳飞率军解救，结果是这样的："金兵一战而溃，庐州平。"①

以金兀术之强大在岳飞面前照样不堪一击！岳飞的神勇真是超乎想象！使人想起来了当初凯撒的名句：我来，我看见，我征服！

1135年，高宗再次召见立了大功的岳飞，封他为武昌郡开国侯，命他去洞庭湖讨伐杨么。

镇压钟相、杨么

岳飞的部下都是北方人，从来没打过水战，但岳飞说：无论水战陆战都是一个道理，都是用兵来打仗，关键就是看你怎么打。

这时候张浚还是岳飞的上级，他估计要一年才能平定杨么。岳飞说只要八天就可以了。张浚问他为什么能这么快。岳飞说："打水战是我的弱项、敌人的强项，如果以我之短攻敌之长，当然会难。但如果能借用敌人的兵将，夺去敌首的部下，离间他的心腹，使他陷入孤立，我们再趁机率军攻打，八天之内一定可以抓住那些匪首。"②

后来的进程的确如此，不久杨么的大将黄佐就归降岳飞，他又招降了杨么的亲信大将杨钦。岳飞厚待杨钦，杨钦感恩，立马又去招降了杨么的其他多位重要手下，杨么越发孤立。最后岳飞才与杨么展开了正面战斗。

---

① 脱脱，等. 宋史 [M]. 北京：中华书局，1985年，列传第一百二十四.
② 原文参见脱脱，等. 宋史 [M]. 北京：中华书局，1985年，列传第一百二十四.

杨么一直不服岳飞，因为他清楚岳飞军队不习水战，而自己有一支强大的水军，特别是他的战船在水中可以"如飞而行"，而且还装载了一种强大的"撞竿"，可以轻松地将官军的舰只撞得粉碎。

但岳飞早就从容地准备好了一切。他先派军队到了洞庭湖中的君山，砍伐山上的大树，制作了许多巨大的木筏，目的不是用它们作战，而是把它们塞进各个港口中，将港口牢牢堵住。接着又弄了很多腐木乱草，让它们顺流而下，岳飞的军队则在陆上紧跟，到了水浅的地方，水草停止漂流之后，岳飞再派一些会吵架的人去挑战。在他们一顿恶骂之下，义军大怒，便来对战，但官军却不和他们打，边骂边退，义军越发愤怒，紧紧追来，不久官军原先布好的水草腐木之类越积越多，将义军的战舰轮桨紧紧缠住了，再也走不动了。这时候官军才扑了上来，义军一看势头不对，想逃进附近的港口里，但那里已经被大木筏堵住了。他们无路可逃，这时候官军乘着木筏扑了上来，用准备好的巨木猛撞敌舰，撞沉了许多。义军大败，杨么跳水逃生，被岳飞的大将牛皋抓住了，就在阵前被斩杀。

此后岳飞率军直扑义军老巢，义军其他首领被吓得魂飞魄散，很快就全都投降了。

岳飞就这样镇压了杨么起义，距他正式发兵攻打杨么真的只过了八天！

此战岳飞俘获了义军上千艘战船，建立了一支长江上，也是当时全中国最强大的水军。

这里只说了杨么，我们的历史课本上一般是将钟相、杨么放在一起讲，那么钟相的情况又是怎样的呢？

钟相是鼎州（今湖南常德）人，他的起义经过和汉末的黄巾起义很相似，一开始也和张角一样，建立了一种宗教，他自称"天大圣"，说自己是神灵，能够与上天沟通、治病救人。不仅如此，他还提出了自己的政治理念，他对那些信奉自己的百姓说："现在国家制度使人有贵贱贫富之分，不是好的制度。我要建立自己的国家制度，使大家等贵贱，均贫富。"[1] 这样的话使人想起来了此前北宋的王小波起义，他的口号是："吾疾贫富不均，今为汝均之！"[2] 两人真是英雄所见略同！

后来金人入侵，天下大乱，各地盗匪与义军风起云涌。宋将孔彦舟被金军打败，率部南逃，进入澧州，到处烧杀抢掠。

就在这时，钟相揭竿起义，自称楚王，四周百姓群起响应。

此后钟相率军攻打周围郡县，占领了许多地方，整个湖南北部，包括今天的湖南常德、益阳、宁乡一带，都成了他的天下。

不久孔彦舟来攻钟相，很快就打败并且俘杀了钟相父子。钟相从开始起义到失败不过两三个月。

这是1130年的事。钟相失败后，他的名字在民间依旧响亮，还有很多百姓拥护他。因此1133年杨么起义时，为了获得更多支持，便立了钟相还活着的小儿子钟子义为太子，他以钟相的名义号令天下，建立了以洞庭湖为根据地的起义军。这就是钟相、杨么起义的来历了。

从郾城到朱仙镇

成功地镇压杨么起义后，岳飞被晋封为公爵，这也是非皇家宗室者生前能达到的最高位了。

到了1136年，这时候的岳飞已经名满天下，大批义军听闻他的大名都来相投，岳飞和张浚、韩世忠等也开始筹划北伐之事。

---

[1] 原文参见毕沅. 续资治通鉴 [M]. 北京：中华书局，1999年，卷第一百一十七.
[2] 毕沅. 续资治通鉴 [M]. 北京：中华书局，1999年，卷第十六.

然而高宗并没有北伐之意。

1138 年,金人说要议和,还说要归还河南之地,岳飞在朝中直言这只是金人的阴谋诡计。果然两年后金军又大举攻宋,大将刘锜抵挡不住,向朝廷求援,高宗这才明白岳飞的话是对的,派他北上驰援。

岳飞可不只是驰援刘锜而已,他还派出大将王贵、牛皋、杨再兴等直攻河南多地,自己则亲统大军长驱向北,不久北伐诸将捷报连连,岳飞自己则率军驻扎郾城,声势浩大,声威远震。

金军统帅兀术虽然害怕岳飞,但想到自己的兵力比岳飞多,于是硬着头皮,要与岳飞大战一场,这就是著名的郾城之战。

关于此战史书是这样说的:

金兀术指出宋军各位大将都好对付,就只有岳飞勇不可当,想要把他的部队引诱过来,倾全力一战。宫中内外听说这事后,大为惊惧,高宗特地下诏,要岳飞仔细考虑,首先要保护好自己。岳飞回答道:"金人已经黔驴技穷了。"于是当天太阳出山的时候就向金军挑战,并且在阵上痛骂。金兀术大怒,带着龙虎大王、盖天大王与韩常,合军直逼郾城。岳飞派儿子岳云率领骑兵从中间穿插,要求从头到尾贯穿敌军大阵,并且警告他说:"要是没有获胜,就先杀你的头!"岳云与敌军大战数十合,敌军大败,尸横遍野。此前金兀术有一支精锐骑兵,每匹马都披着重甲,每三匹用绳索连成一体,名为"拐子马",宋军难以抵挡。这场大战中来了一万五千匹"拐子马",岳飞下令步兵手持麻札刀冲入敌阵,还警告他们不要抬头,只管低头砍马腿。"拐子马"三匹相连,只要其中一匹倒了,其他两匹就不能动了,宋军奋勇进击,大败金军。金兀术为此痛哭流涕，说道："我自从在海上起兵，就靠这个来取胜，现在全完了！"①

麻札刀是一种长柄的大砍刀，是岳飞设计专门用来对付"拐子马"的，这也是极为巧妙的。"拐子马"全身都披着重甲，堪称刀枪不入，但马蹄是不能披甲的，否则就跑不起来了，岳飞正是抓住了它的这个致命伤，给其致命一击，在这一战中将之全部歼灭。

在此次郾城之战中，开战后岳飞第一个派出去的就是他的儿子岳云，要求他去冲敌阵，并且要他从头至尾贯穿金军大阵，否则就要将他斩首！这话可不是开玩笑的，要是岳云不胜，一定会被砍头。岳飞对待岳云严格得不行，最苦最危险的仗都要岳云去打。岳云也总是身先士卒，每战必胜，立下了许多大功。但一到论功行赏岳飞却总把儿子放到最后，根本不给他应得的奖赏。从这个方面也显示了岳飞品行之高尚，简直是高尚得过分！

虽然哀叹甚至痛哭这场自己起兵以来最惨重的失败，但金兀术仍没有退缩，又不断补充兵力，再与岳飞大战，但依然每战必败，岳飞甚至亲自率领几十个骑兵冲入金军大阵，把他们杀得人仰马翻，溃不成军。

金兀术看到岳家军如此不可战胜，只得率军逃走。

这就是著名的郾城之战，和前面讲过的顺昌之战都发生于1140年。

经过这两场大战，金兀术已经深深地知道宋军并不是他想象中的弱旅。特别是岳飞，实在太厉害了。由于岳飞根本不把他放在眼里，他有了深深的羞耻感，因此也对岳飞产生了刻骨铭心的痛恨，必要杀之而后快。

此后岳飞率军进取朱仙镇，这里距汴京只有40多里，金兀术率军抵挡，双方都面对面列出了强阵。岳飞这次派出了他最精锐的军队，就是背嵬军。

---

① 原文参见脱脱，等. 宋史[M]. 北京：中华书局，1985年，列传第一百二十四.

背嵬军又称背峞军。"峞"是酒瓶的意思，背峞就是背酒瓶了，帮统帅背酒瓶的当然都是最亲信的人，也是最强壮勇猛的战士。据古籍记载，背嵬军"勇健无比，凡有坚敌，遣背峞军，无有不破者"[1]。

这次在朱仙镇岳飞只派出了500背嵬军就大破金军10万人，金兀术败退回汴京。这仍是1140年的事。

大好与大悲

此时只要岳飞率军直扑汴京，肯定可以一鼓而下。不止于此，实际上这时候金军在原来宋朝北方属地的统治都已经岌岌可危，南宋形势一片大好，如史书所言：

磁、相、开德、泽、潞、晋、绛、汾、隰等各地都有人在准备起义，要与宋军会合。各路义军都打着"岳"字的大旗，各地父老乡亲和百姓们争着挽车牵牛，装着粮草送给义军，准备头顶香盆焚香迎接义军的人布满道路。从燕京往南的地方都不再遵从金国号令。金兀术想要招兵以对抗岳飞，黄河以北招不到一个人。他悲叹道："自我从北方出兵以来，从来没有像今天这样挫败。"金军统帅乌陵思谋素来以狡猾著称，也不能控制他的手下，于是对他们说："你们不要轻举妄动，我等岳家军一来就投降。"金军的统制王镇、统领崔庆，将官李觊、崔虎、华旺等都率部前来投降，甚至金国的禁卫军统帅龙虎大王手下的忔查千户、高勇都秘密接受了岳飞的旗帜，率部从北方来降。金军大将韩常甚至准备率军五万来投靠岳飞。岳飞大喜，对部下说："我们要直捣黄龙府，与大家在那里举杯痛饮！"[2]

---

[1] 赵彦卫. 云麓漫钞 [M] 北京：中华书局，1996年，卷七.
[2] 原文参见脱脱，等. 宋史 [M]. 北京：中华书局，1985年，列传第一百二十四.

黄龙府位于今天吉林省长春市农安县，是金国的军事重镇和政治经济中心。更重要的是，由于这里已经处于金国腹地，占领了这里就意味着灭亡了金国。所以岳飞在这里的意思就是要灭亡金国，再与大家举杯同庆。

如果朝廷配合，甚至只要朝廷不干涉阻止，以当时的形势是完全可能的。

然而形势大好之后很快就转为大悲了。

此时秦桧早就在与金人密切往来，互相勾结，准备达成和议，把整个淮河以北都交给金国。他看到岳飞竟然打到了汴京，再打下去和议就谈不成了，于是立即唆使高宗下令岳飞班师。

高宗当然听从，下令岳飞立刻班师撤军。

秦桧料到岳飞不会轻易撤军，于是先要其他各路伐金部队，如张俊和杨沂中的部队先撤回去。只要这些人都撤回去了，岳飞就孤掌难鸣，只得班师了。

他还怕岳飞即使孤军奋战也不肯班师，竟然要高宗一天之内连下十二道金牌。一道金牌就等于是一次皇帝的亲自下令，皇帝一天之内十二次亲自下令命岳飞班师，岳飞再拒绝就是抗旨造反了！

岳飞不由得潸然泪下、仰天长叹，对此史书有这样的描述：

一天之内接到十二道金牌后，岳飞既愤怒又悲伤，不由得痛哭起来，朝东方拜了又拜，说："十年之力，废于一旦。"岳飞班师之时，百姓拦住他的马大哭，他们哭诉道："我们头顶香盆、装着粮草来迎接官军，这些金人全都知道。您这一走，我们会被金人全灭啊！"岳飞也伤心痛哭，拿出高宗的诏书给他们看，说："我不能擅自留在这里啊。"哭声震动四野。①

---

① 原文参见脱脱，等. 宋史 [M]. 北京：中华书局，1985 年，列传第一百二十四.

这样的情形恐怕中国乃至世界历史上都是仅见的了，明明可以战胜敌国，一雪前耻，却偏偏要去和谈，而且是投降式的和谈！

史上最大冤案之一

为了保证和谈成功，秦桧借口打退了金军，要高宗下旨令韩世忠、张俊、岳飞三大将回到中央，以便论功行赏。

韩世忠和张俊很快就回来了，只有岳飞最后才回来。后来朝廷封岳飞为枢密副使，相当于副宰相，主掌军事。但岳飞没有答应，而是仍希望带兵，于是朝廷就让他和张俊一起前往楚州镇守。

这实际上是秦桧的诡计。

这时候宋高宗的诸位大将中，岳飞年纪最轻，但战功最著，又升得最快，早就和张俊、韩世忠齐名了，影响甚至比他们更大。韩世忠心胸开阔，仍善待岳飞。但心胸狭窄的张俊不一样，他因妒生恨，就和秦桧勾结起来诬陷岳飞了。

至于金兀术，他甚至去信告诉秦桧："你从早到晚都说要议和，但岳飞正在想着占领黄河以北之地，因此你必须杀掉岳飞，这样才可以议和。"[①]

如此等等，秦桧深知岳飞不死，和谈难成，于是一定要把岳飞整死。

不久秦桧又找到了因为曾被岳飞轻视而怀恨在心的谏议大夫万俟卨（Mòqí Xiè），要他弹劾岳飞。他当然愿意，于是就拼凑了一些所谓的罪状，弹劾岳飞，还要张俊抓了岳飞的大将王贵，想强迫他一起诬陷岳飞。

这样一来，秦桧为主使，张俊为帮凶，万俟卨则直接下手。三人狼狈为奸，这个惊天冤案就成了。岳飞和岳云被抓进了大理寺。当捕快来抓人时，岳飞笑着道："皇天后土，可表此心。"笑声中带着多少无奈与

[①] 原文参见脱脱，等. 宋史 [M]. 北京：中华书局，1985 年，列传第一百二十四.

苦涩！

在大理寺内，一开始由一个叫何铸的审问，岳飞撕开了背上的衣裳，上面竟然刻着"尽忠报国"四个大字，刻痕深入肌肤。何铸又查了一番证据，明白了岳飞的无辜，也告诉了秦桧。但秦桧哪里肯听，令万俟卨亲自出马。万俟卨于是就凭空捏造说岳飞曾经给张宪写过一封信，信中有欺瞒朝廷之事，而且这信已经被他们烧掉了。这样就等于说是没有证据了。

如此等等，还有其他，总之秦桧用尽伎俩编造了许多岳飞的所谓罪状，无一不是凭空捏造，毫无实据，根本成不了案。

1142年1月27日，除夕之夜，岳飞被杀。他的儿子更是被公开斩首，全家都遭了殃。具体情形史书是这样说的：

除夕之夜，岳飞已经被关了两个月，没有可以证明他有罪的东西……年末了，罪名还没有成立，秦桧于是写了张小字条给狱中的亲信，不久有人报岳飞已经死了，时年39岁。岳云在东市被公开斩首。岳飞家产被没收，全家被贬往岭南。①

忠君爱国的一代名将岳飞就这么冤死了！只活了39岁。

这就是中国历史上最大的冤案之一！

当时宋朝的间谍洪皓正在金国，他听说岳飞被杀的事后就给朝廷去了密报：金人又敬又怕的只有岳飞一人，甚至以父亲来称呼他。金国那些重臣大将听闻岳飞死了后，都纷纷举杯，互相庆贺。②

《宋史》中的完美人物

《宋史》记载了岳飞的许多优点，总结如下：

---

① 原文参见脱脱，等. 宋史 [M]. 北京：中华书局，1985年，列传第一百二十四.
② 原文参见脱脱，等. 宋史 [M]. 北京：中华书局，1985年，列传第一百二十四.

一是十分孝顺。当他的母亲生病时,他一定亲自煎药服侍。母亲去世后,他伤心得三天三夜不吃不喝。

二是不爱美色。所谓英雄难过美人关,岳飞却能过。当时一般稍有出息的男人都有小妾,王侯将相更是姬妾成群,连韩世忠也有不少小妾。唯独岳飞只先后娶这两位妻子,并无纳妾。

三是毫不贪财。有一次高宗想为他建一座豪华的府第,但岳飞没有接受,说:"敌未灭,何以家为?"这使人想起了霍去病留下的那句千古名言:"匈奴未灭,无以家为也。"①

还有,有一次高宗问他何时天下太平,他的回答是:"文臣不爱钱,武臣不惜死,天下太平矣。"②这样的回答确实简洁有力,直到今天都是至理名言。

四是极度忠诚。岳飞对高宗极为忠诚,有一件事就可以体现出来。岳飞从小就爱喝酒,还是海量。但高宗不喜欢,有一次对他说,你将来为我收复了江山才能喝酒。岳飞竟然从此滴酒不沾!

五是爱护百姓。他的岳家军真的做到了对百姓秋毫无犯,甚至将之做到了极致。他的军队有一句口号——"冻死不拆屋,饿死不掳掠",这可不只是口号,而是真的做到了!

六是爱兵如子。岳飞对部下要求极为严格,但并不意味着他不爱护他们。事实上相反,岳飞是爱兵如子。要是因为获胜朝廷有了奖赏,岳飞总是全都分给部下,自己不取分毫。

正因为这样,岳飞的部下,无论将领还是普通士兵,战斗之时都是舍生忘死,勇猛非凡,不但战无不胜,而且能够以少胜多。金军也是畏

---

① 司马迁. 史记·卫将军骠骑列传 [M]. 北京:中华书局,2016 年.
② 脱脱,等. 宋史 [M]. 北京:中华书局,1985 年,列传第一百二十四.

岳飞军如虎，哀叹道："撼山易，撼岳家军难。"①

岳飞还有其他优点，例如为人宽宏大量、虚怀若谷等等，真是不胜枚举，这里就不一一述说了。

但还有一点要说，就是岳飞不只是一介武夫，而是文武双全。他不穿军装时看上去根本不像是武将而像是一介书生，如史书所说："岳飞尊敬贤者，礼待士人，熟读经史，会唱高雅的歌曲，还会玩投壶游戏，恭谨温顺的样子有如书生。"②

这样的赞美可不是夸张，岳飞不但熟读经史，他的诗词和书法也堪称大家，诗如《池州翠微亭》：

> 经年尘土满征衣，特特寻芳上翠微。
> 好水好山看不足，马蹄催趁月明归。

词如《满江红·写怀》：

> 怒发冲冠，凭栏处、潇潇雨歇。抬望眼，仰天长啸，壮怀激烈。三十功名尘与土，八千里路云和月。莫等闲，白了少年头，空悲切！
> 靖康耻，犹未雪。臣子恨，何时灭！驾长车，踏破贺兰山缺。壮志饥餐胡虏肉，笑谈渴饮匈奴血。待从头、收拾旧山河，朝天阙。

它们都是流传千古的文学佳作。岳飞的书法同样精妙非凡，传世的就有《书谢朓诗》、前后《出师表》、《还我河山》等，既有怀素狂草的力度，又兼具苏轼行书的神韵，令人叹为观止！

---

① 脱脱，等. 宋史 [M]. 北京：中华书局，1985 年，列传第一百二十四.
② 原文参见脱脱，等. 宋史 [M]. 北京：中华书局，1985 年，列传第一百二十四.

总之岳飞的文韬武略都可以彪炳史册，再加上品德极其高尚，满腔爱国情怀，其忠君爱国足可与屈原相比。

如此几乎完美的人物，不但在《宋史》中是独一无二的，在中国历史上也是极少有的，在世界历史上恐怕也是极少有的吧！

最后引用一下《宋史》中对岳飞的总评：

有人指出，西汉以来，如韩信、彭越、周勃、灌婴之类的名将几乎每代都有，但如大宋岳飞这样文武双全、既仁且智的名将，即使所有时代也不多见。史称关云长精通《春秋左氏传》，但从来没有见过他写的文章。岳飞北伐时，大军到达汴梁附近的朱仙镇，有诏书来要他班师回朝，岳飞亲自写了奏章回应诏书，文中充满发自肺腑的忠义之言，因此也感人肺腑，确实有诸葛孔明一样的文风。岳飞最后竟然死于秦桧之手，根源在于他与秦桧的势不两立：如果岳飞得志，就可以向金国报仇，以雪大宋之耻；如果秦桧得志，那么岳飞就只有死路一条了。昔日刘宋杀檀道济时，檀道济被关入狱中，他怒目而视道："你这是在摧毁自己的万里长城！"高宗既然能够放弃中原，当然也能杀掉岳飞，但这真是太冤枉了啊！太冤枉了啊！[①]

以正史一向含蓄的笔法来说，这应该是对一个人至高的褒扬了！

如此等等，对岳飞的种种评价使他堪称《宋史》第一完美人物，值得在此为他多几句赞誉！

---

① 原文参见脱脱，等. 宋史 [M]. 北京：中华书局，1985 年，列传第一百二十四.

第二十六章

宋金再战

时间：高宗时代　1161年　1162年

地点：海州　唐岛　采石

人物：完颜亮　魏胜　李宝　完颜郑家

事件：平民魏胜与海州之战　忠勇李宝与唐岛之战　采石之战　完颜亮之死

1141年，宋金之间终于达成了和约，这就是"绍兴和议"，主要内容如下：

一是规定了宋、金的边界。东以淮水中流、西以大散关为界。大致是在东部，淮河以南之地归宋，以北之地归金。在西部则将此时已经被南宋占领的许多州郡划归金国，包括陕西的约一半土地。

二是南宋向金称臣，同时由金国册封宋主为皇帝。

三是每逢金主的生日及元旦，南宋均须遣使朝贺。

四是南宋每年向金缴纳贡银二十五万两、绢二十五万匹。

此后宋金走向了和平。

但和平只是暂时的，仅仅过了 20 年，1161 年，当时的金主完颜亮就撕毁了协议，再次大举进攻南宋。

平民魏胜与海州之战

金军入侵遇到的第一个强敌就是魏胜。

魏胜是江苏宿迁人，史书形容他"多智勇，善骑射"[1]。他从军时，只是一名普通的弓箭手。当金人入侵时，他在宿迁一带起兵，军队号称"忠义军"，一开始只有三百人。他就带着这三百人北渡淮河，占领了当时属于金国的涟水军（今江苏涟水县），并且乘胜直取淮北要地海州（今江苏连云港）。

当时镇守海州的金将高文富率军来战，被魏胜击败，逃回城内，要全城百姓和他一起坚守城池。魏胜自知兵少，没有直接攻城，而是先在城外竖了许多旗帜，还点起了大量烟火，造成大兵压境的假象。同时派人在城外喊话，说金人背弃宋金盟约，兴无名之师，宋军只是自卫，而且只要城中百姓归降，保证城破之后秋毫无犯。城中百姓本来就不服金人统治，一听到这样的好消息，很快就有人打开了城门。魏胜率军冲了进去，抓住了高文富，顺利占领了海州，并且真的对百姓秋毫无犯。

此后，魏胜派兵在附近一带宣讲了同样的道理。这些地方的百姓也和海州一样，纷纷打开城门欢迎忠义军。

占领这些地方后，魏胜立即宣布减免租税，打开粮仓赈济百姓，重赏作战勇敢的战士。还把忠义军分成五部，并且制定了严明的军纪。

此后金军大举进攻海州，魏胜率军迎战。他先在城外有利地点设下了伏兵，然后列阵以待。金军猛攻城池，忠义军殊死抗击。战斗正酣时，

---

[1] 脱脱，等. 宋史[M]. 北京：中华书局，1985 年，列传第一百二十七.

金军后面突然伏兵四起，金军大惊，顿时崩溃。这次大胜使北方山东一带的汉人激动万分，他们纷纷往南投奔魏胜，忠义军威名更盛。

这时候在沂州的苍山一带有几十万百姓起义反金。他们利用山势险阻建立了营寨。金军大举围攻，虽然一直没有攻下，但营寨毕竟不能久守，于是营寨首领派人向距离不远的忠义军求援。

魏胜立即亲自统军前往救援。到了山下，金军先是佯败，然后伏兵四起，魏胜丝毫不惧，他要部下驰往营寨，自己亲自断后。金军派出五百名精锐骑兵重重包围了他。魏胜只是一人，面对五百强兵毫不畏惧，猛冲猛杀，一度冲开了包围圈，但金军马上又扑了上来，又将他重重围住，并且刺伤了他，魏胜的战袍被自己的鲜血染红了。但他越战越勇，竟然再次冲开了包围圈。金军在后紧追，还边追边射。到了营寨外时，他的马被射中了要害，倒下了。魏胜掉了下来，但他很快站了起来，成功地步行冲进了营寨。看到他如此勇猛，金军都不敢再追！

但金军很快就对营寨发起了猛攻，并且想出了一个毒招，断绝了营寨的水源。这等于是把营寨中的人推向了绝路。

一开始魏胜下令杀掉牛马等，喝它们的血。后来血都喝完了，眼看走进了绝境，但奇迹发生了，"胜默祷而雨骤作"[①]——魏胜默默地向上天祷告，求老天下雨，竟然真的下雨了，而且雨是突然而来，就像真的是被人招来的一样！真是奇迹！

有了水，营寨就安全了，但金人可没有撤军，而是加强了进攻，甚至在营寨周围建立了大营，一副要长久围困的样子。魏胜敏锐地察觉到金军动向，一定是想把他困在营寨里好去打海州。于是设法冲出了营寨，回到了城中。

---

① 脱脱，等. 宋史[M]. 北京：中华书局，1985 年，列传第一百二十七.

果然不久之后金军就突然离开营寨，攻向海州，很快就抵达了海州城下。要是魏胜没有预先料到这一着，海州城内群龙无首，很可能被攻破。但此时魏胜已经做好了准备，金军哪里攻得下！城下堆积了累累尸体，后来金军只得退走，海州保住了。

在这次战斗中魏胜仍极为英勇，有一次魏胜出战，被箭射中了鼻子，一直贯穿了牙齿，都没法吃东西了，但他仍亲自上阵杀敌。①

然而彼时，魏胜从法律上来说依旧是一介平民。因为他只是一个义军首领，虽然在为朝廷作战，但朝廷甚至还不知道他的所作所为。

这时候，多亏一个人的出现。他就是李宝。

忠勇李宝与唐岛之战

李宝是河北人，擅长造船与水战。曾经被金人抓住，但他擅长航海，于是就从海上逃跑了，回到了南宋，并且见到了宋高宗。

高宗向他询问金国的情况，他早有准备，对答如流，高宗很满意。后来当完颜亮大举进攻南宋时，高宗便任命李宝为浙西马步军副总管，驻扎平江，拥有一支由一百二十艘小船、三千人组成的水军。士兵们都是从民间临时招募来的，并非正规军。但高宗信任李宝，派他带着这支小部队去对抗金军。

李宝得令后，率军到了江阴，然后派他的儿子李公佐去北方前线偷看敌人的动向。李公佐往北方而去，终于探听到了魏胜的事。得知魏胜占据了要地海州。李宝赶紧把这个大好消息报告给朝廷，朝廷才知道了魏胜的功绩。

这时候完颜亮已经率军渡过淮河，准备大举攻宋，但魏胜控制的海

---

① 原文参见脱脱，等. 宋史[M]. 北京：中华书局，1985年，列传第一百二十七.

州就在金军身后，如芒刺在背，于是完颜亮派出数万大军，再次猛攻海州。

这时候魏胜也已经与李宝联系上了，李宝对他称赞有加。见自己的劳苦功高得到了朝廷肯定，魏胜不禁感动得哭起来了！于是两人水陆合击，在海州又大败金军。

但金军仍继续战斗，并且此时他们已经拥有了一支相当强大的海军，准备由海路直攻苏杭。李宝决心摧毁它，于是主动北上发起进攻，不久抵达了唐岛。

唐岛位于今天的山东日照附近。金军水军统帅是完颜郑家，士兵也是金人，但操作战舰的水手却是汉人。这些人根本不想为金人效力，因此早就悄悄商量好了一有机会就投向宋军。

果然，当李宝率军攻向唐岛时，金军的战船正停泊在唐岛岸边。那些驾驶战船的汉人故意对金军说过来的战船都是金国的，要金军尽管在船舱内休息就好了。金军信以为真，于是都进船舱休息去了。李宝的战船很快靠近了金军战船，他将早就准备好的火箭射向敌舰。

由于金军战船的帆是用油布制作的，特别容易着火，很快熊熊燃烧起来，加上风助火势，战船瞬间变成了火船。那些操作战船的汉人早就跳船跑了，金军士兵不懂驾驶战船，根本跑不掉，于是除了被烧死的全都乖乖当了俘虏，那些没有被烧毁的战船也就成了李宝的战利品。

这就是中国海战史上有名的唐岛之战，发生于1161年11月。

李宝得胜后，立即派出使者坐快船从水路向高宗报捷。史书是这样描述高宗的反应的——

皇上高兴地说："我自己做主用了李宝，果然立了功，这样的好事以后可要大力提倡。"于是下诏公开重奖，还用御笔题写了"忠勇李宝"四字并制作成旗帜。又任命李宝为静海军节度使、沿海制置使，赐给他金器玉带。①

李宝只打了一场胜仗就得到了节度使的官职，被赐了"忠勇李宝"的称号，称号中还有"李宝"的大名，而岳飞打了多少胜仗才得个"精忠岳飞"的称号。两相比较，李宝可是大赚了！

再来说魏胜。虽然宋军在唐岛大败金军，但金军仍继续进攻海州。但在魏胜的防御之下，海州城固若金汤。而且由于屡次大败金军，金军简直畏魏胜如虎。这样一来，每每到了紧要关头魏胜都亲自出马，挥舞大刀杀向敌人。金军一见他的旗帜，往往转身就逃。

但大批金军仍紧紧困住海州，因为他们深知倘若解围，魏胜就会率军切断已经南下的金军主力的退路，他们就要全军覆没了。

就这样，在金军不停地进攻、魏胜不停地防守与胜利之中，海州之战一直持续着，直到完颜亮于1161年底被杀，金军全部撤退回北方，海州之围才解，魏胜也率军取得了海州之战的初步胜利。

但这只是初步胜利。因为完颜亮死后，金国新皇帝世宗完颜雍并没有放弃南下灭宋的战略，不久就发动了大规模南侵，兵锋仍直指海州，于是爆发了另一次海州之战。

但这个暂且不说，先说完此次完颜亮的伐宋。

一个文官在战争中拯救了南宋

除了海州与唐岛之战外，此次完颜亮伐宋还有一场重要的大战，就是采石之战。

1161年的这次南征，完颜亮几乎出动了倾国之兵，据说多达六十万

---

① 原文参见脱脱，等. 宋史[M]. 北京：中华书局，1985年，列传第一百二十九.

人，号称百万，是历次金伐宋之中兵力最多的一次，想要一举灭亡南宋，征服整个中国。虽然一开始就在海州失利，但这并没有影响他的计划。他只派出小部分兵力继续围攻海州，绝大部分兵力依然南下，声势十分浩大，"毡帐相望，钲鼓之声不绝"。

不久金军用浮桥顺利渡过淮河，向南宋的江淮地区发起了进攻。

这时候镇守淮西的是刘锜，镇守淮东的是王权。由于金军来势汹汹，王权不敢对敌，很快就放弃了要地庐州。这时候刘锜已经老了，身体也不好，孤掌难鸣，只得暂时退守扬州，等于是不战而将两淮之地都送给了金人。

消息传到朝廷，宋高宗大惊失色，许多大臣甚至把家属都搬出了临安，准备南逃，高宗还给宰相陈康伯下了一道手诏："如敌未退，散百官。"①都准备要解散朝廷，大家各自逃命了。

这时候陈康伯显示了过人的勇气。他的家属本来不在临安，他竟然反而把他们接过来了，表示全家要与临安共存亡，这才勉强安定了局面。在他的极力促请之下，宋高宗也终于答应御驾亲征。

到 1161 年底，金军已经攻到了长江边的采石，就是前面提到过的采石矶。它位于安徽省东部马鞍山市的长江北岸，是一大块向长江江心凸出的岩石。该处江面十分狭窄，成为渡过长江天险的天然近道，因此自古都是江防重地。

这时发生了一件可能危及整个战局甚至南宋命运的大事。

原来，当金军大举南下，已经到达长江边时，高宗竟然阵前换将，用成闵撤换了刘锜、用李显忠撤换了王权。

这时王权正率军驻扎采石，接到诏命后，虽然李显忠还没有来，他

---

① 脱脱，等. 宋史[M]. 北京：中华书局，1985 年，列传第一百四十三.

就放弃了军队，自己走掉了。他的军队顿时群龙无首，而敌人的大军就在对岸！这是何等荒唐。倘若金军在这个时候马上渡江发起进攻，肯定可以轻松地击溃此前就被金军吓坏、已是一群散兵游勇的王权军。那样一来高宗和南宋就危险了！真可能有灭国之祸，要知道这时候的金军多达几十万人！

但一个人出现了，挽救了危局。他就是虞允文。

虞允文当时只是掌管诏令文书的中书舍人，是个文官，此次他奉命来到采石，目的只是要王权赶紧把兵交给李显忠。他来时竟然看到了这样的局面：附近已经到处都是敌军骑兵。我军却三五个一群，零落散乱，而且都已经解下马鞍、脱掉盔甲，就坐在路旁，他们就是王权的那些败兵。[①]

看到这样的情形，一般人可能马上就跑了，但虞允文没有，他把军官召集过来，鼓励他们要忠于国家，英勇战斗，抵抗入侵之敌。

那些将领看他一个文官都如此英雄气概，顿时也勇气倍增，纷纷表示要与金军血战到底。

但这时候的局势对宋军和虞允文来说都是极其不利的。

一方面是兵力极为悬殊。宋军不到两万人，金军实际数量就达四十万人之多，还有大量精锐骑兵，金军的舰只同样比宋军既多又大。另一方面虞允文还是一个文官，从来没有带兵打仗的经历。但他丝毫不惧，他首先要诸将在南岸列下大阵，准备迎战过江之敌。然后将战船分成五部分，其中两部分贴着长江两岸航行，一部分在江心航行，船中都是精兵，另外两部分则隐藏在南岸的小水道里随时备战。

刚安排好，金军已经大举过河了。只见完颜亮亲自举着一面红旗指挥几百艘兵舰飞速冲向江心，很快就有几十艘驶抵了南岸，直冲岸上的

---

① 原文参见脱脱，等. 宋史 [M]. 北京：中华书局，1985 年，列传第一百四十二.

宋军。宋军在强烈冲击之下被迫后退。

这时候虞允文直入宋军阵中，抚着勇将时俊的背说："我早就听说你勇冠三军，名闻四方，现在就看你的了！"时俊果然勇猛，只见他左右手各执一刀，如猛虎般冲向金军。将士们在他的带动之下也勇往直前，殊死奋战，杀声震天。

冲到南岸的金军只是少数，更多的金军还在江中。这时候江心的宋军兵舰出动了，它们都是非常灵活的海鳅船，船中又是精兵，在他们的奋勇冲击之下，许多金军战船被击沉了。但金军也很勇猛，仍死战不退。于是两军就在江中和南岸激战起来，一直打到黄昏时还没有分出胜负。

这时候也是天助宋军了。只见一支宋军奔了过来，原来是在光州被金军打败的残兵。他们的战力并不强，但虞允文想到了一个办法，他把许多战旗战鼓交给他们，要他们故意从山后面转出来，又摇旗又擂鼓，喊声震天，仿佛一支大军杀了过来。金军一看到这架势，顿时崩溃，转身就逃。宋军在后紧追，又杀死了大量敌军，许多人跳进江中被淹死。对于那些没有来得及逃入江中的金军，虞允文下令将他们全部杀掉，不留活口。

虞允文知道金军不会甘心失败，于是又将兵马分成两部分，一部分开往上游，另一部分往下游。不久果然许多金军舰只又大举来攻，他们突然看见宋军舰只同时从上下游冲来，左右夹攻，而且是火攻。金军措手不及，很快大败，几百艘船只被烧毁，这样一来再也不敢渡江了。

这就是采石之战。正是依靠虞允文这个文官的勇敢果断，此战才取得了大胜，挽救了南宋朝廷的危局。

完颜亮之死

完颜亮这次是起了倾国之兵，志在灭宋，哪里甘心失败，而且此时他的大军主力仍在，于是暂时放弃渡江，直扑扬州，准备从那里渡江。

以倾国之兵一败于海州，再败于采石，完颜亮不由得气急败坏，在扬州他召集诸将，强令他们在三天之内渡过长江，否则要把他们全都处死。

这就决定了他的结局。

实际上这时候金国国内已经发生了政变，东京留守完颜雍杀死了忠于完颜亮的副留守高存福，登基称帝，就是金世宗，许多将领已经归心于他。完颜亮自恃倾国之兵都在他手上，只要灭了南宋，完颜雍就会不战而溃，因此不理国内之事，继续攻宋。正因为如此，他才急不可耐地想要尽快渡过长江，灭掉南宋。

他的将领们经过和魏胜、虞允文的两番大战，知道宋兵强大，根本不可能在三天之内渡江。为了自保，他们很快商量好了对策，就是杀掉完颜亮，然后自愿撤军，新皇帝完颜雍当然不会追究他们，他们就有活命的机会了。

众将一齐叛变，完颜亮哪有活命的机会？很快就被杀掉了。

要知道金军这时候的整体战力依然强大，倘若再次全力发起进攻，以南宋此时的兵力未必能抵挡得住，所以有古籍说：

如果不是完颜亮暴躁嗜杀，自己激起三军叛变，那么已经到了采石的金军可不容易被赶走。当时虽然完颜亮被杀，金军北撤，但仍军纪严明，阵容齐整，全军竟然没有一个人降宋或者逃亡，这样的军队哪是容易对付的！所以这真是天助大宋啊。[1]

---

[1] 原文参见罗大经.鹤林玉露·甲编[M].上海：上海古籍出版社.2012年.

这里的意思很明白，这次南宋得以逃脱灭国之祸，主要并不是魏胜或者虞允文的功劳，而是老天不让宋亡。

这是 1161 年底的事。

海州再唱空城计

完颜亮被杀后，金国新帝金世宗并没有放弃灭宋的企图，他很快又挥军南下，目标仍直指海州，于是爆发了第二次海州之战。

此前打败完颜亮之后，魏胜采取了一系列措施增强实力。他不停地训练军队，使之更加锐不可当，又对从北方金国来的人十分友善，甚至和他们同住一个屋檐下，表达了对他们的信任，这使得更多的人从北方来归，并且把金国的山川、地理、驻军等情形一一告诉了他，使他对敌情了如指掌。

略带讽刺的是，这时候魏胜仍然只是一介平民，但他对那些勇敢作战的将士以及从北方来投的义军首领给予了各种奖赏甚至封官的许诺。后来多亏李宝十分欣赏魏胜，高宗又很喜欢李宝，于是在李宝的斡旋之下，魏胜的承诺都得到了高宗的首肯。

1162 年，金世宗先派出十万人军队攻向海州。他以为凭这支大军打下小小的海州不是难事，但在魏胜与李宝的水陆两路迎击之下，很快大败，损失惨重，"斩首不可计，堰水为之不流"[①]。

世宗大怒，又派出太师乌珍（又名五斤）率二十多万大军攻向海州，将小小的海州重重包围。但金军并没有马上发起进攻，因为他们发现城墙上静悄悄的，竟然一个人也没有，连旗帜都没有树起来，仿佛是一座空城。

---

① 脱脱，等. 宋史 [M]. 北京：中华书局，1985 年，列传第一百二十七.

金军不敢轻举妄动。这样一连过了几天,后来发现城内依然如此。他们当然不能就此罢休撤军,于是终于发起了狂猛的进攻。无数云梯架向城墙,金兵如无数只蚂蚁般爬在云梯上,还有石炮将大石头抛向城中,又有大量士兵身背土袋,把它们投入护城河,要填平它。

当金军冲向城墙时,一开始城内还是静悄悄的,当金军攻到城边时,只见城中突然树起了无数旗帜,战鼓之声响起,战士们涌上城头,向攻城的金兵发起了猛烈的反击,如雨的利箭与大石甚至滚烫的铁水从城头浇下。城门洞开,从城中冲出一队队火牛,牛角扎上了尖刀,尾巴绑着火把,冲向金军战阵。金军大乱,攻势很快就被瓦解了。

后来李宝也派兵支援,在两军的并力进攻、内外夹击之下,金军大败撤退,魏胜也取得了海州之战的最终胜利。

这是 1162 年 5 月的事,此后魏胜被任命为都统制,继续镇守海州。

第二十七章

乾淳之治

时间：孝宗时代　1162年　1163年　1165年
地点：宿州　临安
人物：高宗　孝宗　李显忠
事件：高宗禅位　隆兴北伐　惨败符离　隆兴和议　乾淳之治

就在第二次海州之战结束后不久，1162年7月，南宋朝廷发生了一件大事，就是高宗禅位。

太祖后代当上了皇帝

这时候宋高宗的身体还很好，年纪也不算老，只有55岁，但他却不想当皇帝了，要把帝位让给太子。至于原因，就是"倦勤"，就是当皇帝事太多、太累了，所以感到疲倦不堪，不想干了。

这在当时并没有引起太大的争议：一则因为高宗当皇帝已经相当久，达35年，已经到了可以休息的时候；二则因为太子已经深得臣心民心，高宗自己也很喜欢太子，因此甘愿将帝位让给他。

于是事情就这么定下来了。宋高宗将帝位让给太子，自己当太上皇，新皇帝就是宋孝宗。

宋孝宗是太祖赵匡胤的七世孙，太祖四子赵德芳的后裔，父亲是赵子偁，1127年生孝宗时只是小小的嘉兴丞。赵子偁的夫人本姓张，据说曾梦见一个人送给她一只羊，不久就怀孕了，生孝宗时，"红光满室，如日正中"①。

因为母亲生他时梦见了羊，因此孝宗有一个小名就叫羊。他也是属羊的。根据中国的传统观念，十二生肖中属羊者主要的特点之一就是孝顺。

1127年，高宗曾生下他唯一的儿子，但夭折了，按理说应当从和他血缘相近的亲属中选定太子。但这时候宋高宗的皇后做了一个奇怪的梦，要高宗在太祖的后代中寻找太子。高宗一听，也觉得有道理。正当此时，有一个大臣上奏，同样要他立太祖之后为太子，于是事情就这么定了。《宋史》有这样的记载：

高宗道："太祖英明神武，一统天下，但他的子孙却没有能够统领国家，还遭到了许多艰难困苦，星流云散，非常可怜。如果我不效法仁宗，从天下百姓的角度去考虑事情，那么何以告慰先帝的在天之灵！"于是下诏，选太祖之后继承帝位。②

高宗这样做的确是有道理的。因为太祖死时已经有几个成年的儿子，而且儿子们也并不是无德无才之人，完全可以继承大位，但却让弟弟赵光义当上了皇帝，这的确是有违法统的，许多大臣也认为确实到了将帝位还给太祖子孙的时候了，对高宗的这个决定纷纷表示赞成。

于是，到了1132年，高宗选中了时年5岁，与高宗儿子同龄的太祖

---

① 脱脱，等. 宋史 [M]. 北京：中华书局，1985年，本纪第三十三.
② 原文参见脱脱，等. 宋史 [M]. 北京：中华书局，1985年，本纪第三十三.

后代赵伯琮，将他作为太子养在宫中。

新太子没有让朝廷失望，很快就显示了过人的天赋，"读书强记，天资特异"。朝廷上下一片欢欣鼓舞，对新太子充满了期待。

这些人中包括岳飞。1138年，高宗召岳飞到临安，让他见了太子。太子虽然只有11岁，但已经让岳飞兴奋非常，感叹道："大宋社稷有主了，中兴的基业应该就是这个孩子了！"[1]

1160年，年已32岁的孝宗终于被正式册立为太子。消息传开后，朝廷上下甚至百姓都一片欢腾。

第二年完颜亮就率军大举攻宋，想要灭宋而一统天下。他顺利占领了两淮之地，许多大臣都是胆小鬼，想要高宗往南逃跑，作为太子的孝宗坚决反对，甚至要求自己当先锋率军前往抗敌。

后来在魏胜、李宝等的英勇抵抗之下，加上金世宗在后方称帝，完颜亮被部下杀死，使得金人南征失败。但高宗也看出来了太子已经完全可以担当大任了，便下诏传位。

关于传位的情形，《宋史》有如下记载：

太上皇帝的车驾往德寿宫而去，宋孝宗穿上袍子和靴子，步行走到祥曦殿门口，当时正下着雨，孝宗冒雨在旁边扶着太上皇的车驾行走，一直走到了宫门还不停步。太上皇感谢之余，再三请他不要送了，甚至令左右侍从强扶着他回去了，他对大家说："我找到了值得托付天下的人，再也没有遗憾了。"左右都高呼万岁。[2]

这样禅让帝位的情形恐怕古今中外都是独一无二的吧！

继位后，孝宗和高宗最大的不同是他不主和而主战，将收复北方被金人占领的中原故地视为自己的神圣使命。

---

[1] 原文参见脱脱，等. 宋史[M]. 北京：中华书局，1985年，列传第一百二十四.

[2] 原文参见脱脱，等. 宋史[M]. 北京：中华书局，1985年，本纪第三十三.

隆兴北伐与符离惨败

继位的第二年，1163 年，宋孝宗就任命张浚为统帅，率大军十余万人北伐。这就是隆兴北伐。隆兴是孝宗的年号。

这次北伐主要有两支军队，分别由淮西招抚使李显忠和御前诸军都统制邵宏渊统领。李显忠一向有收复中原之心，得令之后很快北上，渡过淮河，攻打灵璧（今安徽灵璧县），很快大败金军，收复了灵璧。接着又协助邵宏渊收复了不远的虹县，再攻相邻的宿州，再次大败金军，顺利攻克宿州。

金军发起反攻。先派出精兵万人进攻宿州，被李显忠轻松击败。此后又派出由孛撒统领的十万大军直逼宿州城下。李显忠丝毫不惧，主动出击，一度击退了金军。这时他要求同在宿州的邵宏渊和他一起进攻，左右夹击金军。如果邵宏渊及时配合完全可以打败金军。但邵宏渊根本不想打仗，他按兵不动。

当时已经到了夏天，天气很热，邵宏渊在阵前竟然对部下说："天气这么热，我们就是站在这里打扇还热得受不了，何况在烈日之下披着盔甲打仗呢？我可不干！"这样一来他的部下也不想出战了，于是整个军心都被动摇了。

结果，李显忠虽然英勇奋战，但孤掌难鸣，被金军打败。

本来这时候宋军并没有多大损失，完全可以守住宿州城。但到了晚上，邵宏渊的儿子邵世雄竟然率部下逃跑了。他一跑，许多其他将领也跑了，宋军兵力大损。

不久金军大举攻城，李显忠率军竭力防御，杀死了不少敌人，打退了金军的一波波攻击。他又想要邵宏渊率军从城外夹攻金军，邵宏渊不但不听，还说金军会越来越多，要是现在不跑就来不及了！

李显忠看到这样的情形，知道邵宏渊要跑了，他一跑，自己一支孤军根本守不住宿州，怕要全军覆没了！因此也只好连夜撤退，放弃了宿州。

收复宿州后，金军没有放过撤退的宋军，在后紧紧追击，不久在一条河边追上了宋军。

在金军的大砍大杀之下，宋军尸横遍野，血流成河，还有许多人被赶进了河中，活活淹死，军需物资也损失巨大，如史籍载：金军追到符离，宋军大败，跳进河中淹死的不计其数，金人乘胜前进，斩首四千余级，缴获盔甲三万副，宋军丢失了全部辎重。①

这就是1163年夏天的符离之战。

符离之战的惨败也决定了隆兴北伐的失败。

经过此战，宋孝宗意识到收复中原失地是不现实的，于是宋金再次和议。这就是隆兴和议。

和议的大致内容是宋金从此不再是君臣之国，而是叔侄之国，金为叔、宋为侄，宋帝不再向金帝称臣，因此宋朝每年给金的"岁贡"也改称"岁币"，岁币的数额也有所减少。但南宋要把此前已由魏胜等占领、在"绍兴和议"中归属金国的海州还给金国。

这是1165年的事。和议达成之后，从此宋朝不再是金国名义上的藩属国了。这涉及国家的根本，是最大的收获。

虽然有所收获，但总的来说这次北伐是南宋失败了，因为北伐的根本目的是要收复被金人占据的河山，但没有收复一寸土地！因此元人刘一清在《钱塘遗事》中谈到高宗与孝宗时说："高宗之朝，有恢复之臣而无恢复之君。孝宗之朝，有恢复之君而无恢复之臣。"

的确如此！

---

① 原文参见毕沅．续资治通鉴[M]．北京：中华书局，1999年，卷第一百三十八．

又一个美好的时代

　　隆兴和议达成后，宋金之间有近 40 年无战事。孝宗专注治理国家，他本来就能力出众且有爱民之心，使南宋经济很快就繁荣起来，人民安居乐业，出现了"乾淳之治"的繁荣局面。乾淳是孝宗的两个年号乾道、淳熙的结合，从 1165 年一直持续到 1189 年。

　　就在乾淳之治期间，宋高宗去世了。

　　退位之后，高宗的生活是相当美好的，一则身体健康，二则家庭或者说宫廷和睦，加上天下归心，繁荣昌盛，他这个太上皇当得自然是有滋有味，逍遥快活。特别是他和孝宗之间虽然不是亲生父子，但关系之亲近远胜于一般的亲生父子，真可以说是"父慈子孝"的典范了。

　　要知道孝宗之所以被称为孝宗，就是因为他最大的人格特质是孝，他对高宗可以说孝顺无比，在这一点上古往今来的帝王之中几乎独一无二，所以才得到了"孝宗"这样的庙号。

　　宋高宗死于 1187 年，活了整整 80 年，是中国古代帝王中少有的高寿了，其中当皇帝 35 年、当太上皇 25 年，两者相加刚好 60 年。

　　《宋史》中对高宗的评价是很客观的，褒贬则是六四开，褒多于贬。褒扬的地方主要是说他这个人本性不错，为人谦逊有爱心，是个厚道之人。而且他处在一个特殊的时代，历经了许多艰难困苦，如外有金人入侵、内有苗刘之乱，都对他造成了极大的打击，是值得同情的。但他也犯了不少错误，其中主要者就是偏安江南，以《宋史》中的话说就是："高宗只是一味苟且偷安，吞下耻辱，有仇不报，遗忘亲人，终不免于被后世讥讽，真是可悲！"[①]

[①] 原文参见脱脱，等. 宋史 [M]. 北京：中华书局，1985 年，本纪第三十二.

高宗之死使一向极为孝顺、与高宗父子之情极为深厚的孝宗十分悲痛，两天粒米未进，更无心朝政。即使在高宗下葬之后，孝宗每个月的初一和十五也都要穿着白色的丧服、拄着拐杖去高宗所居的德寿宫祭拜，哀痛如初。《宋史》在这里不由得感叹说：

孝宗之为"孝"，其无愧焉！[①]

由于实在太过伤心，孝宗已经无心再当皇帝了，因此在高宗去世仅一年多之后，1189 年初，宋孝宗就禅位于太子，自己也当太上皇去了。

新帝就是宋光宗赵惇。

[①] 原文参见脱脱，等. 宋史[M]. 北京：中华书局，1985 年，本纪第三十五.

第二十八章

不孝光宗

> 时间：光宗时代　1189年　1194年
> 地点：临安　重华宫　泰安宫
> 人物：宋孝宗　宋光宗　太皇太后　李凤娘　赵扩
> 事件：拒见父亲　被迫退位

宋光宗是宋孝宗的第三个儿子，由于两个哥哥都早夭了，因此他便成了太子。关于他没多少东西可说，在《宋史》中只有短短一节，还比不过许多臣子。之所以如此有三个原因：

一是他只当了5年皇帝，即从1189年到1194年，1194年时就禅位于太子赵扩，就是宋宁宗。

二是他在位期间没有什么作为，也没有什么大事发生，可记载的事当然也少。

三是对他的评价不高，他只当了5年皇帝就禅位了，但光宗之禅位和高宗、孝宗大不一样，高宗与孝宗都是自愿禅位的，光宗却不是，他是被迫让位的。

拒见父亲的儿子

让位的原因说起来可笑可叹也可悲，是因为他不孝。

这在中国历史上是独一无二的"风景"，是光宗时代最值得记述的内容。

本来，有了孝宗这样孝顺又贤明的好父亲，又在身体还很好时就把帝位让给了他，光宗应该充满感激、更加孝顺才对，但他却完全不是这样，对父亲非常不孝。

《宋史》中记载光宗的篇幅不多，而且大都是些流水账，不是流水账的主要就是一项内容——描述他的不孝。

他不孝的表现很简单，主要就是不去探望让位给他的父亲孝宗。

孝宗退位后住在重华宫，《宋史》中的《光宗本纪》中用得最多的词之一就是"重华宫"，其中"请朝重华宫"就出现了六次，加上内容相似的词，共不下十次。它是什么意思呢？就是臣子请光宗去重华宫看望父亲，但光宗就是不去。例如以下就是一段：

重明节，百官上寿，侍从、两省请光宗去重华宫探望太上皇，他不听。……甲申，光宗准备去重华宫看太上皇，但被皇后制止，中书舍人陈傅良拉着光宗的衣摆竭力规劝，但光宗不听。戊子，著作郎沈有开、秘书郎彭龟年、礼部侍郎倪思等都纷纷上书，请求他去重华宫探望太上皇。[①]

光宗不听臣子的劝谏，坚决不肯去重华宫探望父亲。有时候臣子有这样的奏本上来，他不但不听，甚至连理都不理。

光宗这样对待父亲，是父亲有什么地方亏待了他吗？没有。相反，

---

① 原文参见脱脱，等. 宋史[M]. 北京：中华书局，1985年，本纪第三十六.

孝宗对儿子一向很好,例如《宋史》中有这样的记载,孝宗经常在臣子面前称赞还是太子的光宗,说他资质好,还经常叮嘱他要好好学习。即使退位后,儿子对他不好,不来看他,他也没有责备,只是对臣下说想念儿子:"朕自秋凉以来,思与皇帝相见。"[1]

有一个这样好的父亲,光宗竟然见都不想见,这样的作为不但广大朝臣,就是普通百姓也看不下去。结果就是包括宰相在内的许多朝臣都拒不上朝了,说自己有这样那样的过错,没脸见皇上,要在家"待罪",甚至请皇上罢免自己的官位。两百多个太学生还集体上书,请求光宗去重华宫探望父亲,但这样的上书光宗看了依旧不理不睬。

光宗这样的行为在当时看来简直是大逆不道,连老天都看不下去了,于是天上就现出了异象,太阳中间有了黑子……太白金星大白天都可以看见,地上长出了毛发,晚上出现了红色的云和白色的气。如此等等,被认为都是不祥之兆,是上天发怒的标志。

但光宗还是不知悔改,甚至托病不上朝,当然更不会去探望父亲了,结果就是不但皇帝的很多侍从和太学生跑了,而且朝中竟然有百多位在职的官员也跑了,完全是众叛亲离,要让光宗成为孤家寡人的景象。

即使到了这个地步,光宗仍执意不去探望父亲。当然间或也去过,但次数远远不够。

这样的结果就是从朝廷到民间对他的不满与怨恨越来越强烈了,但还没有到起来造反,要罢免他帝位的程度。

使光宗丢掉帝位的最后一根稻草是孝宗的死。

---

[1] 脱脱,等.宋史[M].北京:中华书局,1985年,本纪第三十六.

因不孝被赶下台的皇帝

1194年中,宋孝宗病重,丞相留正、知枢密院事赵汝愚等朝廷大员都请求光宗去看一下父亲。未来的宁宗,皇子赵扩也哭着恳求他,光宗仍然拒绝。

不久孝宗去世了,百官请求光宗根据礼法举行祭礼,好好安葬父亲,但光宗借口自己身体不好,完全不理这事,又说他要自己在宫中服丧,让丞相代他处理丧事。

父亲去世,儿子竟然不亲自办丧事,而要别人代办,自己待在屋子里不出来。这是何等荒唐,搁到一般百姓恐怕要被官府或者亲戚邻居活活骂死,光宗身为皇帝,臣下当然不能打他或者公开骂他,但他们对他的忍耐已经到了极限,这样的结果就是:

甲子,太皇太后因为皇帝生病了,没有处理丧事,下令皇子嘉王在重华宫的素幄里即皇帝位,尊皇帝为太上皇帝,皇后为寿仁太上皇后,移居到泰安宫。①

这里的太皇太后是高宗的皇后,相当于光宗的奶奶,是当时朝廷中地位最为尊贵者。她在诸大臣的强烈要求与公开支持下,以光宗不为父亲办丧事为由强迫他将帝位禅让给儿子赵扩。赵扩虽然是光宗唯一活着的儿子,但当时还不是太子,在太皇太后与群臣的支持下,就在孝宗所居的重华宫、在举行葬礼的白布(素幄)之下登基为帝,就是宋宁宗了。

至于光宗,他被赶到了泰安宫,这是1194年的事。

被迫当了太上皇的光宗从此郁郁寡欢,6年之后就去世了。

关于他,《宋史》评价道,光宗早年聪明,刚即位时也办了一些好事,但他不幸有个好妒、凶悍的皇后,光宗也被这位皇后控制,甚至因受到

---

① 原文参见脱脱,等. 宋史[M]. 北京:中华书局,1985年,本纪第三十六.

她的惊扰而得病，朝政更是混乱不堪，加上他越来越不孝顺，终于葬送了孝宗留给他的乾淳之治的大好局面，使南宋国势日益衰落。

这里提到了光宗的皇后，她就是李凤娘，以悍与妒闻名，据说正是她极力阻止丈夫去见父亲。

王夫之在评价光宗时也感叹道："像光宗这样大不孝而且毫无惭愧之心的君主，恐怕天底下没有第二个了！"[1]

王夫之和《宋史》对光宗的评价都是很低的，相对来说，《宋史》对孝宗的评价就很高了，例如说他是一位贤君，既聪明又果断，可以说是南宋诸帝中最为了不起的那个！更有甚者说，孝宗并非高宗的亲生儿子，却能够对高宗至为孝顺，可谓父慈子孝、和睦有加，父子还能同享高寿，这简直是古今唯一！

光宗虽然不是个好皇帝，但在他执政的几年中也有一个好处，就是维持了与金国之间的和平局面。

但这种和平局面到光宗之后的宋宁宗就结束了，这是因为当政的太师韩侂胄又向金国开战了，这就是1206年的开禧北伐。

---

[1] 原文参见王夫之.宋论[M].北京：中华书局，1964年，卷十二.

第二十九章

自不量力

时间：宁宗时代　1206年　1207年　1217年　1219年　1221年　1224年

地点：泗州　六合　襄阳　枣阳

人物：宋宁宗　韩侂胄　毕再遇　朱熹　辛弃疾　陆游　郭倪　吴曦
　　　李好义　扈再兴

事件：侂胄专权　开禧北伐　吴曦叛国　六合之战　第一、二次枣阳之战

宋宁宗生于1168年，母亲是光宗的皇后李凤娘，所以他的皇室血统是最纯正的。加上他的同母哥哥早亡，他成了光宗唯一活着的儿子，也顺理成章成了皇位唯一的继承人。当1194年光宗因为不孝被以赵汝愚、韩侂胄为首的群臣与太皇太后逼迫退位后，他就当上了皇帝。

宁宗当皇帝的时代主要发生了两件大事：一是韩侂胄的专权，二是宋金战争。

小人的专权与好大喜功

韩侂胄是外戚,母亲是高宗吴皇后的妹妹。他既无才能,人品也低下,可以说是个小人,但依仗外戚的关系得以身居高位。

前面说过,宋光宗被赶下台,他也在其中起了关键作用。当时太皇太后居于深宫,平时并不干政,一般大臣是见不到的,但韩侂胄身为太皇太后的外甥却有这个便利。他进宫跑到了太皇太后那里,把外面群臣的想法告诉了她。太皇太后当即表示同意,这才出来暂时垂帘听政,宣布光宗退位,宁宗继位。

此后韩侂胄自以为功劳巨大,就开始设法掌握朝政。他先是找借口赶走了宰相赵汝愚,朝中许多大臣不服他,他就用种种诡计把他们也通通赶走,其中包括上奏弹劾他的理学宗师、著名大儒朱熹,朱熹当时刚刚从地方到中央为官。史书中是这样说的:

韩侂胄操控朝政,经常找机会作威作福。……朱熹上奏皇帝,揭露韩侂胄的胡作非为,韩侂胄大怒,派了一个戏子戴着高高的帽子,衣服也有宽大的袖子,就像一位大儒的样子,在皇帝面前戏耍,朱熹很生气,于是离开了朝廷。①

朱熹是有名的大儒,平日自视清高,平时也是戴着高高的帽子,衣服也有宽大的袖子,举止十分庄重,很有仪式感。韩侂胄竟找来一个戏子装扮成朱熹的样子,在宁宗面前演戏扮小丑,这明摆着是嘲讽朱熹,朱熹本来就是很要面子的人,哪受得了这样的窝囊气,于是挂冠而去。

韩侂胄不但赶走了朱熹,还宣称朱熹倡导的理学是伪学,加以禁止,还把许多不愿意与他为伍甚至批评他的官员称为"伪学逆党",大肆迫害,这就是所谓"庆元党禁"。

---

① 原文参见脱脱,等. 宋史[M]. 北京:中华书局,1985 年,列传第二百三十三.

不过韩侂胄也起用了一些有名的人物，其中就包括著名的诗人辛弃疾。另一个著名诗人陆游也曾经为韩侂胄写过《南园记》，以十分优美的笔调描写了南园之美："其地实武林之东麓，而西湖之水汇于其下，天造地设，极山湖之美。"文中还大大地吹捧了韩侂胄，甚至拿韩侂胄与姜子牙比，真是相当夸张。

辛弃疾与陆游都因为与韩侂胄的这些交集而受到后人的讽刺，成为他们人生的污点。

就是靠着种种旁门左道、阴谋诡计，韩侂胄彻底掌握了朝政大权，几乎所有政事都由他一个人说了算，如史书所言：

一群小人阿附着韩侂胄，他可谓权势滔天，只要想做什么，就是当朝宰相也不敢说二话，甚至印了一些空白的官方文书给他，随他怎么用。①

他连皇帝都不放在眼里，在皇室的宗庙旁边盖了一座园子，园中有小山，可以往下俯瞰宗庙，又把孝宗处理政务的宫殿据为己有，连那些老宫女、太监看了后都心痛得哭了起来。

韩侂胄不但专制，还特别好大喜功，想要北伐金国，收复中原。

1206年，韩侂胄兵分两路，分别以吴曦和郭倪为统帅，正式出师北伐。这就是开禧北伐。开禧是宁宗的年号。

吴璘的不肖子孙

吴曦是西路军的统帅，他是前面说过的抗金英雄吴璘的孙子，因为爷爷的关系他很早就当上了大官，此时已经是太尉。

但吴曦只想回四川。为什么呢？因为他想要造反了。他看到在韩侂胄的专制下，南宋朝廷一片黑暗，他觉得这样的朝廷很快就要完了，因

---

① 原文参见脱脱，等. 宋史[M]. 北京：中华书局，1985年，列传第二百三十三.

此想要回到根据地,在那里割据一方。

为了回到四川,他表面上投靠了韩侂胄,大表忠心。韩侂胄本来就只用阿谀奉承之人,看到吴曦身为名将之后竟然投靠自己,非常高兴,于是不顾有人反对,北伐开始之时就任命吴曦为西路军统帅,而且将西部的财权与兵权全都交给了他。

这正中吴曦下怀。他很快偷偷派人去了金国,表示愿意献出陕西一带靠近金国的四个州,只求金人封他为蜀王。金人能白得四州之地,又可以使得南宋失去天府之国,如何不答应?

得到金人的首肯后,吴曦不但不出兵进攻金军,反而下令撤退。不久金军猛攻西和,宋军将士哪知吴曦的阴谋,奋起抵抗,于是发生了这样奇葩的事:当时吴曦已经在金营里面派去了心腹,但宋军将士并不知道这一点,仍奋力作战,金人看到这样的情景,不由得心中暗笑。[1]是啊,这的确是极大的讽刺。

不久,吴曦就公开宣布接受金国的蜀王封号,并且将凤州等四州献给了金国。

吴曦的背叛激怒了他许多忠于大宋的部下以及民间义士,他们有的弃官而去,有的起来反抗。以吴曦部下的大将李好义为首,七十名勇士悄悄潜进了吴曦的王府,一举斩杀了吴曦,还把他的妻子、儿女、同党甚至亲族几乎全部诛杀,甚至将吴璘的所有子孙全都赶出了四川。

吴曦的叛变虽然就此平定,但也意味着北伐的西路军彻底失败了。

惨败中的英雄

再来说东路军。统帅是郭倪,他以毕再遇为先锋,首攻泗州(今安

---

[1] 原文参见脱脱,等. 宋史[M]. 北京:中华书局,1985年,列传第二百三十四.

徽泗县）。

这位毕再遇可不简单，他父亲是岳飞手下大将，自己从小习武，武艺高强，尤其箭术超神。史书中是这样描述他的：

毕再遇外表威猛，孔武有力，年轻时就以一双铁拳而闻名。他平时并不显山露水，像是一个随遇而安的好好先生，但当战争爆发，其他宋将遇到敌人不堪一击甚至逃之夭夭，毕再遇才开始威名远振，成为一代名将。[1]

这次当上先锋后，他从军中挑选了几十个勇士作为敢死队员，本来准备大家化装成客商混进城中，好攻城时里应外合，但守城金将事先得到了消息，将城门紧闭。但毕再遇毫不惊慌，因为他早有了预案。泗州有东西两座城，他先虚张声势，大张旗鼓地率军到了西城，好像要发起进攻。但当天深夜就亲率精兵到了东城的东南角，一下子就攀上了城墙。这里的金军根本没有防备，很快就被斩杀数百人。其他人被打怕了，打开城门逃跑了。宋军一举占领了东城，西城也很快就打开城门投降了。

此后，毕再遇又去攻打徐州。此前，郭倪命毕再遇攻泗州时，另外派了一支更大的部队在郭倬的率领下攻向距泗州不远的大城宿州，但在宿州城下被打得大败。毕再遇在进军途中遇到了攻打宿州的败兵，他的部下也有人想要撤退。毕再遇坚决不同意，继续北进，攻占了灵璧。

金军很快就打来了，他们早就听说了毕再遇的大名，看到毕再遇杀气腾腾的样子，吓得转身就逃。毕再遇在后紧追，他高举双刀，左右挥舞，杀死了很多敌军，身上的盔甲都被鲜血染红了，堪称英雄。

但这没有什么用，因为宋军主力在宿州惨败，宋军只得撤退。这是1206年的事。

---

[1] 原文参见脱脱，等. 宋史[M]. 北京：中华书局，1985年，列传第一百六十一．

这也意味着这次北伐的东西两路大军都失败了，于是整个开禧北伐以惨败收场。

但还没有完，就在打败南宋的东路军之后，金军大举南下，发起了主动进攻。

这次金军以仆散揆为统帅，兵分九路，来势汹汹。其中一路攻向长江中游，不久渡过汉水，攻克枣阳和要地樊城，直逼襄阳。襄阳一失，金军就可以顺流东下，直赴建康，南宋就危险了。另一路金军主力渡过淮河，一路势如破竹，整个淮南之地几乎转眼就全被金军攻占，南宋形势危急。

毕再遇再唱空城计

当此之时，能够与金军抗衡的宋将只有毕再遇了。

他认识到现在最重要的是守住六合（今江苏南京六合区），因为六合一失，金军就可轻易渡过长江，于是率军奔赴六合。

当毕再遇到了六合时，金军已经到达了距离六合只有二十多里的竹镇。

远远望金军如潮水般涌来，毕再遇又唱了一出空城计。

他下令把旗帜全部撤下，战鼓也不再敲响，战士们一个个伏在地上，从城外望去，六合已经是一座空城，一片静默。

金军虽然有些害怕，但自恃兵多，仍冲了过来，等他们冲近护城河时，只见城上伏兵四起，如雨利箭飞了过来，其中许多是强弩射出来的，杀伤力比普通弓箭大得多，冲在最前面的金军顿时被射成了筛子，有的甚至被一箭贯穿。同时六合城上战鼓也如雷声般敲响，惊天动地，无数旗帜高高竖了起来。那些金军虽勇，但哪里见过这样诡异又可怕的场面，顿时吓得转身就逃。宋军大开城门，追了出来，金军损失惨重。

不久金军又来了援兵十万人，再次攻向六合，将小小六合重重包围，发起了一波又一波猛攻。宋军也将如雨般的利箭不断射向敌人，但敌人越聚越多，宋军的箭都快用完了。这时毕再遇又想到了一个办法，他叫人举着一般只有统帅才能用的由厚厚的布做成的类似现在大伞的"青盖"，在城头穿来穿去，好像在指挥作战。金军看见了，自然是大射特射，把青盖射成了刺猬一般，结果竟然获得了二十多万支箭，宋军又有抵御金军的资本了。

金军统帅看到这样的情形，就暂时后退。但他们可不是真的撤退，而是找来了更多援军，不但将六合城团团包围起来，而且在城外扎上了大营，准备长期围困。

面对这样的绝对劣势局面，毕再遇不但毫不惊慌，而且还在城墙上唱起大戏来，锣鼓喧天，好不热闹！但这只是掩护，他会时不时来个突然袭击，并且经常是在出其不意的时间与地点发起攻击，使金军昼夜不得休息。

看到这样的情形，金军统帅没办法了，只得撤退。宋军对此也做好了准备，在后面就是一阵猛追，大败金军，还缴获了大批骡马粮草盔甲。

这就是1206年的六合之战。

此战虽然击败了金军，但也只是一场胜利。在从东到西的漫长战线中，绝大部分地方都是宋败金胜。仆散揆统领金军一再打败宋军，特别是在真州（今江苏仪征）之战中，金军斩杀的首级就达两万余颗，还活捉了宋军多名将领。

韩侂胄之死

这时候已经是1207年初了，此时金军几乎占领了整个江北之地，南宋形势一片危急。

然而，即使到了这样的时候，韩侂胄却依然还想打下去。

礼部侍郎史弥远看到这样的情形，知道只有除掉韩侂胄才可能平息掉这场战事。于是他找到了几个有同样想法的官员，然后又联系上了他的学生，宁宗之子荣王，再加上同样痛恨韩侂胄的杨皇后，由他们出面直接和宁宗谈了韩侂胄的事。

宋宁宗实际上久已厌恶韩侂胄的专横跋扈，于是下达了由他亲笔书写的密旨：韩侂胄执掌大权已久，但他轻率地发动战争，使从南到北生灵涂炭，极大地伤害了国家，现在要罢免他的平章之职，不再掌管军政国事。[1]

但史弥远可不会这样算了，他率领几百名士兵，乘第二天韩侂胄上朝时，就在半路上把他逮捕了，宣读密旨之后，就把他抓进附近的一个园子里杀掉了。

这是1207年11月的事。韩侂胄一死，金章宗爽快地答应了南宋的停战请求，甚至没有要求割让土地，只是将宋金由原来的叔侄之国改为伯侄之国，金为伯，宋为侄。另外岁币由每年二十万两增加到三十万两，绢由二十万匹增加到三十万匹，另外还要一次性送给金军将士三百万两银子。

这就是"嘉定和议"，南宋可以说是偷鸡不成蚀把米，相当丢人。后来宋宁宗对大臣感叹道："恢复岂非美事，但不量力尔。"[2]

智勇双全的"李逵"

虽然这次开禧北伐以失败告终，宋金之间也签定了和约，但这并不

---

[1] 原文参见脱脱，等. 宋史[M]. 北京：中华书局，1985年，列传第二百三十三.
[2] 脱脱，等. 宋史[M]. 北京：中华书局，1985年，列传第二百三十三.

意味着两国的战事彻底结束了，不过十年之后，仍是宁宗时代，宋金之间就发生了新的战争。

这次战争主要发生在长江中游，今天属于湖北的襄阳一带。

这时候金国的皇帝是金宣宗了，金国就是在他的手里迅速走向衰落的。

为什么会这样呢？主要是因为这时候在金国北部，一个新的民族，一支更加强大的力量崛起了，这就是蒙古人和大蒙古国。

1213年，已经强大起来的蒙古兵分三路，南下伐金，金军节节败退。第二年金宣宗逃到了汴京，眼看大片国土丧失了，他不是集中兵力对付蒙古人，而是老太太吃柿子——拣软的捏，想要攻打南宋，把在蒙古人那里丢失的领土从宋人这里抢回来。

1217年，金宣宗派出术虎高琪、乌古论庆寿等率军南下，攻向长江中游的襄阳与枣阳。

但这次和上次的毕再遇一样，又一个人站了出来，两人名字还有些相似，就是扈再兴。

扈再兴是淮南人，一个很特别的人。史书是这样描述他的：

扈再兴膂力强大，能随机应变。每当开战，他就披散头发，袒胸露腹，赤着双脚，挥舞双刀，高声大喊着冲入敌阵，无可阻挡。[①]

当金军气势汹汹地冲来时，当时的京西制置使赵方知道扈再兴的厉害，马上召他来对抗金军。

首战襄阳。面对强大的敌人，扈再兴很快想出来了一个办法，他和两个同伴孟宗政、陈祥将兵马分成左中右三队，他自己率领中队冲向敌人，与金军大战，但很快就佯败后退。金军追来，追了一会儿后，进入一座山谷，

---

① 原文参见脱脱，等. 宋史[M]. 北京：中华书局，1985年，列传第一百六十二.

突然左右两边伏兵杀出，扈再兴也掉头杀来，三路夹攻之下，金军大败，满山满谷都是金军的血肉残尸。

扈再兴一战成名。不久金军又进攻枣阳，扈再兴立即率军支援，金军一看到扈再兴又来了，转身就逃。不过没有逃太远，而是纠集了更多的兵力，又回来了，并且重重包围了枣阳。

由于金军占据了很大的兵力优势，宋军不敢主动进攻，两军在枣阳僵持了三个月。后来扈再兴又想出了一个办法。他在某天晚上将尖锐的铁蒺藜撒在地上，到了黎明时分，装着要跑路的样子，金军紧紧追来，结果很多人与马都被铁蒺藜扎伤了。这时候宋军杀了过来，再次大败金军。这就是第一次枣阳之战。

金军失败后，并不甘心。两年之后，1219年，以仆散安贞为统帅，分兵三路又大举攻宋，其中完颜讹可率军数万人攻向枣阳。

这次扈再兴更是计谋百出。例如他先放任金军渡河，渡到一半时就发起进攻，这是兵法中典型的半渡而击，杀伤了大量金兵。河边还有一个水坝，扈再兴让那些守坝的人装着逃跑的样子，金军冲了过来，想乘机抢坝，这时候扈再兴再率军杀了过来，金军一看是扈再兴，转身就逃，许多人掉进大坝淹死了。攻城时，金人想尽了一切办法，例如在枣阳城的对面建起了和城墙一样高的城楼，往城内射箭扔石头，还准备了攻城的冲车，又挖地道，甚至想去挖开附近的河堤，水淹枣阳。

但无论怎样，扈再兴都有办法对付，枣阳城依然安稳如山。

最后，金军统帅看到无计可施，只好撤退。扈再兴又率军杀了出来，在后猛追。金军损失惨重，不但很多人被杀，还丢弃了巨量辎重。第二次枣阳之战又是宋军取胜。

虽然在枣阳被打败，但金军并没有退却，而是继续攻宋，但一再被扈再兴击败。到了1221年，金军统帅仆散安贞眼看无法取胜，只得撤军。

至此，从 1125 年开始的长达近百年的宋金之战终于结束。

似乎扈再兴生来就是为了结束这场战争的，战争结束之后，他的使命也完成了，不久就病死了。

1224 年，宋宁宗也去世了。

宁宗虽然为帝 30 年，从 1194 年直到 1224 年，但其间政绩乏善可陈，没有采取什么特别的措施重振朝纲，于是南宋国势一路下降，为最后的灭亡埋下了伏笔。

宁宗死后，当时掌握大权的史弥远就立了赵昀为帝，即宋理宗。

第三十章

一雪前耻

> 时间：理宗时代　1224年　1234年
> 地点：临安　蔡州
> 人物：理宗（赵与莒）　史弥远　阎贵妃　孟珙　那颜倴盏　金国末帝哀宗
> 事件：赵与莒的奇遇人生　蔡州之战　灭亡金国

宋理宗是宋朝在位时间最久的皇帝之一，从1224年继位到1264年去世，当了足足41年的皇帝。

从平民到皇帝

理宗生于1205年。据说他的父亲梦见一个紫衣金帽的人来拜访他，当他醒来时，发现房间内闪耀着灿烂的五彩光芒，不久孩子就出生了，这就是理宗。

理宗出生三天后，家人突然听到外面有喧闹的车马声，好像有客人要来了，但出门去看又什么也没有。更奇幻的是，"幼尝昼寝，人忽见身隐隐如龙鳞"①。理宗小时候大白天睡着了,身上忽然可见隐隐约约的龙鳞。总之天生不是一般人,是"真龙天子"。

理宗的血统其实和当时的皇帝是很远的,他是宋太祖赵匡胤的十世孙,先祖是赵匡胤的次子赵德昭。一代代过去,与皇室的亲缘关系也越来越疏远,到他父亲这一代时已经与皇室的关联很薄弱。他父亲没有任何世袭封爵,只是最低级的小官山阴尉,日常生活几乎和普通百姓无异。宋理宗彼时的名字是赵与莒,就在这样的普通家庭出生、长大。

可悲的是,7岁时理宗的父亲就去世了。理宗的生母姓全,由于生活太艰难,就带着他和弟弟回到了娘家,寄居在她哥哥全保长家里。

后来宋宁宗的弟弟沂王死了,没有后嗣,便以宗室子弟赵均继为沂王。再后来宁宗所立的景献太子去世了,宁宗就立了赵均为皇子,改名为赵竑。但这样一来,沂王又没有继承人了,便在民间找到了赵与莒,让他继位为沂王,这是1221年的事。

据说这里还有故事,当时宁宗要宰相史弥远去寻找品行端正的宗室子弟继位当沂王。史弥远便把这个任务交给了余天锡。

有一次余天锡途经绍兴时遇到大雨,就到附近一户人家躲雨,这里就是赵与莒的舅舅全保长家。余天锡由此见到了赵与莒兄弟,也得知了他们是太祖之后。

余天锡见赵与莒举止落落大方,有王者之风,马上意识到了他就是沂王最好的继承人,于是赶紧向史弥远推荐了他。史弥远下令把兄弟俩接到了临安,亲自考察之下,觉得赵与莒的确是合适的人选。于是赵与莒就这样从普通百姓直升为沂王,真是一步登天!

成为沂王后,赵与莒改名为赵贵诚。他并没有因骤然发达而得意忘形,

---

① 脱脱,等.宋史[M].北京:中华书局,1985年,本纪第四十一.

如史书所言：

　　理宗性格沉稳庄重，不喜欢多说话，洁身自好而且热爱学习。每次上朝前都有一段等待的时间，其他人都在谈谈笑笑，只有理宗一个人独处，表情严肃。他进出宫廷殿宇时行动也极合规矩，举止端庄，使人一见之下都肃然起敬。①

　　一方面赵贵诚的确有君王气度，另一方面他此前已经当了皇子，而此时被当作未来太子培养的赵竑与当权的史弥远却越来越不和，史弥远于是越来越想改立赵贵诚为太子，但宁宗在世时一直没有成功。到了1224年，宁宗病入膏肓，史弥远于是赶紧先立了赵贵诚为皇子，并改名为赵昀。不久宁宗就去世了，当时史弥远掌握着国政，他派人转告杨皇后，说宁宗留下遗命，让赵昀继位当皇帝。

　　至于这个遗诏是不是真的就很难说了，重要的是杨皇后接受了史弥远的说法，于是赵昀就登基为帝。

　　这时候理宗已经19岁，完全可以自己掌握朝政了，但他是由史弥远一手由平民升为皇帝的，哪敢提出这样的要求？于是朝政仍由史弥远一手把持。

　　除了史弥远，理宗还重用了两个宰相丁大全、贾似道，都不是好人。有了这样的宰相，理宗能够把国家治理得好吗？显然是不可能的。

　　至于理宗自己，虽然早年还不算昏庸，但到了晚年就越来越过分了，特别是纵情女色。据说后宫中上百的嫔妃已经满足不了他越来越新奇强烈的欲望，那些会拍马屁的内侍便在一次元宵佳节时找到了临安一个美艳的妓女，把她带进宫中与理宗纵情淫乐。后来理宗又特别宠爱阎贵妃，为她一掷巨万，耗费了无数国库帑粮。

---

① 原文参见脱脱，等. 宋史 [M]. 北京：中华书局，1985年，本纪第四十一.

外有奸臣把持朝政，内有宠妃扰乱宫廷，南宋的国势自然越来越衰弱了。

按理说，既然国势越来越衰弱，那么就当尽力守护和平，不要与人为敌，特别是和强者为敌，因为这相当于自寻死路。但宋理宗却恰恰不是这样，而是主动挑起了战争。

这场战争就是与蒙古联合灭金。

史上最残酷的攻城战

这时候已经到了1233年，金国末帝金哀宗躲进了蔡州（今河南汝南县）。

蒙军很快打到了蔡州，为了彻底堵住哀宗的退路，他们构筑了一道长垒，把并不大的蔡州团团包围起来，哀宗再也无路可逃了，成了真正的瓮中之鳖。

不止于此，蒙古人还和南宋达成了协议，联合灭金，为此南宋不但派出了上万人军队前往蔡州攻城，还给蒙古军送去了大批粮草。

统领宋军攻城的是当时南宋最有名的大将孟珙。

孟珙不但这次率宋军联合蒙古军灭金，此后还将成为南宋抵挡蒙古军战功最为卓著的大将。关于孟珙的其他事迹等后面再说，此处先说孟珙率军攻蔡州灭金的事。

1234年，孟珙奉命率领2万人马奔赴蔡州，半路上就遇到了2万金军精锐骑兵，孟珙毫不畏惧，主动发起猛攻，金军很快就抵挡不住，纷纷败逃，宋军大胜，斩获的金兵首级就达1200多颗。

得知宋军到来的消息，蒙古的名将与统帅之一那颜倴盏派人远道来迎。两人都是一时名将，有相见恨晚之感，一起打猎，打完猎渴了当场从猎物身上割出血来当酒喝。那颜倴盏看到孟珙完全没有其他汉人将领那样一堆规矩，反倒和他们草原民族一样豪爽大方，高兴非常，于是与孟珙当场结拜，成了兄弟。

打蔡州时，第一个大战的地点是柴潭。

这是个奇特的水潭，就在蔡州城墙外面，水很深，潭外面不远就是汝河，水潭高出地面五六丈。有一个可怕的传说，就是水潭里有龙，如果有谁敢攻城，龙就会从水里跳出来吃人。

得知这个传说，攻城的宋军害怕了，甚至不敢靠近水潭。孟珙见状，召集手下众将，对他们说，这个柴潭并不是自然造成的，而是后来人造的，里面怎么会有龙呢！还说妨碍攻城的主要是潭中的水，只要把水放了，它就没用了。

在孟珙的指挥下，潭堤被挖开，潭水倾泻而下，不久就干了。孟珙接着派出早就准备好的大批士兵，每人背着大捆干草木柴之类，扔进已经干了的水潭，很快就把它填平了。这样一来就消除了攻城的主要障碍。紧接着对城池发起了猛攻。

战斗中宋军抓获了金军一个重要将领。为了恐吓守城的金军，孟珙下令就在城下金军的眼皮底下把他活剐了——这也是笔者第一次看见汉人将领有如此残酷的战场行为。

孟珙之所以这样做，并不是因为他生性残暴，纯粹是为了震慑守城的敌人，想用这样的恐怖手段迫使他们早点投降。至于孟珙本人，其实并不是一个残酷之人，即使对敌人也如此，接下来发生的事就可以证明：

（宋军）进逼土门，金人驱其老稚熬为油，号"人油炮"，人不堪其楚，珙遣道士说止之。[①]

金军为了抵抗宋军攻城，竟然就在城墙上将老人小孩活活丢进锅里

[①] 脱脱，等.宋史[M].北京：中华书局，1985年，列传第一百七十一．

熬出油来，然后把这些滚烫的人油从城头浇下，用以杀伤攻城的宋军，还称之为"人油炮"。这样的情形实在太残酷了，这样的行为也超出了人所能忍受的极限。孟珙看不下去了，派了一个道士作为使者进城，成功地劝说金军放弃了这种实在残忍无道的行为。

但类似的行为在蔡州城中时常发生，简直残酷至极，几乎无法想象。如史书还有这样的记载："城中绝粮已三月，鞍靴败鼓皆糜煮，且听以老弱互食，诸军日以人畜骨和芹泥食之，又往往斩败军全队，拘其肉以食。"[①]城中的粮食三个月前就吃完了，皮靴、马鞍、战鼓这些用兽皮制作成的东西都被煮烂当成粮食来吃，还有把自己的父亲、孩子这些老弱之人互相交换，杀了吃掉。人肉吃完后只剩下骨头，还要把骨头和着一些野菜剁成泥状再来吃一遍。

有一句俗话"吃人不吐骨头"，是用来描述人之残酷的夸张性说法，但在这里不再是夸张，而是事实。

后来城中的老人孩子连骨头都被吃完了，怎么办呢？就把那些打了败仗逃回城中的士兵成队地斩杀掉，把他们的肉也吃了。

如此等等，这次金人之守蔡州应该是中国乃至世界历史上最残酷而悲惨的守城战，甚至可能没有之一！

一雪前耻

在这样的情形之下，城中人自知再不投降必死无疑，于是许多人想要投降。

看到这种情形，孟珙率军口中咬着小木棍，使行军时不发出声音，然后扛起云梯，乘夜色悄悄靠近城墙。他一声令下，万军齐登，奋勇攀

---

① 脱脱，等. 宋史[M]. 北京：中华书局，1985年，列传第一百七十一.

向城头。已经绝望的金军哪里抵挡得住，很快大批宋军登上城头，对负隅顽抗的金兵发起攻击。孟珙又下令打开西门，招呼还没有进城的那颜倴盏，蒙古军这才攻入城中。

孟珙抓住了一个金国的重臣，问他金哀宗在哪里。他说宋军快攻进来时看到哀宗将金国重宝放在一个小房间里，周围放上干草，哭着上吊自杀了，还告诉手下，他死后就点燃干草，现在还有烟火。

孟珙赶紧跑了过去，那颜倴盏也到了，结果就是，"珙与倴盏分守绪骨，得金谥宝、玉带、金银印牌有差"[①]。

两人就把金哀宗已经烧残了的骨头，以及与他的尸体放在一起被烧过的金国最重要的宝贝如国玺金印等瓜分了。金国和哀宗就这样被彻底消灭了。

金国灭亡后，孟珙把分得来的金哀宗尸骨和宝贝，以及俘虏的金国重臣如丞相张天纲等交给了继史弥远之后掌政的他的侄子史嵩之。

史嵩之把这些献给了理宗，理宗为此在太庙举行了盛大的仪式，告慰祖宗。

从1127年金灭北宋，掳徽、钦二帝到北方苦寒之地，到此时已经百年有余了，宋人也算是一雪前耻了！

[①] 脱脱，等．宋史[M]．北京：中华书局，1985年，列传第一百七十一．

第三十一章

惹祸上身

> 时间：理宗时代　1234年　1235年
> 地点：汴京　洛阳
> 人物：理宗　乔行简　丘岳　全子才　崔立　李伯渊　赵葵　徐敏子　杨谊
> 事件：端平入洛

金国灭亡后，中华大地之上就剩下蒙古与南宋两大政权了，他们之间要如何相处呢？

不应发生的战争

攻占蔡州、灭亡金国后，根据此前蒙古与南宋达成的协议，南宋可以取得蔡州未破前尚在金国控制下的河南之地，如唐、邓、蔡、宿、泗、徐、邳等州。这些地方都位于黄河的南部，也是过去金国和南宋的交界地带，是金国领土的最南部。蒙古也的确履行了协议，让南宋重新占领了这些地方。

如果南宋朝廷也遵守协议，那么蒙古与南宋之间至少会达成暂时的和平，甚至会是长久的和平，主要有四个原因：

一是当时的蒙古大汗窝阔台并没有攻打南宋的意图；二是蒙古军主要是骑兵，不擅长在河湖池沼密布的南方作战；三是蒙古军打南宋要过长江，蒙古没有水军，很难过江；四是此时蒙古军已经发动了西征，灭掉了一度强盛的花剌子模，收获满满，他们也知道再往西去仍然是一望无际的大草原，仍有无数国家等待他们的骑兵去征服，这比打南宋要容易得多。

此外还有一个重要因素，就是此次南宋派过去的统军大将是孟珙，他可是当时南宋最有本领的名将，将士们也英勇善战，实际上还是宋军首先攻入蔡州的。这些前面已经说过了。

因此，如果不是南宋朝廷自找麻烦，去主动攻击蒙古军，蒙古军也不会去攻打南宋。

但问题是南宋的皇帝理宗这回又和上次北宋时期的皇帝徽宗一样，主动挑起了与蒙古之间的战争，最后的结局就是宋朝的另一次灭亡，而且是彻底的灭亡。

战争具体是怎样挑起来的呢？

1234年金国灭亡后，依据双方签订的协议，南宋顺利收回了金国当时还没有被蒙古军占领的地方。

以南宋当时的实力，能够顺利占据这些地方已经非常不错了，但理宗却在当时的右丞相郑清之等人的建议下，想要收复所有黄河以南之地，但这些地方是蒙古人早就从金国手中占据了的，主要包括原来北宋的"三京"，即东京开封府（今河南开封）、西京河南府（今河南洛阳）和南京应天府（今河南商丘），这三京之地是原来中原的核心地带，也是前朝多次北伐想要收复的地方，理宗当然也想收回来。

这样的主张遭到了朝中许多人的反对，例如参议官丘岳指出，现在如果想要收回三京，那么面对的敌人就是刚与我们结盟的蒙古，而且他们兵力强大，锐气正盛，会把自己已经占领的地方给别人吗？当然不可能。我们如果贸然进军，他们一定会还击的，那时候我们将会进退两难。而且一旦开战就不会容易结束，从此我们将陷入战争的泥潭。

他还更为具体地说明了为什么不能打。倘若要打，宋军将要远征千里之外，而争夺的却是几座空城，即使得到了，由于后勤供应困难也难以守住。总之不能出兵，出兵将来必定会后悔！

丘岳这些分析是十分合理的。不但丘岳，还有乔行简与统辖淮西的吴潜等也都表示了强烈反对。例如乔行简指出，"自古帝王欲用其民者，必先得其心以为根本"。如果要用兵，首先要得到自己国内的民心，这是最重要的。但当时的南宋早就失去民心了。几十年以来，朝廷上下都只想着从百姓那里搜刮财富，国家没有什么信义可言，人民哪里会为这样的朝廷出死力？不但百姓如此，军队也一样。这时南宋的官兵之间隔阂严重，士兵们根本不会努力作战。乔行简还更加具体地指出了为什么不能打，理由和丘岳所说的一样："我军千里之外去作战，粮草难以为继。没有足够的粮草，就是孙子和吴起再世，以韩信、彭越这样的名将为统帅，也是没办法取胜的。"[1]

如此等等，这些话都是很有道理的，并且不难明白。但这时候的宋理宗已经利令智昏，哪里听得进去！就在金国灭亡后不久，1234年6月，宋理宗派出全子才率领万余人的部队从淮西出发，首先攻向最近的汴京。由于这时是南宋端平元年，史称端平入洛。

---

[1] 原文参见陈邦瞻．宋史纪事本末 [M]．北京：中华书局，2015 年，卷九十二．

宋军主动进攻

当时的汴京由崔立负责镇守。崔立是汉人，当蒙古军队围攻汴京，金哀宗被迫离开后，他率军攻入宫中，杀死了许多不愿意投降的金国官员，开城向蒙古军投降，因此遭到了许多金人甚至汉人的痛恨，包括他手下的都尉李伯渊。李伯渊一听到宋军来了，马上主动联系，说要杀了崔立献城。他也真这么做了，在和崔立骑马并行时，就在马上抱住崔立，抽出匕首刺死了他：

李伯渊抽出匕首从侧面刺向崔立，崔立很快掉下马来，死了。……李伯渊把崔立的尸体绑在马尾巴上，到了将士们跟前，大声喊道："崔立杀害无辜，大肆抢掠，残酷淫乱，大逆不道之极，简直古今无二，我应当杀了他吗？"大家一齐回应道："就是把他活剐都不够。"于是立即砍下他的头，对着承天门方向祭奠金哀宗，军民都高声大哭，有人甚至挖出崔立的心来吃了，又把他的尸体砍成三块挂在宫殿前的槐树上。[①]

崔立死后，宋军顺利占领了汴京。不久另一路兵马由赵葵统领占领了泗州（今安徽泗县），不久也到了汴京。赵葵问全子才为什么占领汴京半个月了还不去攻取洛阳。全子才说粮草不足，不敢进兵。

为什么会这样呢？主要是因为蒙古灭金后，他们并不准备经营黄河以南之地，因此几乎把所有百姓都从黄河以南迁到了黄河以北。辽阔的黄河以南几乎成了无人区，哪里会有人供应宋军粮草？虽然赵葵带的粮草也不多，但他还是急着要进军洛阳。于是派出了徐敏子等率军万余人，要他们立即西攻洛阳，后面又派出杨谊率军万余作为援军跟上，但都只给了五天的粮草。

徐敏子为了以最快速度到达洛阳，另派了一支仅仅两百人的部队为

---

① 原文参见陈邦瞻. 宋史纪事本末 [M]. 北京：中华书局，2015年，卷九十二.

先锋火速前行。他们很快就到了洛阳城外,发现城中似乎根本没有守军,他们也不敢贸然进城。等到了晚上,突然城头有了灯光,原来是一些百姓,他们是来投降的。宋军就这样顺利入城,收复了洛阳。

但这时候的洛阳是怎样的呢?不但没有蒙古军,百姓也只有几百人。自己都没有吃的,更不用说为宋军供应粮草了。不久徐敏子率大军进了洛阳。他们只带了五天粮食,已经吃完了,只能"采蒿和面作饼而食之"。

这时候驻扎在洛阳之北的蒙古军已经听说宋军打过来了。他们哪里会怕,迅速南下,渡过洛河,不久就得知杨谊率领的宋军到了附近。他们没有马上进攻,而是悄悄埋伏在了茂盛的荒草丛中。杨谊的大军到了,他看到距洛阳只有三十来里地了,就决定歇一歇,让士兵先吃顿饭。但他们刚坐下来开吃,突然见到不远处的草丛中冒出了大批蒙古军猛扑过来。杨谊率军仓促迎战,但哪里打得过强悍的蒙古军,很快就崩溃了。许多人被杀,还有许多人逃到附近的洛水里被淹死。万余大军全军覆没,一个都没有跑掉。

蒙古兵很快就到了洛阳城下。徐敏子没有退缩,而是率军出战。他率领的将士虽然饿着肚子,但仍奋勇作战,虽然没有打退蒙古军,但也没有被打败。但不久之后连野菜都没有吃了,马也被杀掉吃完了。徐敏子知道再打下去只会全军覆没,只得退出洛阳,撤回宋地去了。

在汴京的赵葵和全子才由于当政的史嵩之没有及时送军粮过去,很快也没吃的了,虽然又收复了一些州县,但"所复州县,率皆空城",一点粮草也弄不到。很快蒙古军又杀到了汴京,他们仍没有直接进攻,而是挖开了黄河。滔滔黄河之水奔涌而来,造成了大片泛黄区。倒没有淹着多少百姓——因为这里几乎没有百姓了,而是淹死了大批饥饿的宋军。赵葵无奈只得率军南撤。

理宗招来了大祸

这就是端平入洛的结果，不但没有占领尺寸之地，反而损失了大批军队。失败的主要原因就是前面丘岳、乔行简早就说得清清楚楚的——粮草不继。所谓兵马未动，粮草先行，这是最基本的军事常识，理宗和他的宰相们连这个也不懂，哪能不败呢？

更可怕，也更证明了理宗等人愚蠢的是，他们这次主动攻击的敌人可不是快要完蛋的金国，而是已经灭掉了西夏、金国以及花剌子模等国，拥有当时全世界无与伦比的强大军队的大蒙古国！

看到宋军竟然敢主动进攻，当时的大汗窝阔台于是做出了决定，要消灭南宋，就如同消灭西夏、金国以及花剌子模一样。

但窝阔台没有马上发起进攻，而是先派了原来和南宋结盟的王檝问罪理宗，问他为什么要违背盟约。问罪的下一步就是军事打击了，结果就如史籍所言：蒙古派王檝来指责宋朝背盟，从此黄河、淮河之间再也没有安宁之日了。[①]

黄河与淮南之间有些地方本来就是宋地，有的地方是原来属于金国，金国灭亡之后就归到南宋了。本来南宋只要不挑起战争，完全可能继续拥有这些地方，在这里发展生产，提升国力，但从此之后这些地方就成为残酷的战场了，百姓再无宁日。

虽然南宋派出使者向窝阔台谢罪，但窝阔台并没有接受，而是从1235年开始向南宋发动了进攻，开启了漫长的宋蒙战争，南宋自此也招惹大祸。

[①] 原文参见陈邦瞻. 宋史纪事本末 [M]. 北京：中华书局，2015年，卷九十二.

第三十二章

血战西东

时间：理宗时代　1235年　1236年　1237年　1239年　1241年　1246年
地点：阳平关　鸡冠隘　文州　襄阳　江陵　庐州
人物：孟珙　窝阔台　阔端　曹友闻　曹友万　刘锐　赵汝向　阔出　杜杲　吕文德
事件：阳平关之战　文州屠城　江陵之战　庐州保卫战　孟珙之死

宋蒙战争从1235年一直持续到1279年，长达40余年，共分成三次，分别由蒙古三位大汗发动：第一次是1235年至1244年，由窝阔台发动；第二次是1253年至1259年，由蒙哥发动；第三次是1268年至1279年，由忽必烈发动。

先来讲第一次由窝阔台发起的战争。

从1235年7月开始，窝阔台派出三路大军攻向南宋：西路由他的儿子阔端统领，攻向四川；中路由另一个儿子阔出统领，攻向襄阳、江陵等地；东线由察罕率领，攻向江淮。

这一次打得最为激烈的是西路。

西线下了一场杀人的大雨

第一战是阳平关之战。蒙军统帅是王子阔端，宋军统帅是曹友闻。

蒙军大举攻来后，很快就占领了武休关，接着攻向出入四川的要地阳平关。

曹友闻率军支援。他先派弟弟曹友万率军去阳平关的核心要地鸡冠隘，还叮嘱弟弟到了鸡冠隘后要多树旗帜，好让敌人以为这里守军众多。曹友闻自己则率领精兵万人连夜渡过嘉陵江，到鸡冠隘附近的流溪设伏，并且和弟弟约定等敌人到了关外后，就在鸡冠隘点起烽火，他马上杀来，内外夹攻。

不久蒙古兵果然来了，曹友万先率军出战。蒙古兵凶悍无比，宋军也拼命死战，两军在关外打得是天昏地暗，日月无光。曹友万身中数枪，但仍奋战不已。到了他认为合适的时候，便下令点起烽火。

曹友闻看到烽火后，立即将部队分成三支，自己亲率精兵三千人以最快的速度冲到鸡冠隘下。他先派了刘虎率领五百名敢死队员冲向敌阵，但蒙古兵个个都是死士，哪里冲得动。曹友闻于是亲自朝敌人冲去。

这时候突然下起大雨来，宋军很快就陷入被动。因为他们所穿的盔甲不是一般的铁甲而是织得又密又厚的丝绵甲。这种丝绵甲比较特殊，它一方面和铁甲一样可以挡住箭射刀砍，另一方面又比铁甲轻巧，利于战斗。但它有一个不好的地方，就是怕雨淋，因为丝绵是吸水的，大雨一淋就越来越重，粘在身上，大大阻碍行动。如果是骑兵还好，但曹友闻所带的主要是步兵。蒙古军本来就十分强悍，这样一来，宋军很快就陷入被动了，但他们仍拼死战斗。

到了天亮的时候，大批蒙古骑兵冲了上来，将曹友闻的少量兵马团团包围。结局是这样的：

曹友闻叹了口气，说道："这是天要亡我啊，我只有死而已。"接下来的血战越来越残酷，最后他和曹友万全都战死，全军覆没。[①]

文州屠城

阳平关一失，它附近的要地仙人关也没人守了，于是蒙古军长驱直入四川，很快就攻占了包括成都在内的四川绝大部分地域。

但宋军仍在许多地方激烈抵抗，例如文州。

虽然攻打文州的蒙古军人数既多，又悍勇无比，但知州刘锐、通判赵汝向仍率军抵抗。蒙军日夜攻城，文州军民拼命死守，苦战了一个多月，但救兵依然没到。

刘锐知道再也守不住了，于是先把家人全集中到一起，把准备好的毒药交给他们，他们都毫不犹豫地喝了下去，全死了。他最小的儿子只有6岁，一向懂礼法，当父亲给他毒药时还先下拜然后才接过来吃下。

不久城破，刘锐和两个还在战斗的儿子全都自杀而死。赵汝向被俘后，蒙古人把他活剐，残酷地活活割成千万片，文州数万军民也被杀害，"军民同死者数万人"[②]。总之残酷至极。这是1236年的事。

中线孟珙大败蒙军

除了西线外，中线蒙军也在阔出的率领下发动了大规模攻击，接连攻克了襄阳、荆门、复州等地。

[①] 原文参见陈邦瞻. 宋史纪事本末 [M]. 北京：中华书局，2015年，卷九十三.
[②] 陈邦瞻. 宋史纪事本末 [M]. 北京：中华书局，2015年，卷九十三.

特别是在重镇襄阳，守城的宋将竟然不战而降，不但近五万的南宋将士几乎全体投降，还把当时城中积聚的无数财富、军资拱手送给了蒙古人。这不但使南宋损失惨重，而且极大地助长了蒙军的战力。

然而就在此时，阔出突然病死。他不但是乃马真皇后的亲生儿子，而且骁勇善战又有智谋，本来是窝阔台最合适的继承人，他的去世给窝阔台与蒙古人都造成了很大的损失。但蒙军并没有就此退兵，而是用忒木台接替了阔出，继续在中线攻打南宋。

忒木台将目标对准了江陵（今湖北荆州）。

江陵一失，整个长江中游都将危险，当时执政的史嵩之急令孟珙救援。

前面说了孟珙联合蒙古灭金的蔡州之战。灭亡金国后，为了表彰孟珙，理宗特地将他召到了临安，大大地夸奖了一番，升他为建康府都统制，负责长江中游一带的防务。

孟珙先派了一支军队星夜驰援，然后自己统领全军随后赶来。但即使是全师，他的军队人数也远少于蒙古军。为了给敌军造成自己兵力庞大的假象，孟珙让每支部队都带了不同颜色的军旗，甚至给军士准备了不同颜色的服装，然后不断变换旗帜与服色，而且是在行军途中变换的。这样远远望去，似乎有一支十分庞大的军队在络绎不绝地行军。

到了晚上，他下令军士们点起无数火把，将长江的江面照耀得如同白昼，绵延数十里，好像他已经统领一支庞大而强大的军队前来救援江陵。这极大地鼓舞了南宋军民的士气。在做好了充分准备之后，孟珙亲自率军向蒙古军发起了猛攻。在他的打击之下，原来如狼似虎的蒙古军顿时成了小绵羊，被一举击溃。孟珙接连攻克了蒙古军的24个营寨，还抢回来了两万名被蒙古军俘获的百姓。

这就是1236年的江陵之战。

秘密部队"拔都鲁"

1237年,另一位蒙古军大将口温不花又率军来攻。他先打黄州,但被孟珙打退。口温不花知道孟珙不好对付,于是转而进攻安丰(今安徽寿县)。

为了迅速取胜,口温不花用上了他的秘密部队"拔都鲁"。

"拔都鲁"是一些被判了死刑的罪犯,但蒙古军没有处死他们,而是把他们带到最前线,带到那些仗最难打、死亡概率最高的地方,要是打胜了就可以获得自由。对于这些死囚来说,这也是他们获得重生的唯一机会,因此打起仗来自然勇敢非常,完全不顾性命。但安丰知军杜杲也找到了对付的办法。他找到了一些神箭手,让他们用特殊的"小箭"专门射敌人的眼睛。由于这些箭小,受风力影响小,虽然难射死人,但精确度很高,射眼睛最好,因为人的眼睛是最脆弱的地方。很多"拔都鲁"被射瞎了眼睛,这比杀了他们还可怕,不久他们也被迫退却。

总之,无论蒙古军用什么样的方法,杜杲总能找到办法对付,但蒙古军仍没有撤兵,直到一个非常厉害的人物来了。这个人就是时任池州都统制的吕文德。

吕文德率军突破蒙古军在安丰外的包围圈,进入城中,这大大地增强了安丰的防御力量,也彻底击溃了蒙古军攻克安丰的信心,无奈之下只得退去。

这个吕文德就是安丰本地人,出身穷人家庭,靠卖柴火为生,高大魁梧又胆识过人。有一次他不小心丢了鞋子,被前面提到过的曾在端平入洛时率军占领汴京的赵葵看见。由于鞋子大得惊人,赵葵觉得鞋子的主人肯定不一般,于是设法找到了他的家里。当时吕文德正在外打猎,赵葵一直等到傍晚吕文德才回来,他打回来的猎物中竟然有一头老虎!

由此可见他的厉害。于是他把吕文德招到了自己麾下。很快吕文德就显示了强悍的能力，不断立功，升迁很快。这次家乡被蒙古军围攻，他率军驰援，又成功地打退了敌人、保住了家乡。

东线保卫庐州

1237年，在安丰被打败后，蒙古军没有停止攻击，第二年又出动大军，由察罕统帅，号称80万人，在东线的淮西发起了大规模进攻。

这次的主要目标是庐州（今安徽合肥）。只要占领了庐州，整个淮西之地几乎就唾手可得了。察罕还计划占领庐州后就乘势进入附近的巢湖，在这里建立一支强大的水军。由于巢湖有水道直通长江，可以利用这支水军渡过长江，向南宋的根据地江南发起总攻，发起另一场灭国之战。

这时候镇守庐州的又是杜杲。他绞尽脑汁，想出了各种各样的办法来保卫庐州。例如蒙军在庐州城外构筑了一座巨大的土城，绵延达几十里，还在土城上用巨木搭建了高塔，比庐州的城楼还要高，从这里向城中发箭抛石，威力更大。杜杲军将易燃的油灌进干草，丢到木塔下面，木塔很快就烧了起来，成为灰烬。他还在城上架起了许多大炮，向土城发射，重创蒙古士兵，许多人吓得撒腿就跑。杜杲见状，乘势大开城门，杀了出来，蒙古军大败而逃，庐州之围就此解了。

不仅如此，杜杲知道蒙古军想要在巢湖中训练水军，于是他抢先控制了巢湖，在这里训练起水军来。

由于巢湖位于长江与淮河之间，杜杲在这里建立一支强大的水军，就可以既控制长江，又控制淮河了。更进一步地，他还派出吕文德和自己的儿子在各处要害之地驻兵，使蒙古军在淮西处处受制，只得无奈撤军，回北方去了。

将才、奇才、全才的陨落

当东线庐州激战正酣时，中线的宋军主动出击了。

这次的目标是收复此前已经被蒙古军占领的襄阳、信阳、樊城等地，统帅仍是孟珙。他的军队再次显示了强大的战斗力，甚至不用孟珙亲自出马就轻松地收复了失地。

收复襄阳后，孟珙特地给宋理宗上书，极力指出了襄阳的重要性，说它是南宋江山的根本重地。为什么呢？因为这里扼守长江中腹，只要此地牢牢控制在南宋手里，蒙古军哪怕是占领了四川也不能顺长江东下攻打江南。同样，蒙古军哪怕是打下了淮西也不敢贸然渡过长江攻打江南，因为宋军可以从襄阳顺流东下，截断蒙古军退路。反言之，蒙古军只要占领了襄阳，就既可以顺长江东下，直攻南宋的大本营江南，又可以从这里先东下后北上夹攻两淮，两淮之地就危险了。总之，襄阳的得失关乎整个南宋的命运、朝廷的根本。

为了保卫襄阳，孟珙专门建立了两支军队，分别叫"忠卫军"和"先锋军"。尤其是先锋军，是由这一带的当地人组成，他们的战斗是为了保卫家乡，自然会更加英勇无畏。

这时候已经是1239年。正因为有了孟珙这些措施，使得长江中游一带牢牢地控制在南宋手中，南宋的江山也得到了暂时的安稳。

1241年，蒙古发生了一件大事，就是窝阔台死去，皇后乃马真掌握朝政大权。由于内政不稳，蒙古暂时停止了对南宋的大规模进攻。但战争并没有完全停止，例如在四川和寿春都发生了战事，但由于有孟珙和吕文德这样的名将奋勇抵抗，蒙古军没有取得多少成果。特别是在1244年的寿春之战中，蒙古军大举围攻寿春，但吕文德用水军击败了攻城的蒙古军，迫使其北还。

总之，从 1235 年开始到 1244 年是宋蒙之战的第一个阶段。在这个阶段，蒙古军主动发起了战争，但收获不大，两国整体处于均势。

1246 年发生了一件大事，就是孟珙离世了。据说他去世时有一颗很大的星星从天上坠落，这应该就是传说中的将星坠落了。

那天不但将星坠落，天上还突然刮起了大风，将许多房子都吹倒了，大树也被刮倒。总之是天降异象，标志着孟珙不是一般的人，他的死亡对南宋朝廷是莫大的损失。

关于孟珙，史书中还有这样的描述：

孟珙忠君爱国之心的坚牢可以贯穿金石。当军中参谋、部下和他讨论事务时，大家经常意见分歧、众说纷纭，这时候孟珙只要几句话就可以让大家达成共识，使人人心悦诚服。当他接待士大夫和偶然来拜访他的客人时，即便只是退役了的普通老兵，他也全都平等相待并且给予好处。他名位虽重，但只有在面对手下将士官吏并且竖起战旗、擂响战鼓时才面色严峻，这时候众人连大气都不敢出。当他退回居所时就焚香扫地，在书几前正襟危坐，将世事完全置之度外。他从来不贪图财物、女色、美食之类。他对于《易》有深湛的研究，《易》中有六十四卦，他各用四句话进行分析表述，写成了《警心易赞》。他还精通佛学，自号"无庵居士"。[①]

简而言之就是孟珙不但忠君爱国、文武双全，而且举止威严、道德高尚。又有一颗虔敬之心，甚至精通学术，且兼修道学与佛学，是古今罕有的全才与奇才！

---

① 原文参见脱脱，等. 宋史 [M]. 北京：中华书局，1985 年，列传第一百七十一.

第三十三章

蒙哥之死

时间：理宗时代　1242年　1256年　1258年　1259年
地点：四川　箭滩渡　重庆　钓鱼城
人物：余玠　蒙哥　纽璘　冉琎　冉璞　汪德臣
事件：构筑钓鱼城　纽璘攻四川　大战钓鱼城　蒙哥之死

上面说完了宋蒙之战的第一阶段。宋蒙之战的第二阶段开始于1253年，是由新大汗蒙哥发动的。

但1253年蒙军并不是直接攻宋，而是为了攻宋先灭了大理国。大理国的位置大致在今天的云南省。经过两年战斗，1255年，蒙军征服了大理。

征服大理后，蒙军就可以从后方威胁南宋了，主要就是威胁四川。

因此宋蒙之战的下一战主要就发生在四川。

构筑钓鱼城

蒙哥的目标是首先攻下四川，占领长江上游，再从这里顺江东下，利用地形优势直攻江南。因此对于南宋而言，要保卫江南首先就要保卫四川。

1242年，宋理宗任命大理寺少卿余玠为四川宣谕使，负责整个四川的防务。

到了四川后，余玠首先就广招贤才，只要来的人，哪怕不用，也会送出重礼。

这样的结果就是招到了一大批人才，其中最有名的是冉琎、冉璞两兄弟。他们都是文武全才，本来隐居在蛮族中，多次拒绝朝廷征召，后来听说余玠来了，于是主动前来。为了考验余玠，他们很久都不给余玠出谋划策，只是在那里白吃白喝，还显得一副狂妄自大的样子。但余玠一点也不介意，终于感化了他们，他们便提出了保卫四川的一个绝妙主意——建钓鱼城。

为什么呢？就是因为整个四川以钓鱼山这个地方最为紧要，只要在这里筑城，并且囤积足够的粮草，派精兵守住，就可以扼住整个巴蜀之地的咽喉，对于保卫四川来说是比十万大军还管用的。

余玠一听，顿时拍案叫好，立即专门请求朝廷封了兄弟俩不小的官，还委托他们全权处理建筑钓鱼城的事。

结果，冉氏兄弟俩筑的可不是一座钓鱼城，而是十几座城。这些城都有效地利用了四川多山的地形，是利用山势构筑的坚强的防御工事。

这些山城也是四川各郡的新治所，里面囤了大批粮食，并有精兵驻守。它们布局合理，互相之间交通也很方便，十多座城池几乎是浑然一体，指挥起来更是得心应手，以史书所言就是"如臂使指，气势联络"[1]。

---

[1] 脱脱,等.宋史[M].北京:中华书局,1985年,列传第一百七十五.

这些新城成了四川抵抗蒙古军最重要的堡垒。

纽璘攻四川

1256年，蒙古新大汗蒙哥下令征服了大理的大将兀良合台从南往北、纽璘则自北往南，两路夹攻四川。

由于兵分多路，一路强攻猛打，战事很多，但又没有大规模的战役，这里只选择了两场比较具有代表性的战事来讲，分别是纽璘攻四川之战和钓鱼城之战。

据《元史》记载，纽璘身材高大、相貌堂堂，作战时不但勇冠三军，而且足智多谋。[①] 他简直是个完美的大将之才。他从小就跟着父亲生活在军中，也很早就投身战场。这次他率军万人从利州出发攻入四川。

这时余玠已死，宋朝派蒲择之治理四川，他派军据守要地箭滩渡。

纽璘率军在某天早上到达箭滩渡时，宋军已经在这里列阵而待了。纽璘毫不犹豫地发起了猛攻。宋军占据地形优势，与蒙古军展开了激烈的战斗，两军从早上一直激战到晚上。在蒙古军猛烈无比的冲击之下，宋军终于大败而逃，被斩首三千。

此后纽璘很快率军抵达成都并顺利占领之。此后纽璘继续主动出击，不久就攻占了灵泉山。此后纽璘还率军包围了云顶山城。由于山城险要，易守难攻，他没有盲目进攻，而是将之团团包围，不久山城中的粮食就吃完了，守军只得投降。

就这样，纽璘以闪电般的速度攻占了包括成都、汉州、怀州、绵州在内的四川大片地区，连西南一带的蛮族部落都来归顺。

此后纽璘将目光投向了四川的另一座大城——重庆。

[①] 原文参见宋濂，王祎. 元史[M]. 北京：中华书局，2016年，卷一百二十九.

只要占领了重庆，就等于控制了长江上游的水道，由此就可以顺江而下，攻打长江的中下游了。

这时候已经到了 1258 年冬天，纽璘率步骑兵五万人以及战船两百艘从成都出发，水陆并进，想要一举占领重庆。

纽璘率军一直打到了涪州，就是今天重庆中部的涪陵。他在这里的长江江面上架了一座大浮桥，在桥的两头驻扎重兵，一举截断了长江的交通。

正当他准备继续进军时，却遇到了一个大麻烦，如史书所载：

将士、战士和战马都不服当地的水土，很多得病死了。纽璘很是忧心。这时候又来了密旨，要求他出战，他迫不得已出兵，又大败吕文焕军，还俘虏了他的两个将领，并将之斩首，然后班师回去了。①

这就是纽璘攻四川之战，虽然取得了胜利，但由于水土不服，只得撤退，把胜利的果实全丢弃了。这时已经是 1259 年的春天。

大战钓鱼城

纽璘攻四川之后，蒙古攻宋的下一场大战是钓鱼城之战。

钓鱼城之战很有名，但实际上史籍留下来的记载并不多。

前面说过，灭了大理后，蒙哥下令兀良哈台与纽璘兵分两路夹攻四川。他们虽然在四川取得了相当辉煌的战绩，但所率领的并非主力。主力大军由蒙哥亲自统领，于 1259 年初攻入四川，不久就顺利到达钓鱼城下。

蒙古军向钓鱼城发起了猛烈的进攻。宋军在王坚和张珏的指挥下英勇抵抗，成功地阻挡了蒙古军的进攻。

关于两军大战的具体情形史书中没有说明，只有两条简单的记载：

---

① 原文参见脱脱，等. 宋史 [M]. 北京：中华书局，1985 年，列传第一百七十五.

蒙古军整合多支兵力包围合州，准备了大批精良的攻城器具。张珏与王坚齐心协力，与蒙古军展开攻守大战，蒙古军攻打了九个月，仍无法攻克。①

宋理宗下诏："镇守合州的王坚坚守城池，百战之后更加勇敢坚强，他的节操与勇毅是四川诸将中最为杰出的，特下此诏予以重赏。"②

从这两条可以看出当时的战况肯定是极为激烈的。因为蒙古军不但极其勇猛善战，而且还为这次进攻钓鱼城作了充分的准备，加上有蒙古大汗亲自指挥，那战斗之激烈不难想象：大批蒙古军将士不要命地冲到城下，然后架起云梯，往上爬去。城上的弓箭和大石如雨般落下。蒙古军还可能制造了高高的攻城塔，士兵站在塔内与城楼上的敌军对射。如此等等。但王坚率军日复一日，甚至月复一月地阻挡住了蒙古军的凶猛进攻，甚至越打越精神，越打越有劲。原文"婴城固守，百战弥厉"，就是对这场战事相当形象的描述。

宋军之所以能够守住钓鱼城，除了他们的英勇抗击之外，另一个关键是钓鱼城的地势极为险要，可以说是一夫当关，万夫莫开。

蒙哥是怎么死的？

虽然蒙古军对钓鱼城猛攻了足足九个月，但始终没有攻下来。不仅如此，在这场激烈无比的战斗中还发生了一件影响到了大蒙古国历史的大事，就是蒙哥在这里的去世。

关于蒙哥是怎样死的，史书上记载都很简单，如《续资治通鉴》上只简单说："蒙古君主死在了钓鱼山，时年五十二岁。"③

---

① 原文参见脱脱，等. 宋史[M]. 北京：中华书局，1985年，列传第二百一十.
② 原文参见脱脱，等. 宋史[M]. 北京：中华书局，1985年，本纪第四十四.
③ 原文参见毕沅. 续资治通鉴[M]. 北京：中华书局，1999年，卷一百七十五.

《元史》也差不多:"癸亥,帝崩于钓鱼山,寿五十有二,在位九年。"①

虽然史书没有记载蒙哥死的详情,但具有文学色彩也不乏史实根据的《历史通俗演义》中有一段关于钓鱼城之战的描述比较生动,很可能与史实相近:

(蒙哥率军)进围合州,先遣南宋降将晋国宝招谕守将王坚,坚不从。国宝还次峡口,被王坚遣将追还,执至阅武场,说他负国求荣,罪在不赦,当即传令斩首。(王坚)便涕泣誓师,开城出战,将士无不感奋,争出死力相搏,战至天晚,蒙哥汗不能取胜,退军十里下寨。阅数日,复进薄城下,又被坚军击退。自是一攻一守,相持数月不下。蒙古前锋将汪德臣,挑选精锐,决计力攻,当下缮备攻具,誓以必死,遂于秋夜督兵登城,王坚亦饬军力御。鏖战一夜,直至天明,城上下尸如山积。汪德臣愤呼道:"王坚快降!"语未毕,猛见一大石从顶击下,连忙将首一偏,这飞石已压着右肩,连手中所握的令旗,都被击落。蒙古军见主将受伤,自然缓攻,适值大雨倾盆,攻城梯折,只好相率退去。是夕,汪德臣毙命。适应前誓。

蒙哥汗因顿兵城外,将及半年,复遇良将伤毙,郁怒中更带悲伤,遂致成疾。合州城外有钓鱼山,蒙哥汗登山养病,竟致不起。左右用二驴载尸,蒙以绘椁,北行而去,合州解围。②

这段话不难读懂,简而言之就是蒙军久攻合州(钓鱼城)不下,大将汪德臣还被打死了,蒙哥十分郁闷加上伤心,就生病了,而且很快就病死了。

上文中的"绘"是五彩的刺绣,"椁"是简陋的小棺材。绘椁就是给一口简陋的小棺材蒙上彩色的刺绣。蒙古军远在万里之遥,以往哪位

---

① 宋濂,王祎. 元史[M]. 北京:中华书局,2016年,卷三.
② 原文参见蔡东藩. 历史通俗演义:元史[M]. 第二十回.

将军死了都会就地埋葬，但现在的蒙哥是大汗，不能就地埋葬，必须将尸体运回遥远的北方。在战时异地又不能举办隆重的葬礼，那样宋军一定会乘势猛攻，于是只能将尸体放在一具小棺材里，悄悄又匆匆地北返了。

这是1259年8月的事。钓鱼城一战，蒙古军不但没有攻下钓鱼城，反而连大汗也没了，损失当然巨大。

事实上，不但此次蒙古军没有能够攻占钓鱼城，直到二十年之后，南宋已经灭亡了，钓鱼城也还没有被攻占，而是一直坚持抵抗，直到1279年传来了厓山之战的消息，钓鱼城军民得知陆秀夫背着赵昺跳海自杀，南宋已经彻底灭亡，才在守将王立的带领下投降。

这也是南宋最后投降的地方。

第三十四章

咎由自取

时间：理宗时代　1259年　1261年　1264年
地点：阳逻堡　浒黄洲　鄂州
人物：忽必烈　理宗　吕文德　郝经　贾似道
事件：忽必烈攻宋　南宋自取灭亡　理宗头骨成了酒杯

蒙哥一死，宋蒙战争的第二个阶段就结束了。接下来到了第三个阶段。宋蒙战争第三个阶段仍是蒙古继续进攻南宋，统帅则是下一任大汗。

这位大汗也是蒙古历史上地位仅次于成吉思汗的大汗，同时也是中国的皇帝——忽必烈。

忽必烈攻宋

关于忽必烈的详情下卷讲元朝的历史时再说。这里从1259年讲起。

这年他奉大汗蒙哥之命率军从中路江淮一带进攻南宋，一路顺利。

虽然八月时从一位被俘的宋兵口中得知蒙哥死在钓鱼山，但忽必烈并不相信，而是继续进军，不久渡过淮河，攻破了大胜关和虎头关（今湖北麻城），一路势如破竹，到九月初已经进抵了长江北岸。

他登上了长江北岸高耸的香炉山，俯瞰长江，望见江北有一个湖，就是武湖。湖的东面有一个阳逻堡，从这里过去，长江南岸就是浒黄州。阳逻堡这边有一个渡口，宋军好几艘大舰驻在这里保卫渡口。忽必烈立即派人冲过去，抢了两艘大舰，此外还得到了许多其他船只，他命人连夜做好渡江的准备。

第二天早晨，忽必烈已经率军列在北岸，准备渡江了。但这时候突然刮起大风、下起大雨，天昏地暗。帐下诸将都认为这时候不合适渡江，但忽必烈仍下令即刻过江。于是蒙军兵分三路，横渡长江。真是天助忽必烈，不久就云开雾散，一片光明。江中遭遇宋军水师，两军大战，结果蒙古军竟然大胜擅长水战的宋军，顺利抵达长江南岸。

登岸之后，忽必烈下令："如果军士敢擅自闯入民宅，一律以军法处置。如果抓了人，全都要释放。"①

忽必烈渡江之后驻扎在浒黄州，不久就包围了长江中游的重镇鄂州（今湖北武昌）。

蒙古军在城东北建立了一座瞭望塔，高达五丈，超过城墙，从塔上可以清楚地看见城中的情形。不久大将张柔和拔突儿来了，后者率领的还是水军。

这时候宋军援军也来了，就是勇将吕文德率军自重庆来。他击退了拔突儿，并趁着夜色成功进入鄂州城，这样一来就大大增强了宋军守城的兵力。

---

① 原文参见宋濂，王祎. 元史 [M]. 北京：中华书局，2016 年，卷四.

此时蒙古军另一位大将兀良合台率军从已经被征服的大理出发，一路打到了交趾（今越南北部），再北上通过今天的广西、广东一直打到了潭州（今湖南长沙），并派使者告诉忽必烈，说朝廷一些重臣想要立忽必烈的同母幼弟阿里不哥为大汗，不久忽必烈的正妻也派人来了，请忽必烈赶紧回去。

忽必烈一开始还拒绝了，并起兵南下，甚至声称要一举打下临安。但这只是他以进为退的手段，不久他就接受了当时掌控南宋朝政的贾似道的请求，同意两国议和，并下令撤掉了鄂州之围，退兵浒黄州，带着愿意跟从他的南宋降民两万往北撤走了。

这时候已经是1259年底了。

南宋自取灭亡

到了1260年，在忽必烈的领地开平，许多支持他的亲王和将领都来劝他登基为大汗，忽必烈表面上谦让了三次，然后在"诸王大臣固请"之下，正式登基，而且他的称号不再是大汗，而是"大蒙古国皇帝"，即用了汉人的皇帝尊号，并建年号为中统。

即位的第二年，忽必烈就着手重启对南宋的征战，并于1261年8月正式发布了讨伐南宋的诏书。

忽必烈在诏书中指出，1260年他同意与南宋讲和，双方停战，并派出了议和的使者。但宋人没有远见，看见蒙古发生了内战就主动挑起战争，经常派兵在双方边境骚扰，无止无休。但他还是不想发起战争，因此今年春天虽然诸位大臣都想要伐宋，他还是不想要两国生灵涂炭，想等待去年派出去的使者回来，好双方再议和，但南宋竟然扣押了使者，这样又过去半年了，使得两国之间再也没有交流，南宋还在继续侵扰。

他愤怒地控诉说,南宋你自称是礼仪之邦,怎么可以这样呢?正因为这样,忽必烈在诏书中充满自信地说:"在我们和宋朝之间,谁对谁错,那是一目了然的。"① 因此他现在要整顿兵马,拿起武器,统领众将,乘着秋天战马肥壮之机,兵分两路,水陆并进,讨伐宋朝!

忽必烈在这里所说的被扣押的使者指的就是他1260年派往南宋的郝经,他被当时掌政的贾似道关在了真州(今江苏仪征)的一处军营里。郝经多次给宋理宗上书,说:"愿附鲁连之义,排难解纷。"② 这里的鲁连就是鲁仲连,赵国在长平之战中大败,快要灭国时他曾经帮助了赵国,使之转危为安。郝经的意思很明白,他想和鲁仲连一样使南宋和蒙古达成和议,从而使南宋转危为安。

但贾似道哪里会让理宗看到这样的书信!他全扣了下来。更可笑的是,明明是他派人向忽必烈求和,忽必烈答应了,才从鄂州退兵,他却告诉理宗这都是他派军队打败了敌军,还让人专门撰写了歌功颂德的《福华编》,大肆吹捧他的光辉战绩。这使得宋人都以为他们强大得很,蒙古人根本不是对手,不久就会打败甚至消灭他们,哪里用得着议和!

如此等等,宋理宗用贾似道当政,竟然将郝经这样原本可能促成宋蒙和议,从而保住南宋江山社稷的人关了起来,终于导致忽必烈忍无可忍,大怒之下,决意灭掉南宋,而南宋也终于走向灭亡,所以这可以说是南宋的自取灭亡!对此连《宋史》中也感叹道:

当郝经出使南宋时,贾似道害怕有人知道是他主动提出给蒙古交纳岁币以求和的,为了蒙蔽宋人,阻止这种消息流传开来,因此拘留蒙古使者,不报给宋帝知道,这是在加速自己的灭亡啊!真是太可惜了!③

---

① 原文参见宋濂,王祎. 元史[M]. 北京:中华书局,2016年,卷四.
② 宋濂,王祎. 元史[M]. 北京:中华书局,2016年,卷一百五十七.
③ 原文参见脱脱,等. 宋史[M]. 北京:中华书局,1985年,本纪第四十五.

理宗的头骨成了酒杯

再来说忽必烈的伐宋。1261 年发布了讨伐南宋的诏书后，意味着宋蒙战争不但难以避免，而且南宋之亡也已经无可避免。

但南宋并没有很快走向灭亡。此后忽必烈的伐宋之战持续了整整 18 年，直到 1279 年才彻底灭亡南宋。其间大小战事无数，这里只选取了一些比较著名的战事来讲述。

在讲这些战事之前要先来讲一件事，就是理宗之死与度宗继位。

关于宋理宗前面已经说过了不少，他享国 41 年，即从 1224 年直至 1264 年。

正是在他治内爆发了宋蒙战争，而这场战争的起因前面也说过了，是他利令智昏，主动挑起的，这就是端平入洛，结果大败，此后蒙古反攻，从而开启了漫长的宋蒙战争。

此后，蒙古的三任大汗窝阔台、蒙哥、忽必烈相继展开了对南宋的战争。这场战争最终导致了南宋的彻底灭亡。

1261 年当忽必烈发布伐宋诏书的时候，理宗已经行将就木，他死于 1264 年 11 月。

理宗死后，本来关于他的事迹也就结束了，但这里还要讲几句，就是他死后的不幸。

理宗死后，埋葬在永穆陵，位于当时属会稽郡的萧山。十多年后南宋就灭亡了。紧接着来了一位叫杨琏真伽的番僧，他被忽必烈封为"江南释教都总统"，这个奇怪的名字又叫"江南浮屠总摄"，也就是江南佛寺的总管，"释"和"浮屠"都有佛家之意。

他到了江南后，竟然带人挖掘了理宗的陵墓，如史书所载：江南释教都总统杨琏真伽大肆发掘坟墓，得到了极多的宝玉。还把理宗的头顶骨截开当作饮器，遗骨则扔到了荒草丛中。[①]

这样的下场很惨吧，使人想起了西汉时期，匈奴的老上单于杀掉了月支王，把他的头盖骨做成杯子，用来喝酒。两者相隔千年，人的命运却如此相似！真是令人感叹！

[①] 原文参见毕沅. 续资治通鉴 [M]. 北京：中华书局，1999 年，卷第一百八十四.

第三十五章

日薄西山

时间：度宗时代　1264年　1268年　1273年　1274年
地点：虎啸山　襄樊　郢州　沙洋　新城　鄂州
人物：张庭瑞　夏贵　吕文德　阿术　吕文焕　张世杰　王虎臣　王大用　边居谊
事件：度宗继位　元朝建立　虎啸山之战　襄樊之战　郢州之战　鄂州之战　度宗之死

宋理宗去世后，他的侄子赵禥继位，就是宋度宗。

度宗继位与元朝建立

关于度宗，《宋史》记载不多，只有一卷。他的父亲是理宗的弟弟荣王赵与芮。据说怀度宗时，他母亲梦见一条神龙钻进她的怀中。

他似乎先天不足，7岁才学会说话，奇怪的是一学会说话，说起来就有模有样了。他的伯父理宗见了深感惊异，由于理宗自己一直没有生儿子，于是就打算让这个侄子来继承皇位了。

为了使赵禥成为一个好皇帝，理宗把他接进宫中加以教养，而且对他要求十分严格，就如同他不是未来的皇帝，而是普通的读书人子弟，将来要考科举一样。例如赵禥鸡打鸣时就要起床，去向理宗请安，上午要协助处理政事，下午还要听讲儒家经典以及历史等，这样要持续一整天。到傍晚还要再去向理宗问安，这时候理宗就会问他今天听了什么经，有什么样的心得，如果回答得好，就会让他坐下喝杯茶。要是回答得不好，理宗就会亲自指点，反复讲解。如果他还没有弄懂，理宗就会发怒，要求他第二天把这个再讲一遍。不用说讲完这些事天已经很晚了，他才回去睡觉。第二天又要早起，如此周而复始。

因此度宗恐怕是史上过得最累、最不快乐的太子之一了。

这样的日子一直过到1264年理宗去世，度宗继位成为皇帝。

成为皇帝之后，《宋史》中关于度宗值得讲述的具体事迹很少，但在《续资治通鉴》中则有一段这样的记载：

度宗自从成为太子后，以爱好房事而闻名。当了皇帝后更是耽于酒色。当时就有这样一个故事，妃嫔们如果被皇帝临幸，第二天早晨要去宫门谢恩，有人会记载临幸的具体日子。度宗继位后不久的某天，一天之内去谢恩的妃子多达三十余个。①

度宗时期，南宋最主要的大事当然是和蒙古人的战事。关于战事在度宗的本纪上也有一些记载，但与当时宋元之间如火如荼的战争比起来不成比例。这主要是因为度宗时期奸臣贾似道仍掌握朝政，他很少让度宗知道前线战事的详情，例如在樊城与襄阳宋元两军持续激战多年，度宗直到它们被攻克时才知晓！但那时候已经是1273年了，南宋之亡已经

---

① 毕沅.续资治通鉴[M].北京：中华书局，1999年，卷第一百八十.

不可避免，度宗也快要死了。此前两年，1271年，忽必烈已经下令更改国号，由"大蒙古国"改为"元"，即建立了和传统汉人王朝一致的元朝，正式国号是"大元"。

建立元朝后，后面讲蒙古与南宋之间的战斗时就要将蒙古改为元，把蒙军改为元军了。

建立元朝后，忽必烈要做的第一件大事就是灭亡南宋。

虎啸山之战

从度宗继位的1264年开始，蒙古与南宋的这场灭国之战中发生了多场战役，这里选取了几场主要的来讲。

第一场是虎啸山之战。

虎啸山之战发生于1264年，蒙古军仍在努力攻占整个四川，作为灭宋的基础。蒙古将领张庭瑞率五千兵马到了虎啸山，在渠江岸边修筑了一座虎啸城，以之作为占领整个四川东部的前哨基地。

这个张庭瑞官位不高，实际上相当不凡，史书称他"从小就立志要建功立业，兵法、地理、星象、历法、卜筮没有不学习研究的"[1]。

虎啸山对于东川的宋军而言简直是如鲠在喉，因此南宋的四川安抚制置使夏贵亲率数万大军攻向虎啸城。

张庭瑞看到敌军多过他十倍，知道不能硬拼，也不必硬拼，因此就地死守。

但守起来并不容易，因为他筑的城可没有重庆的山城那样坚固，只是一些用土木依地势建起来的临时城堡。宋军用大炮一轰，很快就把城

---

[1] 原文参见徐乾学.资治通鉴后编（影印本）[M].上海：上海古籍出版社，1987年，卷一百四十五.

墙打坏了许多缺口。张庭瑞立即派人在缺口处竖起了坚固的木栅栏。但又被大炮打坏了。这时候他干脆将许多大树推到缺口，再在大树外面蒙上厚厚的牛皮，这样大炮就打不坏了。

夏贵看到强攻不行，于是就采取了更厉害的一招，他断绝了城中的水源，想用这办法迫使守军投降。结果就是，"张庭瑞将人畜的尿先煮开，然后通过土去过滤，使它不那么臭，然后再喝。每个人每天都要喝几次这种尿，嘴唇都开始生疮起泡皲裂。但他仍这样坚守超过了一个月"①。

一个多月后，援军终于到了，首领是焦德裕。他见宋兵势大，没有马上进攻，而是令军士每人拿三个火把，这样一来远远看去就像是兵力增多了三倍。

夏贵看到这么多敌军过来了，吓得赶紧退兵。焦德裕率军追击，在鹅溪（今四川广安市）大败宋军。

经此一战，蒙古军在四川东部建立了牢固的根据地，对南宋的整个东川形成了巨大的压力，为此后占领四川打下了牢固的基础。

襄樊之战

下一场宋蒙大战要四年后才展开，就是 1268 年开始的襄樊之战。

襄樊并不是现在的襄樊市，而是樊城和襄阳的合称。这两城隔汉水相望。尤其是江南的襄阳，它扼守长江中腹，只要牢牢控制在宋军手里，蒙古军哪怕是占领了四川也不能顺江东下攻打江南。反言之，只要占领了襄阳，就可以顺长江东下直攻江南，南宋就危险了。

正因为如此，忽必烈也决定以占领襄阳作为整个灭宋战争的重心。

---

① 原文参见徐乾学. 资治通鉴后编（影印本）[M]. 上海：上海古籍出版社，1987 年，卷一百四十五.

为此首先要截断襄阳与樊城之间的交通。

这并不容易，但忽必烈想到了一个妙计。他派人给守将吕文德送了重礼，说要在樊城外建立"榷场"，就是蒙古人与宋人做生意的场所。贪财的吕文德答应了。不久就有大批蒙古人以做生意为名到了樊城外面，等吕文德发现不对劲时已经晚了，蒙古军控制了樊城与襄阳之间的陆地，断绝了两者之间最便捷的交通。

不仅如此，蒙古军还在樊城旁边新建了一座白水城，还训练了一支强大的水军。

做好一切准备后，蒙古军开始大举进攻，首先指向防卫稍弱的樊城。

这时候蒙古军已经获得了由西域胡人设计的一种新式大炮，威力强大，很快就打破了樊城的外城。但宋军仍奋勇抵抗，把攻城大将之一张弘范的手都射伤了。张弘范找到统帅阿术说，现在樊城与襄阳之间还可以通过水路互相配合。我们从陆地上进攻樊城，襄阳城里的宋军就从水上出来攻打我们。特别是宋军还在汉江中拉了一根大铁链，上面铺了木板连接着樊城与襄阳，可以利用它互相支援。我们要先把这根铁链弄断，使樊城彻底成为一座孤城，这样才好攻。

这话当然有理。于是阿术派出水军冲向铁链，设法弄断了它。这样一来樊城就彻底成了孤城。接着蒙古军勇将阿里海牙统领精兵向樊城再次发起猛攻。

这时候襄阳再也不能支援了。由于双方兵力悬殊，不久樊城就被攻克了。负责守城的范天顺和牛富壮烈牺牲，对此史书有这样的记载：

蒙古军派出精锐部队攻打樊城，城池终于被攻破。范天顺仰天长叹道："我生为宋臣，死为宋鬼。"随即在驻守的地方自缢而死。牛富则率领死士百人与蒙古军展开巷战，杀死杀伤了大量敌军。他们渴了就饮用带血的水，一直不停地战斗。后来民居被烧光了，整条街道都被烧成了平地，牛富也身负重伤，最后他一头撞向柱子，接着跳进火中，葬身火海。①

樊城被攻破后，襄阳成了孤城。这时候吕文德已死，守将是他的弟弟吕文焕。吕文焕自知再守下去也是送死，于是投降。这是1273年的事。

襄樊之战这样致命的失利是隐瞒不了的，很快传到了朝廷，震惊了南宋朝野。朝臣汪立信在给度宗的上书中说："我一路看见官吏和百姓个个都因为襄、樊的丧失而痛哭流涕。"②

是的，因为襄樊之战的失败，南宋朝野上下都感到绝望了，知道国家的灭亡已经不可避免。

但他们仍会抵抗，因此后面还会有更多更残酷的战事。

下一场要讲的战事是郢州之战。

郢州之战

占领樊城和襄阳后，元军继续大举进军，以图彻底灭亡南宋。

为此忽必烈派出了以左丞相伯颜为统帅的数十万大军，负责直接指挥作战的主要是阿术，两人可以说是元军灭宋最核心的人物。

郢州位于今天湖北中部的钟祥市一带，元军攻取樊城和襄阳之后，要沿汉水进入长江就得先过郢州。

伯颜与阿术从襄阳出发，沿汉水前进，直扑郢州。不久就遇到了一条小河，由于下了雨，河水看上去很深，要有船才能过。但当时他们并没有船。伯颜看到士兵们站在河边犹豫着不敢下河，不由得生气，说："我们就要去飞渡长江了，还怕这条小水沟吗？"③于是他派一个胆子大的士兵骑着马往水里冲，结果真的没事，就这样顺利过去了，不久到达郢州。

---

① 原文参见陈邦瞻.宋史纪事本末[M].北京：中华书局，2015年，卷一百六.
② 原文参见脱脱，等.宋史[M].北京：中华书局，1985年，本纪第四十六.
③ 原文参见毕沅.续资治通鉴[M].北京：中华书局，1999年，卷一百八十.

郢州和樊城、襄阳相似，也是由汉水南北两岸的两座城组成，其中郢州在汉水北岸，南岸的叫新郢城。中间的汉水上横着一条大铁链以防止敌船通过。两城之间还布置了大批战舰，密密麻麻布满江面。宋军还在江中扎入了大量尖锐的木桩，两岸之上又有许多大炮和强弩，如果元军硬攻一定会大吃其亏。

宋军在这里的统帅是张世杰，他在已经没有名将的宋军中勉强算得上是不错的，但也只是蜀中无大将，廖化充先锋那样的角色，真实的战力是相当有限的。当然至少他是忠于朝廷的，也在努力作战。

一开始元军也想强攻，张世杰率军奋勇抵抗，加上充足的防御设施，元军被击败。后来阿术又想招降张世杰，许以高官厚禄，但张世杰断然拒绝。

正在阿术一筹莫展时，南宋子民中又有人来出卖国家了。有宋人告诉阿术，说整个汉水一带的精兵都在郢州，其他地方的兵力不强。而且就在附近有一个黄家湾堡，它的西面有一条直通藤湖的河沟，通过藤湖就可以进入更下游的汉水。这样一来就等于可以绕过郢州，通过其更下游的汉水直抵长江。

这时候已经投降了元军，成为阿术手下大将的吕文焕认为郢州是咽喉之地，如果不占领的话，将来回军恐怕会有麻烦。但伯颜哪里肯听他的，他们这次的目的是要灭掉南宋，到时候南宋没了，郢州还会抵抗不成？伯颜在这里还说了一句有点经典的话："大军之出，岂为此一城哉？"[1]

阿术迅速率军离开郢州，顺利占领了黄家湾堡，然后经过藤湖进入汉水。看到元军竟然这样成功地进入了汉水的更下游，张世杰大惊，立即派兵追击，但他们的少量兵马岂是大批元军的对手？伯颜甚至亲自上

---

[1] 毕沅.续资治通鉴[M].北京：中华书局，1999年，卷一百八十.

阵，杀了统军的宋将。这就是 1274 年的郢州之战。

两座英雄城市

此后元军沿着汉水继续前进，不久到达了沙洋和新城。新城在沙洋之南五里。

到了沙洋，一开始伯颜还想招降，派了一个宋军俘虏带着许降者高官厚禄的黄榜入城。守城的宋将是王虎臣、王大用，他们不但断然拒绝投降，还斩了送榜的俘虏并烧了黄榜。后来吕文焕亲自跑到城下动员大家投降，也没有人理他。

黄昏时刮起了大风，伯颜想出了一个狠毒的办法。他推出了一种特制的大炮，叫"金汁炮"，它的炮弹实际上是一些燃烧着的火油，将之射入城中。沙洋城本来就不大，房子大都是木结构的，不久后城中的房子几乎被烧了个干净，大批军民被活活烧死。元军乘机攻城，很快就攻破了。伯颜只活捉了王虎臣、王大用，其余所有人能杀都杀了。[1]这就是屠城。

不只是屠城，他们还把许多军民的头砍下，带到了相距只有五里的新城。

到了新城，吕文焕把从沙洋带来的大堆人头排列在城下，然后将王虎臣、王大用五花大绑，站在城下，威逼镇守新城的边居谊投降。但边居谊理都不理。

第二天吕文焕又到了城下招降。边居谊站在城上说：我要和吕参政说几句话。吕文焕信以为真，真的骑马跑到了城下很近的地方，突然一箭射来，吕文焕中箭落马。城上马上伸下几个长钩来，差点把吕文焕钩

---

[1] 原文参见陈邦瞻. 宋史纪事本末 [M]. 北京：中华书局，2015 年，卷一百六.

上去。幸好后面的元军扑了上来，把吕文焕抢回去了。

虽然边居谊坚持抵抗，但他的手下却不听话，两个副将竟然逃出城门投降了，他们的一些手下也想跟着逃，被边居谊抓住了，就在城门口被一一斩首。

看到这样的情形，吕文焕知道边居谊不可能投降，于是下令猛攻。

边居谊率军努力抵抗，向攻城的元军射出了如雨的火箭。但他们只是一座小城，兵马不过三千，哪里是数以万计的元军的对手？只见大批元军士兵如蚂蚁般用云梯爬向城墙，杀之不尽，很快就冲上了城墙，在城里大砍大杀起来。

边居谊战至最后，想要挥剑自杀，却连自杀的力气都没有了，于是跳进了熊熊大火，他手下的三千壮士最后全部壮烈牺牲。

伯颜看到边居谊如此勇敢，不由得好奇，悬赏得到了他的尸体，摆在那里好好端详了一番。

边居谊战死的地方后来被人立了庙，年年四时祭祀。

鄂州之战与度宗之死

攻占沙洋、新城后，元军继续南下，不久又攻克复州，逼近汉阳和鄂州，接着就爆发了鄂州之战。

鄂州就是今天的武昌，汉水就在这里直入长江。

镇守鄂州的是夏贵，他率领万艘战船，是这时候南宋水军的主力。他把战舰布满江中，想阻止元军入江。

夏贵是个无能之辈，这样的人指挥南宋的主力大军，结果可想而知。他虽然也努力作战，但屡战屡败，最后一看势头不对，竟然带着少数兵马先逃跑了，他统领的庞大水军也几乎全军覆没。

元军不但消灭了南宋的水军主力，还占领了要地阳逻堡。不久汉阳与鄂州也相继投降。

这样一来元军就直入长江，打通了灭宋的大通道。

这仍是1274年的事。就在这一年，鄂州之战前夕，宋度宗去世了。这时候的南宋已经日薄西山，行将灭亡了。

关于度宗，《宋史》评价道，度宗本人其实并没有做什么大坏事，但他依旧重用理宗时期的奸臣贾似道，使本来就萎靡不振的国家日益衰弱，领土一天天缩小。但这也是难免的，总的来说是理宗留下来的祸患，到了这样的时候，除非有特殊雄才大略的君主才可能挽救国家于危亡之中，但当时哪里还有这样的人呢？

只是度宗的运气还算比较好的，以史书的说法是：宋朝很快就要亡了，只是没有亡在他身上，是他的不幸中之大幸！[1]

有意思的是，到了度宗去世前的1273年，虽然行将灭国，但南宋还是上邦大国，接受朝贡。如《宋史》就有记载，这一年"安南国进方物，特赐金五百两、帛百匹"[2]。

安南就是今天的越南，这时候它已经是独立国家，也是南宋的许多藩属国之一，还在按例进贡，南宋朝廷不但照常接受进贡，还重赏安南国王，真是有点讽刺的味道。

---

[1] 原文参见脱脱，等. 宋史 [M]. 北京：中华书局，1985年，本纪第四十六.
[2] 脱脱，等. 宋史 [M]. 北京：中华书局，1985年，本纪第四十六.

第三十六章

恭帝归降

> 时间：恭帝时代　1275年
> 地点：临安　常州　潭州　皋亭山　扬州　泰州
> 人物：宋恭帝　谢太皇太后　孙虎臣　夏贵　姜才　伯颜　李芾　尹谷　沈忠
> 事件：丁家洲之战　常州之战　潭州之战　扬州之战

度宗去世后，继位的是他的六子赵㬎，他当时只有3岁，就是宋恭帝，名义上由祖母谢太皇太后、母亲全太后垂帘听政，但实际掌权的仍是贾似道。

这时候已经到了1275年，这一年是元灭南宋的主要一年，发生了多场战事，被载入史册的就有近十场，这里只选择其中的四场来讲，分别是丁家洲之战、常州之战、潭州之战、扬州之战。

贾似道的覆灭

第一场要讲的是丁家洲之战。

度宗去世时，元军已经攻破了鄂州，南宋朝廷危在旦夕，在这样的情形之下，许多大臣甚至太学生都纷纷指出贾似道已经执政这么久，权力最大，责任自然也最大，应该由他亲自出马抵抗元军。

面对滔滔民意，贾似道无奈之下，只得在临安建立了都督府，专门用来指挥对元军的作战。但他一直拖延着不离开临安。直到第二年初才统军出发。

贾似道是个文官，哪里懂得打仗，实际上的指挥官是孙虎臣，他也是个草包。大军到了丁家洲后，夏贵也率军从合肥来了，他把军队交给了孙虎臣指挥，自己只和贾似道带着少数兵马驻在附近的鲁港。

很快元军就攻来了，这时候的元军已经拥有了强大的舰队，船上还有大炮强弩，只见数千艘军舰顺着长江水流直冲而下，旗帜鲜明，一眼望不到头，鼓声震天，声势浩大无比。

孙虎臣的前锋是姜才，他是一员难得的勇将，面对强大的元军毫不畏惧，率军奋勇接战。两军刚刚激战不久，就发生了这样的事：

姜才率军向前，奋勇接战，两军前锋已经交手，孙虎臣的船突然驶过他的小妾们所乘之舟，她们看到了，高兴得大叫起来："步帅逃跑了！"这样的结果就是全军很快就崩溃了。[①]大敌当前，孙虎臣竟然还带着小妾，还让她们前来观战，这是何等荒唐和无耻，也正是这种无耻导致了宋军的再度惨败。

第二天，当贾似道与孙虎臣几乎只带着自己的船往扬州逃跑时，长江之上尽是宋军逃跑的兵船，贾似道派人树起旗帜，想把这些败兵招过来，结果不但没有一艘船过来，扑面而来的是一片谩骂之声。说明贾似道这位南宋的掌政大臣已经人心尽失，整个南宋朝廷大致也与此相似。

---

① 原文参见脱脱，等. 宋史[M]. 北京：中华书局，1985年，列传第二百一十.

所谓水能载舟，亦能覆舟，现在就是水要覆舟的时候了。

由于此次丁家洲之战的惨败，贾似道更加声名狼藉，从民间到朝野都要求惩罚他。虽然垂帘听政的谢太皇太后想保他，但在滔滔民意的逼迫下，只得下诏把他流放岭南，但他不久就被憎恨他的押解官杀了。

丁家洲之战后，元军顺江而下，不久就占领了建康，并且继续前进，指向常州与镇江，从镇江就可以通过大运河直抵临安了。

在常州斩尽杀绝

这里要讲的发生于1275年的第二场大战就是常州之战。

此次是伯颜亲统大军攻打向常州。元军在兵力上居于绝对优势，很快就将常州团团包围。

伯颜一开始派人去招降，被守城的知州姚訔、通判陈炤断然拒绝。

伯颜看到常州一座孤城竟然敢抵抗他的大军，大怒。他抓了城外的许多百姓，强迫他们担土在城外另筑高城。当大批百姓把土担过去时，伯颜没有放这些百姓走，而是下令杀了他们，把他们的尸体和土填在一起筑城，许多人甚至是被活埋的。此后他们更把许多百姓杀了，用他们来煎油，然后把这些人油与易燃物合在一起点燃，当作火炮射入城中，焚毁了大量房屋。

但常州军民依然不降，拼命抵抗。元军于是日夜不停地狂攻猛打，战况异常残酷激烈。

常州毕竟守军百姓数量有限，在占据绝对优势兵力又悍勇异常的元军的猛攻之下，终于被攻破。

城破之后，伯颜下令屠城，对此史书有这样的记载：

一座城的百姓生灵何止千万，竟然被斩尽杀绝，只有七人躲伏在桥底下才侥幸生还。[1]

可歌可泣的潭州之战

1275年要讲的第三场战事是潭州之战。

潭州就是今天的湖南省会长沙，在南宋抗元所有的战事之中，在中国此前所有的城市保卫战，甚至所有的战争中，潭州之战都是最可歌可泣、最令人肃然起敬的战事之一。

李芾是湖南衡州（今湖南衡阳）人，《宋史》是这样评价他的：

李芾为人刚毅正直，不畏强权，而且胆大心细，善于处理事务，那些奸猾之人别想欺瞒他。他还体力过人，一大早起就开始处理政务，直到天黑也丝毫没有疲倦的样子。而且天黑后他也不会休息，要一直工作到凌晨三点左右才休息，五点就又起床工作了。远远望去他威风凛凛，简直有如神明！但他并不严苛，对待有德之人也是彬彬有礼、十分温和的。待百姓更是亲切，只要有人做了一件小小的好事都会称赞有加。身为官员，他极为清廉，被罢免的时候，家里竟然没有一点存款和余粮。[2]

这样的评价无疑是极高的，甚至直接以"神明"这样的词去形容他，这样的评价放眼整部中国史也是少见的。

《宋史》里还谈到他被罢免，就是被当权的奸臣贾似道罢免的。本来李芾自幼聪明，又是义士之后，从政后成绩斐然，应当高升的。但他任临安知府时，因为贾似道的家人犯法，他仗义执法，惹怒了贾似道，被这个奸臣找借口诬陷，因此被罢免。直到1275年，贾似道被免之后，李芾才再次被朝廷起用，担任湖南提刑。他最先做的事之一就是在湖南

---

[1] 原文参见陈邦瞻. 宋史纪事本末 [M]. 北京：中华书局，2015年，卷一百六.
[2] 原文参见脱脱，等. 宋史 [M]. 北京：中华书局，1985年，列传第二百九.

招募了三千壮士北上支援朝廷抗元。

不久朝廷又任命李芾为潭州知州兼湖南安抚使，他准备带着全家前往潭州就职。当时潭州之北不远的湖北各州都已被元军占领，一些亲友劝他不要去潭州，李芾回答道："我哪里不知道这样去自己会有麻烦，但我世受国恩，虽然曾经被弃用，但一直想着要报效国家，今天幸好朝廷又要用我了，我当然要以全家性命去报效国家了！"①

他明知这次去潭州是凶多吉少，但仍毅然前往，因为他早已将自己甚至自己全家的安危置之度外，考虑的只有国家！这是何等的舍小我、小家为大家国家！永远值得国人景仰！

李芾到了潭州后，元军已经攻到了潭州之北的湘阴、益阳等地，潭州城中的守军不到三千，李芾积极修缮城墙，准备各种防御武器以及粮草等，总之尽力做好城防准备。

不久元军就攻来了，大批兵力将潭州城团团包围。李芾毫不畏惧，亲自登上城楼，他把全城分成多个区域，和手下诸将分兵把守。潭州城中百姓包括老人孩子都主动站了出来，组成一个个小分队帮助守城。

元军开始了猛烈的攻城，异常惨烈，如史书所载：李芾时刻以忠君爱国之志勉励将士们，城中死伤极为惨重，有时候水没了，大家就直接饮血止渴，全城的每一处都在殊死战斗。元军派人过来招降，李芾就把使者直接杀掉，用来祭奠战死的将士。②

如此残酷的战斗一天又一天地持续着，整整持续了三个月。眼看城中抵抗如此坚决，元军统帅阿尔哈雅气急败坏，发起了越来越猛烈的进攻。

---

① 原文参见徐乾学. 资治通鉴后编（影印本）[M]. 上海：上海古籍出版社，1987 年，卷一百五十.
② 原文参见徐乾学. 资治通鉴后编（影印本）[M]. 上海：上海古籍出版社，1987 年，卷一百五十.

他甚至挖开了附近的隍水，大水在城墙外高涨，元军士兵乘机爬上城外的大树，把它们当成攻城的云梯，从树上跳进城中。城墙之外更有无数元军士兵如蚂蚁般爬在云梯之上，登上了城墙。

在如此狂猛的进攻之下，潭州终于支持不住，眼看就要城破，无法避免。

这时候就发生了各种悲惨又可歌可泣的事件。

例如衡州知州尹谷当时正带着全家住在城中，他的两个儿子还年轻，但也快到二十岁可以行成年礼的时候了，他很认真地给他们行了礼，有人问他为何这么迂腐，都这个时候了还搞这样的形式主义。他回答道："我就是要给孩子行了冠礼后，穿着成人的礼服去地下见我的列祖列宗。"行礼之后，他就在门口堆上了大堆干柴，然后整整齐齐地穿着官服向临安方向跪拜行礼。拜过之后就点上了火，举家自焚。邻居想要救火，但由于火势太猛，没法救了。只见烈火之中遥遥可见尹谷正襟危坐，直到被活活烧死，他的全家也这样从容就死。李芾听到这事后，以一杯酒洒向地上，祭奠尹谷，赞叹他是真正的男子汉，只是先他李芾死，有些小遗憾。

这时候潭州已被攻破，但李芾也仍在下令抵抗，这时他发下去的手令上面都写着"尽忠"二字。

终于到了最后的时刻，李芾在前一天晚上通宵达旦地和手下痛饮了一番，众人离开之后，很多人都自杀了，至于李芾，他是这样的：

李芾坐在熊湘阁里，把部下沈忠招来，给了他一笔银子，说："我的力气已经用完了，我理应去死，我的家人也不可以被俘受到侮辱，你要全杀了他们，最后杀了我。"沈忠伏地叩头，推辞说他不能。李芾坚持一定要他这样做，沈忠只得哭着答应了。他先拿酒过来，让李芾的家人都喝了，直到喝醉，然后把他们全都杀了。最后李芾也伸长脖子让他砍断。沈忠又放火烧毁了李芾的房子，然后回到家，杀了自己的妻子孩子，又回到了李芾正在熊熊燃烧着的房子前，大哭一场之后，扑倒在地，挥刀自杀。李芾的幕僚陈亿孙、颜应焱、钟蜚英等也都纷纷赴死。①

不但李芾等潭州官员如此，就是普通百姓也是如此。他们听到李芾全家死了后，也纷纷全家自杀。百姓用得最多的自杀方式就是跳井和上吊，结果潭州城内外竟然没有一口井是空着没有人跳的！

更多的人则是上吊，只见一棵棵树上都吊着死人，简直一眼望不到头，如史书所载："潭民闻之，多举家自尽，城无虚井，缢林木者相望。"②

此情此景，真是令人肃然起敬，悲怆之情如水火四溢！

虽然有不少地方也如潭州那样奋勇抵抗，但南宋的灭亡已经不可避免。

元军破了常州之后，绕过仍坚持抵抗的扬州，在镇江的焦山之战中再次大败宋军，接着经过大运河，直指临安。

临安归降

这时候已经到了 1276 年初，各路元军都在临安城外的皋亭山会师。

由于元军势大，虽然当时的掌政大臣文天祥和张世杰等不想投降，要与元军大战一场，但垂帘听政的太皇太后，也是理宗皇后的谢道清拒绝了，宣布向伯颜投降。

关于投降的具体情形，《元史》上有比较详细的记载。

---

① 原文参见徐乾学．《续资治通鉴》[M]．上海：上海古籍出版社，1987 年，卷一百五十一．
② 陈邦瞻．宋史纪事本末 [M]．北京：中华书局，2015 年，卷一百七．

元军到达了皋亭山,将领阿剌罕率军前来会合。宋帝派了保康军承宣使尹甫和州防御使吉甫等带着传国玉玺还有投降文书到了元军阵前……伯颜接受了降书、玉玺。

宋主赵㬎率领文武百官到了祥曦殿,向元朝呈上国书,请求成为大元的一部分……宋主祖母太皇太后也同样呈上了降表以及文书。

伯颜令张惠、阿剌罕、董文炳、左右司官石天麟、杨晖等进入临安,提取军民钱谷的数目,又在仓库中进行了核实,然后收取了百官、诰命的符印,把整个宋朝的官府全部予以取缔,又遣散了所有的皇宫侍卫、禁军。宋主赵㬎派他的右丞相贾余庆等充当祈请使,到了元军那里请命,右丞相又命令吴坚、文天祥同行。大元的右丞相伯颜等因为宋主赵㬎举国内附,向元帝上表称贺,由此大元获得了八府、六州、一军、八十一县,共二百九十八万三千六百七十二户,丁口五百六十九万二千六百五十。[①]

就这样,在太皇太后的主持下,当时只有五岁的宋恭帝向伯颜递上了降表和传国玉玺。

把传国玉玺献上也是亡国的象征,表示南宋将不再把帝位传给下一代了。这时候的南宋共有近三百万户,近六百万成年男丁,总人口应该有近两千万。

如果从正式的国家制度上来讲,由于皇帝已经投降,传国玉玺也献出去了,表明南宋已经灭亡。

这是1276年2月的事,如果从高宗1127年在临安称帝算起,南宋已经立国约150年,如果从960年建立北宋算起,宋朝已经立国超过300年。

在这里要特别提到的一点就是,元军占领临安之后,对临安城可以

[①] 原文参见宋濂,王祎. 元史[M]. 北京:中华书局,2016年,卷九.

说是秋毫无犯。

为了阻止掳掠，伯颜还下令禁止军士入城，违者以军法从事，就是杀头，从而阻止了劫掠的发生。

此后伯颜又派吕文焕到处张贴黄榜安民。所谓黄榜就是占领者以朝廷的名义发布的公告，告诉被占领城池的百姓不要惊慌，占领者会善待他们，保证他们的生活一切如常。这时候反倒是宋朝乱兵在城里杀人抢劫，临安百姓甚至愤怒地杀了乱兵。他们对于元军的秋毫无犯当然欢迎，很快就成了元朝的顺民。

不久，在临安新建立起来的元朝行政机构还发下了皇帝忽必烈的诏书。诏书的内容是相当丰富的，强调了好几点：

一是要宋朝的皇太后和小皇帝去朝见忽必烈；二是要宋朝其他官吏军民人等都谨守本分，不要乱来；三是南宋投降以前的犯人全部赦免，所欠的公私钱款也全免，就是那些曾经与元军对抗的人，只要放下武器也同样免罪；四是原来的公立机关及其财产都要保护好，准备完好地移交给新朝廷；五是要搜罗人才，以为新朝廷之用；六是要照顾弱势群体，对于那些无法自己谋生的人，要由政府来酌情赡养。

如果元军没有此前的屠城与残杀事件，这样的征服就和此前汉人的改朝换代，如晋之灭吴或者隋之灭陈没有什么两样了。基本上算是政权的和平转移，对普通百姓的影响不大。

虽然恭帝、谢太皇太后以及绝大部分朝臣都乖乖投降了，但也有不少人仍在反抗。

主要是因为虽然恭帝投降了，但他的哥哥赵昰和弟弟赵昺在不愿意投降的杨亮节、陆秀夫、张世杰、文天祥等人的保护下逃往南方。后来逃到了福州。七岁的赵昰在这里被拥立为帝，就是宋端宗。

这也就意味着南宋还没有灭亡，因此各地忠于南宋王朝的将士百姓都遥尊新帝，继续抗元。

从扬州到泰州

扬州就是这些继续坚持抗元的地方之一。

此前，丁家洲之战大败后，虽然孙虎臣和贾似道等先逃了，宋军兵败如山倒，但在丁家洲之战中英勇奋战的姜才没有乱跑，他带着部下退到了扬州。

和他一样退到扬州的还有当初曾在襄阳与元军大战的李庭芝。他们在扬州建立了新的防线，准备抵抗元军。

不久元军就大举攻向扬州，姜才率军阻击，一开始用 1141 年抗金名将吴璘大败金军的三叠阵成功地挡住了元军。但毕竟兵力相差太远，姜才被迫退回城中固守。

在扬州军民的英勇抵抗之下，元军强攻不下，于是就采取了包围的策略，在扬州周围构筑了一堵长墙，想要困死扬州人。大军则继续向前，攻向常州、镇江等地。

直到占领临安，元军对扬州仍主要是包围，他们以为只要宋帝投降了，扬州守军就会不战而降。

到了 1276 年 3 月，宋恭帝投降之后，在伯颜的要求之下，谢太皇太后派人带着她的诏书过来，要扬州守军投降。

使者到了扬州城门外后，姜才的回答是一箭射去，把使者赶跑了。

元军统帅阿术派人过来，想用高官厚赏让姜才投降，但姜才的回答是："吾宁死，岂作降将军邪！"[①] 继续奋勇抵抗。

再往后，赵昰在福州称帝，派人来召唤姜才和李庭芝。他们于是奉

[①] 脱脱，等. 宋史 [M]. 北京：中华书局，1985 年，列传第二百一十.

命率部分兵力离开了扬州，准备通过海路前往福州保卫新帝。

至于扬州，姜才叫部将朱焕带领余下的兵力镇守。但姜才一走，朱焕马上就向元军投降，献出了扬州。扬州之战就这样结束了。

这边姜才和李庭芝刚到了泰州就被大批元军追上了，姜才率军退入泰州。

元军包围泰州后，统帅阿术把在扬州俘虏的姜才的妻小推到城下，想以此胁迫他投降。姜才断然拒绝。但这时候他得了重病，无法指挥作战。他的部下看到这样打下去也是白白送死，于是擅自打开城门，向元军投降了。

不久有人把躺在床上不能动的姜才抓住了，交给阿术。阿术很欣赏姜才的既忠且勇，劝他投降，说要重用他，但姜才断然拒绝，不但如此，还把阿术痛骂了一顿。当阿术又责备同样被抓住了的李庭芝，问他为什么不投降时，姜才回答说，不投降的不是他，是我姜才！接着又开骂了。阿术终于被骂火了，竟然把姜才送到扬州，当众活剐了他。

据说临死前，姜才看见了此前早就投降了的夏贵，咬着牙骂道："你见了我，应该羞愧得要死吧！" [1]

夏贵是一个老将，此时已经79岁了，他怎么会羞愧呢？他被忽必烈封为行省左丞，直到高龄83岁才寿终正寝。

这就是历史的规则：顺者昌而逆者亡。至于其中的相关政治伦理是否正确，就是另一回事了。

当扬州之战结束的时候已经是1276年了。由于原来的南宋朝廷已经投降，新成立的小朝廷以文天祥、张世杰、陆秀夫等人为领导核心，继续抗元。

---

[1] 原文参见脱脱，等.宋史[M].北京：中华书局，1985年，列传第二百一十.

第三十七章

取义成仁

> 时间：恭帝时代　1275年　1276年　1278年　1282年
> 地点：临安　赣州　南岭　大都
> 人物：文天祥　伯颜　张弘范　王积翁　张毅夫　谢皋羽
> 事件：高中状元　散尽家财来抗元　俘虏生涯　大都就义

虽然恭帝投降了，但仍有一批忠臣义士在拼命保卫南宋最后的江山，其中主要者就是前面提到过的文天祥、张世杰、陆秀夫三人了，他们被称为"宋末三杰"。

三人中最有名的是文天祥，他不但是宋末三杰之一，而且是整个中国历史上最有名、最令人敬仰的人物之一，值得好好记述。

完美的状元

文天祥1236年生于吉水（今江西吉安市），从小就与众不同。据说刚上学时，他看见学堂中有古人欧阳修等人的挂像，画像上还标明了他们的谥号，其中都有"忠"字，就羡慕起来，想要将来出人头地，不默默无闻地度过一生，认为只有这样才是真正的男子汉。

二十岁时他中了进士。根据惯例，新科进士们要在集英殿上接受理宗的检视。轮到考验文天祥时，只见他"其言万余，不为稿，一挥而成"[1]。一万多字的文章，都不用打草稿，一挥而就。理宗大喜，立即亲自将他点为状元。

不止于此，当时的考官，也是名臣的王应麟特地上奏道贺，因为文天祥的考卷的确是罕见的优秀，不但内容得当，可以作为治国之参考，而且表达了对国家的一片赤胆忠心。

宋理宗之所以亲自点文天祥为状元，还有一个要素也比较重要，就是古代状元是要讲形象的，长得太丑的话就是才学足够也不一定当得上状元。就像以前一部叫《七品芝麻官》的电影中所说的情形一样，那位芝麻官本来以他的成绩是可以当状元的，但因为长得既矮又丑，于是被剥夺资格，只当了一个七品芝麻官。历史上也有这样的人，如郭翀和王艮，都是成绩殿试第一，因为长得不够帅甚至有点丑被剥夺了当状元的资格。

但文天祥就不是这样了，他是罕见的美男子，史载他"身材高挑，面貌英俊，皮肤白皙，大眼睛，眉毛长长的，两眼炯炯有神，顾盼生辉"[2]。这样的形象加上非凡的才华，堪称完美的状元人选。

正当文天祥准备大展宏图时，父亲突然去世，他马上回家守孝，一守就是三年。

三年过后，他开始做官，但很快就显示出他的"不识时务"。当时掌管朝政的主要有两拨人马，一是贾似道，二是宦官。这些人都既无能又贪婪，但文天祥一身正气，怎么和他们合得来？例如1259年时，元军

---

[1] 脱脱，等. 宋史[M]. 北京：中华书局，1985年，列传第一百七十七.
[2] 原文参见脱脱，等. 宋史[M]. 北京：中华书局，1985年，列传第一百七十七.

大举攻宋，宦官董宋臣说要迁都避敌，一般朝臣要么怕他，要么和他是一伙的，总之没有人敢反驳。但文天祥立刻上书，要求斩了董宋臣。结果他的奏章根本没有递到皇帝手上就被罢免了。后来虽然又起用了他，但他又和贾似道过不去，甚至公开讽刺他，结果又被革职，这时候他还不到40岁。

1275年，文天祥再次被重新起用，任赣州知州。这时候元军已经取得了襄樊之战的胜利，顺长江一路东下，度宗下诏要天下勤王。

散尽家财来抗元的纨绔子弟

文天祥接到诏书后，看到天下局势如此危急，立即尽其所能地召集人马，其中包括溪峒的蛮人，建立起了一支规模达万人的军队。由于这些人都是从民间招募来的，并没有战斗经验，有人劝他，说元军势大，战斗力强劲，你用这些乌合之众去抵挡蒙古大军，这不是驱羊打虎吗？文天祥回答道，他也知道确实是这样，但现在天下危急，他怎能坐视不理？因此要"不自量力，以身殉国"。他还希望这样做会激发天下的忠臣义士也和他一样闻风而起，纷纷前来，挽救国家于危亡之中。这样或许还有机会存续大宋的江山社稷，简而言之就是要为国家牺牲自己。

不止于此，他还把全部家财都拿了出来作为军费。

这笔钱为数可不少，为什么呢？这是因为文天祥出身好，家里有钱。实际上他这人也有点矛盾：一方面对国家赤胆忠心，另一方面和那些传统的草莽英雄不一样，他从小就是富家子弟，养尊处优，因此养成了一种纨绔习气，喜欢花大钱，讲排场，家里有一大堆美女歌妓之类侍候他。如史书所言："文天祥天性喜欢讲排场，喜欢享受生活，身边经常美女环绕。"① 一个人既忠肝义胆又花天酒地，恐怕是史上无二了！

此后文天祥带着这支散尽家财得来的军队来到了临安。虽然他提出了一系列正确的主张，却并没有得到朝廷支持，只能带着自己的兵马与元军对战。但他这些临时召集来的杂牌军哪是如狼似虎的元军的对手？屡战屡败，损失惨重。

1276年初，他担任都城临安的知府，但这时候大批元军已经在伯颜的统领下到了临安城外，南宋朝廷眼看就要灭亡。

这时候就发生了一件挺黑色幽默的事。元军兵临城外，临安眼看就要失守，文天祥问他的宾客们怎么办。有人要文天祥先自杀，然后他们也会跟着自杀。于是文天祥讲了一个故事。一个叫刘玉川的人和一个妓女好上了，两人说好了要一辈子在一起，妓女从此不再接客，一心要和刘玉川过日子。后来刘玉川当官了，妓女想和他一起去上任。刘玉川既然当了官，哪里肯娶妓女为妻呢？于是骗她说要和她一起死，并准备了毒酒。妓女信以为真，真的喝了，但刘玉川哪里会喝！就这样把妓女弄死了，摆脱了麻烦。讲完这个故事后，文天祥对宾客们说："今天你们各位也想要效法刘玉川吗？"让他先死，然后自己跑路。宾客们听了都尴尬地笑起来。②

文天祥当然不准备死。没多久小皇帝恭帝就在谢太皇太后的主持下投降了。反对投降的重臣如陈宜中和张世杰都跑了。文天祥没跑，于是被任命为宰相。他奉命到了杭州附近的皋亭山，和伯颜谈投降的事宜。但伯颜很快发觉文天祥并没有投降的意思，可能是来刺探军情的，就将他强留在了元军大营。文天祥多次说要回去，但伯颜就是不让，哪怕文天祥发怒也不理他。

---

① 原文参见脱脱，等. 宋史[M]. 北京：中华书局，1985年，列传第一百七十七.
② 原文参见潘永因. 宋稗类钞[M]. 北京：书目文献出版社，1985年，卷三.

后来文天祥设法逃了出来,一路南逃,想要联络各地兵马继续与元军对抗,其间多次面临死亡威胁,可以说随时都可能丧命。关于这段日子,他后来在《指南录后序》中发出了感叹:

呜呼!予之及于死者,不知其几矣!诋大酋当死;骂逆贼当死;与贵酋处二十日,争曲直,屡当死;去京口,挟匕首以备不测,几自到死;经北舰十余里,为巡船所物色,几从鱼腹死;真州逐之城门外,几彷徨死;如扬州,过瓜洲扬子桥,竟使遇哨,无不死;扬州城下,进退不由,殆例送死;坐桂公塘土围中,骑数千过其门,几落贼手死;贾家庄几为巡徼所陵迫死;夜趋高邮,迷失道,几陷死;质明,避哨竹林中,逻者数十骑,几无所逃死;至高邮,制府檄下,几以捕系死;行城子河,出入乱尸中,舟与哨相后先,几邂逅死;至海陵,如高沙,常恐无辜死;道海安、如皋,凡三百里,北与寇往来其间,无日而非可死;至通州,几以不纳死;以小舟涉鲸波出,无可奈何,而死固付之度外矣。呜呼!死生,昼夜事也。死而死矣,而境界危恶,层见错出,非人世所堪。痛定思痛,痛何如哉!

这里足有22个"死"字,即文天祥一路22次面临死亡的威胁。这样可怕的威胁一般人恐怕一辈子也遇不到,但文天祥却在短时间之内就一次又一次地遭遇,真是匪夷所思。

他最后还说,死了就死了吧,要是真的死了就一了百了,但问题是一方面没有死,但同时却随时可能死,其间遭受的苦难是常人难以想象,更难以忍受的。而当苦难结束之后回想所历经过的苦难,也仍是多么痛苦啊!

终于脱难后,他听说宋端宗还没有正式登基,于是赶紧上表劝进。

端宗在福州登基后,封文天祥为右丞相。但他又与另一个重臣陈宜中观念不和,于是他离开福州,在福建的南平建都督府,发兵北上江西,与元军展开了战斗。这就是文天祥反攻江西之战。

文天祥的军队一开始取得了一些胜利,收复了赣州九县,整个江西都准备响应。但元军很快就派出了大军前来对战,文天祥的军队不是强悍的元军对手,很快战败,死伤惨重,文天祥自己也差点被俘。部将巩信为了救文天祥,率部死战,全部战死。反攻江西之战也以惨败收场。

后来文天祥收拾残兵逃往南岭。这时候小皇帝端宗又死了,弟弟继位,就是少帝赵昺。

少帝只有六岁。文天祥本来想要入朝,但执掌大权的张世杰和他意见相左,坚决反对,文天祥只得放弃,但他被少帝封为少保、信国公,所以后来他又被称为文信国或文信公。

得到超级优待的俘虏

在南岭时,他的军中突然暴发疫情,本来就不多的兵士又死了好几百人,文天祥只有一个儿子,与母亲同在军中,结果也死了,"天祥惟一子,与其母皆死"[1]。所以文天祥实际上是没有直系后代传下来的。后来流传下来以文天祥为祖的文家子孙,最著名的生活在广东。文家在香港尤其人丁兴旺,为香港五大家族之一。曾与英国殖民者对抗的文氏族人是他的弟弟文天瑞逃到南方后在那里繁衍生息而来的。海南的文氏也是这么来的,都不是文天祥的直系后代,而是旁系。但因为文天祥实际上并没有活下来的直系后代,所以这些旁系也与直系无异了。

文天祥就带着这支残军在南岭一带抵抗,有一天到了一个叫五坡岭

---

[1] 脱脱,等. 宋史[M]. 北京:中华书局,1985年,列传第一百七十七.

的地方，大家准备埋锅造饭，元军在张弘范的统领下突然冲了过来，大家根本来不及抵抗。文天祥想逃，但哪里逃得掉，被抓住了，成了俘虏。士兵大部分投降了，但他的部将都是忠义之士，拒绝投降，几乎全死了，文天祥也想要自杀，但没有成功。这是1278年底的事。

文天祥被带去见张弘范，张弘范的手下要文天祥向张弘范下拜，但文天祥哪里肯！张弘范也不是纯粹的武夫，有一定素质，并没有勉强文天祥，而是把他当成宾客来接待，还和他一起到了厓山。

这时候宋末三杰的另一位张世杰正在这里做最后的抵抗，张弘范想要文天祥招降张世杰，文天祥回答道："如果我自己不能保护父母，还让别人去背叛父母，这行吗？"但张弘范一再强求，甚至将笔硬塞进他手中，文天祥于是挥手写下了自己的一首诗：

辛苦遭逢起一经，干戈寥落四周星。
山河破碎风飘絮，身世浮沉雨打萍。
惶恐滩头说惶恐，零丁洋里叹零丁。
人生自古谁无死？留取丹心照汗青。

对此史书有这样的记载：

文天祥于是写下一首《过零丁洋》诗给了张弘范。诗的最后说道："人生自古谁无死？留取丹心照汗青。"张弘范笑着把它放在一边。元军取得厓山大捷后，在军中设宴大庆，张弘范说："你的国家已经灭亡了，你作为丞相已经尽忠尽孝了，如果能改变心意，以忠于宋朝之心去忠于大元皇上，将来也可以当宰相的。"文天祥伤心得流下泪来，说："国家亡了我不能挽救，作为臣子就是死了都还不够，还敢为了活命就有二心，去背叛大宋吗？"

张弘范欣赏文天祥的忠义，派使者把他护送到了京城。①

　　北上的路上，文天祥曾经绝食，连续八天不吃东西，结果仍没有死，看到这样也死不成，就开始吃东西了。

　　到了大都后，他被安排进了很好的宾馆。宾馆负责人很佩服文天祥，用很丰盛的饮食招待他，睡的地方也很好，但文天祥根本不睡床，而是通宵达旦地坐在那里。由于怕他又要自杀，便把他送进兵马司，派士卒专门看守。

　　这时候忽必烈正从南宋的官员中找人才，有人告诉他，南宋的官员中没有人比得上文天祥。

　　于是忽必烈派了一位投降的南宋高官王积翁去劝文天祥投降，当然遭到了断然拒绝。王积翁很佩服文天祥，找了十位南宋投降的高官，想集体请求放文天祥回去，让他当道士。但其中一个叫留梦炎的认为不行，说如果文天祥回去号召江南人民起来反抗，那时候他们十人就完了！大家一想有理，就算了。文天祥就这样一直被关押着。

　　据说留梦炎的后人还因此受罪。到了明朝时，凡留姓的人参加科举考试，都要声明不是留梦炎的后人，也就是说，留梦炎的后人被剥夺了参加科举考试的权利。

　　到了1282年，文天祥已经被关押了三年多，在这三年里发生了不少事，其中有一件比较特别。

　　原来，文天祥有一个朋友叫张毅夫，文天祥当大官时，多次想请他出来做官，但他就是不出来。后来文天祥被俘，被送往大都，张毅夫就跟着他一起到了大都。接着，"张毅夫就在关押文天祥的地方附近住下来，天天送好吃的给文天祥，整整三年，天天如此"。②

---

① 原文参见脱脱，等. 宋史 [M]. 北京：中华书局，1985 年，列传第一百七十七.
② 原文参见潘永因. 宋稗类钞 [M]. 北京：书目文献出版社，1985 年，卷之三.

古籍中还记载了文天祥另一个叫谢翱的朋友。这个朋友因为文天祥被抓，十分悲痛，带着酒跑到了一座高耸的孤峰之上，冒着寒冷的大风，在那里祭拜文天祥，大哭一番，还用一片竹子击打岩石，唱了一首用来招魂的楚人歌谣，一直唱到把竹子和石头都击碎。"歌竟，竹石俱碎。"[①]可见对文天祥友情之深。

这些也说明了文天祥是一个对待朋友很好的人，因此才有这样的真朋友。

文天祥为什么要死？

虽然关了文天祥整整三年，元朝朝廷一度还想放了文天祥，但由于各地不少义军，尤其是他的故乡江西的义军，都打着他的旗号造反，甚至说要到大都来把他抢回去。这样一来，反而使得他再也不可能被放走了，因为这对于元朝来说无异于放虎归山。

最后，忽必烈亲自召见文天祥，问他有什么愿望。

文天祥回答道，他只有一个愿望，就是死，"愿赐之一死足矣"。

即使这样，忽必烈仍不想杀文天祥。后来有人竭力劝忽必烈答应文天祥的请求，杀了他。忽必烈一冲动就答应了，但很快后悔，又派人去阻止，但已经来不及了，文天祥已经被杀。

关于他最后的情形，史书是这样说的：

文天祥临刑时十分从容，他对行刑的兵卒说："我该做的都已经做完了。"然后朝着南面拜了几拜，就被杀死了。几天后，他的妻子欧阳氏来收他的尸体，只见他面容安详，像还活着一样，时年47岁。他的衣带中有一段话道："孔曰成仁，孟曰取义，惟其义尽，所以仁至。读圣贤书，

---

① 蒋一葵. 尧山堂外纪[M]. 北京：中华书局，2019年，卷六十三.

所学何事，而今而后，庶几无愧。"①

文天祥死得非常从容，因为这正是他想要的。什么是他想要的？就是取义成仁。

在他看来，读孔子、孟子这样的圣贤之书，为的是什么？就是取义成仁！只有取义成仁才能无愧于心。

什么是取义成仁呢？就是死。所谓不成功，便成仁，成仁在这里的意思就是死，并且是一种有尊严的、高贵的，甚至伟大的死。

关于自己的死，他还曾说道："所谓誓不与贼俱生，所谓鞠躬尽力，死而后已，亦义也。"

这就是说，为国尽力，尽一切力量之后，如果失败了，也不能和敌人共存，而是要光荣地死去，这也是一种正义。

最后引用一下《宋史》对文天祥的总评：

自古志士，欲信大义于天下者，不以成败利钝动其心，君子命之曰"仁"，以其合天理之正，即人心之安尔。……观其从容伏质，就死如归，是其所欲有甚于生者，可不谓之"仁"哉。宋三百余年，取士之科，莫盛于进士，进士莫盛于伦魁。自天祥死，世之好为高论者，谓科目不足以得伟人，岂其然乎！②

原文中用"伟人"称呼文天祥，可以说是对他一种极高的评价。当然，这样的称呼也是恰如其分的，因为几乎无论从哪个角度看，文天祥都可以称得上是不折不扣的伟人。

这段话的内容相当丰富，核心是两点：

一是文天祥为什么一定要死？

答案就是取义成仁。这里指出，自古以来，所有志士仁人，他们想

---

① 脱脱，等. 宋史 [M]. 北京：中华书局，1985 年，列传第一百七十七.
② 脱脱，等. 宋史 [M]. 北京：中华书局，1985 年，列传第一百七十七.

要向天下申明自己的主张，使天下人相信他是正确的，并不是以成败论英雄，而是无论成败或者顺利与否都坚持自己的信仰，这就是君子所追求的"仁"。为什么君子们会认为这就是仁呢？这是因为在他们看来，他们所追求的对象是符合天理的，因而也是正义的，他们所追求的就是正义，所以即使挫折再大也会坚持下去，即使失败了也会依旧保持信念。

最后，当他们发现要坚持这种信仰必须献出生命时，他们也会毫不犹豫地这样做，这就是他们所追求的"成仁"了！

不成功，便成仁，这成仁就是为正义而牺牲。正因为这样，文天祥才如此从容地就死，因为这不是一般的死，而是就义——成就正义，是真正的"从容就义"，此时他的心当然是安的，他通过这种就义、死亡达到了一种心灵的极致平静。

二是科举考试行不行？

关于科举制度，虽然科举考试自从隋唐以来就是中国最主要的录取官员的方式，到了宋朝也是如此，而且宋朝三百年可以说是中国科举考试最为繁荣昌盛的时期。作为进士之冠的状元更是万众瞩目。但还是有些人宣称这样的科举考试不能选到伟大人物，但真的是这样吗？看看文天祥就知道了。文天祥这样的伟人就是通过科举考试而产生的，并且高中状元，这就足以显示科举考试的效用了！

这样的说法当然是有道理的，一个简单的事实就可以证明：中国自隋唐以来，绝大部分官员都是通过科举考试得来的，结果怎样？唐朝不是中国史上最繁荣昌盛的王朝之一吗？还有宋朝，立国三百余年，也是中国史上最为繁荣的王朝之一。其间都是依靠科举考试产生的官员来治理，这些官员能延续如此长久的王朝，足以显示其卓越的治理能力了。否则的话，如果贪官污吏盛行，百姓早就揭竿而起，哪能持续如此之久？

而且，通观北宋与南宋三百余年的历史，农民起义不但规模小，持续时间也是很短的，宋朝之灭亡也完全不是内部起义的结果，纯粹是被强大的外力——这也是世界古代史上最强大的武力——所灭亡的。

换言之，倘若没有这样的外力入侵，南宋还可以延续很久很久。

如此等等，都足以显示科举制度是有效的。

关于文天祥还要说明的一点是，他虽然没有投降元朝，但并不意味着他反元。实际上他已经认识到天下大势已定，南宋之亡不可避免，这也是天道循环，是一种自然而然的甚至必然的结果，也是自古如此的，就如汉唐盛世也必然要灭亡一样，这是无奈的，文天祥只能接受。

这里举一个例子。

当文天祥在大都时，一个叫信云父的人是北方有名的儒士，他后来成了张弘范的宾客。文天祥被送到大都后，张弘范让信云父设宴款待文天祥。从此两人经常聊天，这使信云父也想去南方了。后来文天祥还教过信云父写诗，使信云父相当感动，于是就发生了这样的事：

有一天，信云父对文天祥说："高丽地方数千里，以前丢失了一半国土，于是对大元纳贡称藩属。大元很高兴他们的不抵抗，因此把已经占领的领土又还给了高丽，今天的高丽还和从前一样。大宋是中华的衣冠正统，远非高丽可以相比。因此大元必定不会伤害中华的江山社稷。"文天祥听了，点头同意。①

文天祥点头同意说明了什么？说明了他知道天道轮回，现在已是元朝天下，无可挽回，他也接受了。

此外，此前当王积翁奉忽必烈之命要文天祥投降时，文天祥虽然拒绝，但也说过这样的话："倘缘宽假，得以黄冠归故乡，他日以方外备顾问，可也。"② 意思就是他绝不投降，但也不想反对新朝，如果新朝可以让他

---

① 原文参见蒋一葵. 尧山堂外纪 [M]. 北京：中华书局，2019 年，卷六十三.
② 脱脱，等. 宋史 [M]. 北京：中华书局，1985 年，列传第一百七十七.

以平民身份回到故乡,将来他可以以平民的身份为新政府做些顾问工作。

这实际上是一种间接的屈服,也是一种识时务之举,只是后来没有成功而已。

最后,文天祥剩下的唯一一条路就是取义成仁了,因为他要么投降,要么死亡,再也没有第三条路可走,而他选择了死亡。

第三十八章

南宋之亡

时间：端宗时代　少帝时代　1276年　1278年　1279年3月19日
地点：福州　泉州　厓山
人物：端宗赵昰　少帝赵昺　蒲寿庚　张世杰　陆秀夫　张弘范
事件：赵昰福州称帝　蒲寿庚泉州反宋　厓山海战　南宋最后的灭亡

说完了文天祥，最后要说的就是南宋的彻底灭亡了。

从福州到泉州

前面说到，1276年临安陷落，恭帝投降。但南宋并没有就此灭亡，因为宋度宗的杨淑妃在哥哥杨亮节的护卫下，带着度宗的两个儿子赵昰、赵昺成功逃出，同行的还有陆秀夫、张世杰等。

不久7岁的赵昰在福州登基为帝，就是宋端宗。他尊生母杨淑妃为太后，封弟弟赵昺为卫王，陈宜中、张世杰、陆秀夫等是实际的掌政者。文天祥虽然地位也一样尊崇，但由于与前面三人政见不和，所以他外出江西抗战，结局前面已经说过了。

看到南宋又有了新皇帝，忽必烈当然不会坐视，立即派出大军杀来，很快就攻陷了福州。

宋端宗带着他的小朝廷又跑到了泉州。这里一向是中国乃至世界最大的贸易港口之一，有大量船舶。控制这些船舶的是市舶司蒲寿庚，他本来并没有反意，但张世杰处置不当，导致了最坏的局面。

原来，端宗到了泉州后，蒲寿庚作为臣子朝见了端宗，并请求端宗将泉州作为临时都城。但张世杰拒绝了，这显然会惹恼蒲寿庚，因此有人建议把蒲寿庚留在朝廷，这样一来他控制之下的大量船舶自然也会属于朝廷，但张世杰却又放走了他。后来朝廷因为船舶不足，张世杰不是好好地找蒲寿庚要，而是直接抢。

蒲寿庚大怒，要知道在泉州他可是地头蛇，有很大的势力，不亚于朝廷。看到朝廷如此待他，本来他的忠宋之心就已经动摇了，此时立即翻脸，杀掉了留在泉州的大批南宋宗室和大臣军士，随即投降元朝，使南宋再次遭受了致命一击。

此后，张世杰带着抢来的船只率军出海，流亡到了更南的广东。不久在井澳地方打了一仗，但遭遇飓风，船被打坏，宋端宗也掉进水中，虽然被救起，但因此染病，不久便死去了。

这时候残存的朝臣大都想要散去，就此结束。但陆秀夫不同意，他说："度宗皇帝还有一个儿子活着，我们要怎样处置他呢？古代就有靠几个或几十个人中兴天下的事，现在朝廷百官和各种机构都在，士兵还有数万人，如果老天不想灭绝大宋，这些难道不足以立国吗？"

大家一听有理，于是又立了卫王为帝。

即使在如此匆匆的颠沛流离中，陆秀夫仍然每天都要写下一些《大学章句》呈给皇帝，劝他好好读书。①

这时赵昺还只有 6 岁，他就是南宋的最后一帝——少帝了。是在这样的颠沛流离中，陆秀夫还每天都要给皇帝讲《大学章句》。

想象一下此情此景，就可知中国文化为什么不会亡：因为无论在怎样恶劣的情形之下，都有人信仰并且坚持学习中国的文化。

厓山海战

这时候已经是 1278 年 5 月。不久，张世杰和陆秀夫带着赵昺逃到了厓山，在这里建立了行宫。此地位于今天广东南部江门市新会区。

元军随后紧紧追来，统帅就是张弘范。

这时候的宋军还拥有相当多的兵力，据说有 20 万人，战船千余艘。但军队大都是临时招募来的渔民，船也是普通民船，并非战船。元军的兵力则要少得多，只有几万人，战船也只有 400 余艘，而且元军主要是北方人，不但不习海战，在船上待久了都会头晕目眩。因此本来宋军占有极大的优势，但张世杰虽然忠心，的确不是良将。这时候只要他在海上直接向元军发起进攻，成功的概率是很大的。宋军中也有人建议应先占领海湾出口，以预先保护向海中撤退的路线，但张世杰怕士兵因此产生逃亡之心，不但否决建议，甚至下令烧掉陆地上的房屋，强迫所有军民登船作战。还把所有船只用大绳索锁在一起，并把赵昺的"龙舟"放在最中间。

看到宋军如此，张弘范一开始采取了火攻的办法，但张世杰已经预先料到了这点，在船上涂了许多泥巴，并在每条船上横放了一根长木，把元军战船推开，使火箭很难射上来。张弘范一看火攻不成，就封锁了

---

① 原文参见脱脱，等. 宋史 [M]. 北京：中华书局，1985 年，列传第二百一十.

海湾出口，并在陆地上断绝了宋军的汲水通道。

十多天后，宋军不但水喝完了，粮食也吃完了，许多士兵就去喝海水，但海水哪能喝！等于是找死。这样一来宋军等于走上了绝路。

此后两军大战，张弘范抓住了张世杰的外甥，他投降了。张弘范派他去招降张世杰，一连去了三次，都被张世杰拒绝了。张世杰列举了古代那些忠臣，坚定地说："我知道投降的话可以活命并且得到富贵，但我不想要这些，我只想为皇上献出自己的生命。"①

这样的结果当然就是大战了。张弘范向海湾中的宋军发起了猛攻。这些宋军早就又饥又渴，而且知道败局已定，哪有战斗力？很快就有几位将领投降了。宋军兵败如山倒。张世杰见大势不妙，率十多艘船只冲出海湾，逃走了。

由于没有见到皇帝，很快他又回到了厓山，但再次被元军击败，残存的手下纷纷投降。

他还想要找到赵氏的后代再立为帝，但老天也要亡他了，突然一阵飓风刮来，他的船被打翻，他落入水中，淹死了。

南宋最后的灭亡

此时皇帝的龙舟并没有逃走，而是被元军包围了。陆秀夫还在皇帝身边。此后的情形史书是这样说的：

至元十六年二月，崖山被攻破，陆秀夫到了卫王舟上。……陆秀夫知道不可能逃脱了，于是持剑把自己的妻子赶进海中，然后背着卫王跳海而死，时年44岁。②

这是1279年的事。这里的卫王就是小皇帝赵昺了，他的死也意味着

---

① 原文参见脱脱，等. 宋史[M]. 北京：中华书局，1985年，列传第二百一十.
② 原文参见脱脱，等. 宋史[M]. 北京：中华书局，1985年，列传第二百一十.

南宋最后的灭亡。

关于厓山之战及其最后的情形，《续资治通鉴》还有这样的记述：

已是黄昏时分，到处大风大雨，大雾弥漫，相距一尺也难以相互辨认。张世杰派了一艘小船找到了宋帝，想请宋帝到他的船上，再设法逃走。但陆秀夫害怕有人要出卖他，这样一来又要成为俘虏受到侮辱了，执意不肯去。宋帝的船太大，而且有许多相互绑着的船围绕，陆秀夫知道这次不可能脱身了，就先把自己的妻儿赶进海中，然后对宋帝说："国事到了这个份上，陛下您应当为国而死。德祐皇帝已经受到极大的侮辱，陛下您不可以再这样受辱！"随即背起宋帝跳入海中，一同淹死了。很多后宫宫人和大臣也一起赴死。宋帝时年只有 9 岁。[①]

这就是南宋最后的结局。这是 1279 年 3 月 19 日的事，这也是南宋最后的灭亡之日。

从 1235 年窝阔台攻宋算起，到 1279 年灭亡南宋，这场灭宋之战持续了 44 年之久。

蒙古人在崛起的过程中灭国无数，其中灭亡南宋是最为漫长而艰难的。

在中国的历史上，南宋是一个武力值很低的朝代，尚且可以对抗堪称世界古代史上最强大的征服者如此之久，而且若不是他们自找死路，多次主动挑起战争，或许蒙古人并不会有灭宋之想。因为他们早在灭金的最后一战——蔡州之战中就看到了宋军的强大战力，此后可以说全是由于南宋君臣的昏庸无能、自取其祸才导致了灭国的悲惨结局。

南宋彻底灭亡之后，中国的朝代才真正实行了更替，由宋朝进入了元朝。

---

① 原文参见毕沅. 续资治通鉴 [M]. 北京：中华书局，1999 年，卷一百八十四.